国家自然科学基金资助项目（71671042）

城市轨道交通

PPP项目利益动态仿真及调整方法研究

胡云鹏◎著

经济管理出版社
ECONOMY & MANAGEMENT PUBLISHING HOUSE

图书在版编目（CIP）数据

城市轨道交通 PPP 项目利益动态仿真及调整方法研究/胡云鹏著 . —北京：经济管理出版社，2023.6

ISBN 978-7-5096-9107-6

Ⅰ. ①城…　Ⅱ. ①胡…　Ⅲ. ①政府投资—合作—社会资本—应用—城市铁路—铁路运输管理—中国　Ⅳ. ①F532.1

中国国家版本馆 CIP 数据核字（2023）第 120512 号

组稿编辑：申桂萍
责任编辑：申桂萍
责任印制：黄章平
责任校对：董杉珊

出版发行：经济管理出版社
　　　　　（北京市海淀区北蜂窝 8 号中雅大厦 A 座 11 层　100038）
网　　址：www. E-mp. com. cn
电　　话：(010) 51915602
印　　刷：唐山玺诚印务有限公司
经　　销：新华书店
开　　本：720mm×1000mm/16
印　　张：16
字　　数：287 千字
版　　次：2023 年 7 月第 1 版　　2023 年 7 月第 1 次印刷
书　　号：ISBN 978-7-5096-9107-6
定　　价：78.00 元

前　言

　　PPP 项目运营周期长、风险因素多、利益相关者关系复杂的特征往往导致各方利益分配不合理或利益目标难以实现，引发 PPP 项目利益相关者的不满，影响 PPP 项目良好的合作关系和可持续发展。众多研究表明，利益相关者的不满是导致 PPP 项目失败的重要原因之一。因此，对 PPP 项目利益相关者的满意度进行合理的评价和动态评估，并且对调整失衡的利益关系、维持利益的相对均衡是非常有必要的。鉴于此，本书以利益相关者满意度为核心，研究利益相关者及其满意度、风险和利益调整机制之间的关系，探寻风险作用下 PPP 项目利益调整方法，以实现 PPP 项目合作关系的改善，提高 PPP 项目的可持续性。

　　首先，本书以城市轨道交通 PPP 项目为研究背景，借鉴多维细分法和米切尔评分法，从主动性、影响力和利益性三个维度对城市轨道交通 PPP 项目核心利益相关者进行界定，并通过文献识别和专家访谈相结合的方法，建立 PPP 项目核心利益相关者利益清单；采用问卷调查并运用因子分析方法梳理出各项利益间的内在关系，得到核心利益相关者的基本利益诉求，即政府所关注的财政补贴、良好的社会效益及乘客的满意度，投资者所关注的项目预期收益的实现，乘客所关注的车票价格、车辆质量性能和轨道交通服务水平。

　　其次，本书以核心利益相关者基本利益诉求为基础，建立了利益相关者满意度评价指标体系，用专家打分法得出相应指标权重。在评价指标量化方面，采用补贴、实际客流与预期客流的比值分别表示政府对补贴及社会效益满意度指标的测度；内部收益率表示投资者（社会资本）对项目预期收益满意度指标的测度；票价、车辆质量性能和满载率分别表示乘客对价格、车辆质量性能及轨道交通服

城市轨道交通**PPP** 项目利益动态仿真及调整方法研究

务水平满意度指标的测度。以各指标的最大值和最小值为基准，构建梯形隶属度函数对各评价指标进行量化。利益相关者满意度评价指标体系的建立为满意度的定量评价提供了理论依据，也为构建基于系统动力学的利益相关者满意度动态仿真与调整模型奠定了基础。

再次，为了建立各利益相关者满意度间的动态联系，本书对利益相关者满意度与利益诉求之间及不同利益相关者满意度之间的因果关系进行了研究，结果表明各利益主体满意度之间既相互联系又相互冲突，存在着紧密的关联。通过确定各变量间的数学函数关系，建立基于系统动力学的利益相关者满意度动态仿真模型，实现对利益相关者满意度的动态模拟与评价。通过对价格、补贴、风险等关键因素设置不同参数，模拟利益相关者满意度的变化特点和趋势，从而揭示关键因素对利益相关者满意度的影响。

为解决 PPP 项目中可能出现的满意度失衡的问题，建立基于满意度均衡的城市轨道交通 PPP 项目利益调整框架，提出 PPP 项目利益调整的原则、策略、边界和检验变量。利用基于系统动力学的利益相关者满意度动态仿真模型，通过对特许期、价格及补贴不同组合的模拟，构建基于最小鉴别信息原理的 AHP-熵权 TOPSIS 多目标决策模型，实现对特许期—价格—补贴（收益分享比例）联合调整方案的优选，从而得到最能符合利益相关者多目标决策的最佳方案，为 PPP 项目的利益调整提供了新的思路和方法。

最后，以北京地铁 4 号线 PPP 项目为基础进行了实证分析和应用。研究表明，基于满意度的系统动力学仿真模型能够较好地实现城市轨道交通 PPP 项目各方利益满足程度的动态仿真与评价，基于 AHP-熵权 TOPSIS 多目标决策模型，能较好地优选调整方案，从而能有效地调整满意度偏差，使利益相关者满意度趋于均衡，从而实现 PPP 项目合作关系的改进。

本书是在笔者博士学位论文的基础上修改而成的，感谢导师王建平教授的精心指导。王老师刚正不阿的性格、精益求精的工作态度、高瞻远瞩的学术思维、敏锐的学术洞察力都潜移默化地影响着我，不仅使我掌握了做研究的方式方法，还使我端正了学术态度，提高了为人处世的能力，在此谨向恩师表示诚挚的敬意和衷心的感谢！

本书在写作过程中还得到了中国矿业大学工程管理研究所王文顺教授、周建亮教授、王林秀教授、倪国栋教授的帮助和支持。感谢大连理工大学宋金波教授、东南大学袁竞峰教授在本书撰写过程中给予的指导和帮助。感谢河南城建学院管理学院和审计处的各位领导对我的支持。正是有了你们的帮助，本书才能得以顺利完成。由于笔者的水平有限，书中不妥之处在所难免，欢迎读者批评指正！

胡云鹏

2022 年 1 月

目　录

第一章 绪论

第一节 研究背景

一、PPP 模式助推我国城市轨道交通的快速发展

近年来，随着我国经济社会的快速发展和城市化进程的加快，城市规模不断扩张，公众对公共出行的需求也与日俱增，城市交通运输供给不足的问题日益凸显，由此引发的交通拥挤、道路拥堵、环境污染及整个城市交通运输的低效率，严重阻碍了我国城市交通的可持续发展。

与公交车、出租车等公共交通方式相比，城市轨道交通具有安全舒适、快速便捷、大运量、低能耗、低污染等显著优点，尤其是能满足上下班高峰时段交通干线上的运输需求，已成为大城市人们日常出行的重要方式。特别是进入 21 世纪以来，随着我国城市建设的大规模提升及绿色出行观念的深入人心，城市轨道交通迈入了高速度、跨越式大发展时期。自 2005 年以来，我国城市轨道交通每年新增运营里程数不断攀升，迎来了城市轨道交通建设的高峰，2005 年以来我国每年新增城市轨道交通运营线路长度如图 1-1 所示。

截至 2021 年末，中国（不包括港澳台地区）已有 67 座城市获批建设城市轨道交通，已开通运营的城市达 50 座，线路达 269 条，累计通车里程约 9192.62 千米。其中，地铁 7252.98 千米，占总通车里程的 78.9%。2021 年新增运营线路 32 条，新增通车里程 1222.92 千米，同比增长约 15%。截至 2021 年 12 月 31 日，

国内已开通运营的地铁线路情况如表 1-1 所示。就笔者所在地徐州而言，共规划轨道交通线路 14 条，其中已开通运营的线路有 3 条。城市轨道交通的快速发展，在促进我国社会经济发展的同时，也大大地方便了人们的出行。

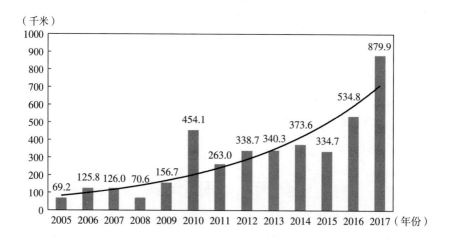

图 1-1 2005~2017 年中国每年新增城市轨道交通运营线路长度

注：数据不包括香港特别行政区、澳门特别行政区和台湾省。

资料来源：王有发，杨照，庞瑾. 2017 年中国城市轨道交通运营线路统计和分析——中国城市轨道交通"年报快递之五"［J］. 城市轨道交通研究，2018（1）：1-6.

表 1-1 我国城市地铁运营里程

序号	城市	运营里程（千米）	序号	城市	运营里程（千米）	序号	城市	运营里程（千米）
1	上海	825.0	12	苏州	254.2	23	无锡	110.8
2	北京	783.0	13	西安	252.6	24	长春	104.5
3	广州	590.0	14	沈阳	216.7	25	厦门	98.4
4	成都	557.8	15	郑州	206.4	26	济南	84.1
5	武汉	478.6	16	大连	201.0	27	哈尔滨	78.1
6	深圳	431.0	17	宁波	182.3	28	贵阳	74.4
7	南京	409.7	18	长沙	161.6	29	石家庄	74.3
8	重庆	369.5	19	合肥	153.6	30	佛山	69.9
9	杭州	342.0	20	昆明	139.4	31	徐州	64.1
10	青岛	293.1	21	南昌	128.5	32	福州	58.4
11	天津	265.0	22	南宁	128.2	33	常州	54.0

续表

序号	城市	运营里程（千米）	序号	城市	运营里程（千米）	序号	城市	运营里程（千米）
34	温州	52.5	40	乌鲁木齐	26.8	46	文山	13.4
35	呼和浩特	49.0	41	兰州	25.5	47	天水	12.9
36	海宁	46.4	42	太原	23.3	48	嘉兴	10.6
37	芜湖	46.2	43	绍兴	20.3	49	三亚	8.4
38	洛阳	43.5	44	淮安	20.1	50	昆山	6.0
39	东莞	37.8	45	句容	17.3			

注：数据不包括香港特别行政区、澳门特别行政区和台湾省。
资料来源：中国大陆城市轨道交通 2017 年数据统计 [J]．隧道建设（中英文），2018（3）：514-517.

　　城市轨道交通的发展如此之快，对政府的资金投入提出了很高的要求。特别是我国政府面临的债务压力较大，各地政府已很难从银行等融资平台获得资金，单靠政府的力量难以全部实现城市轨道交通的投资。① 事实上，城市轨道交通对资金的依赖特别强，建设投资消耗巨大，平均每千米造价为 6 亿~8 亿元，个别地质条件复杂的城市更是突破了每千米 10 亿元的大关，每条线路的投资动辄都在百亿元，资金压力非常巨大。实际上更大的消耗还在后期的运营阶段，按平均 30 年的运营期计算，运营阶段费用可高达建设投资的 2~6 倍②，政府面临着建设投资和运营补贴的双重财政负担。传统的负债式融资和国有国营的建管模式，不仅投资补贴巨大，还存在着运作经验不足、运营效率低下的通病，这些都严重制约了我国城市轨道交通建设的进程。为了解决上述问题，在城市轨道交通建设中引入了 PPP（Public-Private-Partnership），即公私合作模式，不仅减轻了当地政府的财政负担，还可以充分学习社会资本的先进管理经验和施工技术，更好地为公众提供服务③。

　　实际上，早在大力推广 PPP 模式的十多年前，我国就已有通过 PPP 方式将优质的社会资本引入城市轨道交通建设中的案例。2004 年 12 月，作为世界上为数不多的能让地铁盈利的香港铁路有限公司与北京市基础设施投资有限公司、北

---

　　① 孟巍，吴粤．PPP 模式缓解了地方政府财政压力吗——基于中国地级市数据的经验研究 [J]．贵州财经大学学报，2019（1）：63-72.
　　② 毕湘利．从运营角度分析城市轨道交通建设阶段需重视的问题 [J]．城市轨道交通研究，2012（7）：3-6.
　　③ 孙洁．PPP 模式更是一种管理模式 [J]．施工企业管理，2015（4）：25-26.

京首都创业集团有限公司签署了北京地铁 4 号线的特许经营权协议,标志着 4 号线成为中国(不包括港澳台地区)首个城市轨道交通 PPP 项目。此后,深圳、杭州等地也相继与香港铁路有限公司进行合作,在借鉴北京地铁 4 号线建设和运营经验的基础上,成功地将 PPP 模式引入深圳地铁 4 号线和杭州地铁 1 号线一期工程的建设中。在经过北京、深圳、杭州等地的成功试点之后,随着城市化和国内投融资环境的变化,城市轨道交通 PPP 项目建设迎来了发展的春天。

2013 年 11 月,自党的十八届三中全会明确提出"允许社会资本通过特许经营等方式参与城市基础设施投资和运营"以来,国务院陆续制定并密集发布了一系列旨在推进 PPP 模式的政策措施,2014 年以来制定的与城市轨道交通相关的 PPP 政策文件如表 1-2 所示。

表 1-2 与城市轨道交通相关的 PPP 项目政策文件

序号	时间	中央政策文件内容
1	2014 年 8 月 11 日	《国务院办公厅关于支持铁路建设实施土地综合开发的意见》规定,"新建铁路项目未确定投资主体的,可在项目招标时,将土地综合开发权一并招标,新建铁路项目中标人同时取得土地综合开发权"
2	2014 年 9 月 23 日	《财政部关于推广运用政府和社会资本合作模式有关问题的通知》提出的适宜采用政府和社会资本合作模式的项目,其中包含"轨道交通"
3	2014 年 10 月 24 日	国务院总理李克强主持国务院常务会议,提出"加快实施引进民间资本的铁路项目"
4	2014 年 11 月 26 日	《国务院关于创新重点领域投融资机制鼓励社会投资的指导意见》提出,"对城市轨道交通站点周边、车辆段上盖进行土地综合开发,吸引社会资本参与城市轨道交通建设"
5	2014 年 12 月 2 日	《国家发展改革委关于开展政府和社会资本合作的指导意见》提出,"城市轨道交通等交通设施项目可推行 PPP 模式"
6	2015 年 1 月 12 日	《国家发展改革委关于加强城市轨道交通规划建设管理的通知》提出,"实施轨道交通导向型土地综合开发,吸引社会资本通过特许经营等多种形式参与建设和运营"
7	2015 年 4 月 25 日	《基础设施和公用事业特许经营管理办法》,强化"协商合作"这一原则,强调"行政区划调整、政府换届、部门调整和负责人变更,不得影响特许经营协议履行"
8	2015 年 7 月 10 日	《关于进一步鼓励和扩大社会资本投资建设铁路的实施意见》指出,吸引社会资本进入是深化铁路投融资体制改革、加快铁路建设的重要举措
9	2016 年 5 月 28 日	《关于进一步共同做好政府和社会资本合作(PPP)有关工作的通知》要求,各部门要形成政策合力,推进 PPP 工作顺利实施,同时指出要完善轨道交通等基础设施项目的合理投资回报机制

序号	时间	中央政策文件内容
10	2016 年 8 月 10 日	《国家发展改革委关于切实做好传统基础设施领域政府和社会资本合作有关工作的通知》明确要求，做好能源、交通运输、水利、环境保护、农业、林业以及重大市政"6+1"个基础设施领域 PPP 推进工作
11	2017 年 4 月 25 日	《国家发展改革委办公室关于印发〈政府和社会资本合作（PPP）项目专项债券发行指引〉的通知》明确指出，PPP 项目专项债券支持的重点领域中包括城市轨道交通等基础设施项目
12	2017 年 9 月 15 日	《国务院办公厅关于进一步激发民间有效投资活力促进经济持续健康发展的指导意见》明确要求，禁止排斥、限制或歧视民间资本的行为，支持民间资本股权占比高的社会资本方参与 PPP 项目

资料来源：笔者整理。

在政策发力的同时，为提高各地政府的认识水平，发挥典型项目的示范效应，以期在全国能形成一批可复制的实施范例，财政部政府和社会资本合作（PPP）工作领导小组分别于 2014 年 11 月、2015 年 9 月、2016 年 10 月和 2018 年 2 月分四批推出了全国 PPP 示范项目，共计 1148 个，累计投资额 2.77 万亿元[1]。其中，城市轨道交通领域涉及项目共计 50 个，占全部示范项目个数的4.36%；项目总投资约 7202.47 亿元，占全部示范项目投资总额的 26%。

在财政部推行全国 PPP 示范项目的同时，国家发展改革委也向社会公开推介 PPP 项目名单。截至 2017 年底，累计推介基础设施项目 3752 个，其中城市轨道交通 PPP 项目 57 个，项目占比为 1.52%。虽然从项目数量上看，这个比例并不高，但从投资金额占比上来看，这 57 个城市轨道交通 PPP 项目累计投资金额达 1.01 万亿元，占国家发展改革委三批累计推介项目总投资金额的 15.87%。[2]由此可见，交通基础设施尤其是轨道交通项目是整个 PPP 示范项目的投资重点。

国家发展改革委和交通运输部于 2016 年 5 月提出了《交通基础设施重大工程建设三年行动计划》[3]，计划用三年或更长的时间在全国重点推进铁路、公路、机场、城市轨道交通等一大批重大交通基础设施项目的建设，共涉及项目 303 个，累计投资约 4.7 万亿元。其中，仅轨道交通项目就达 103 项，总投资约 1.6

① 张璐晶. 财政部 PPP 中心主任焦小平：PPP 改革 3 年成果超预期 [J]. 中国经济周刊, 2017 (8)：38.

② 王琰. PPP 模式的政策协调 [J]. 中国金融, 2016 (11)：82-83.

③ 李泰. 让城市轨道交通更智慧 [J]. 城市轨道交通研究, 2016 (12)：17-22.

万亿元，占整个三年行动计划投资总额的 34.04%。

随着我国 PPP 政策的陆续发布，国家引导社会资本积极参与城市轨道交通建设领域，越来越多的轨道交通 PPP 项目获批并加大了建设力度。正是 PPP 模式的大力推广，促进了我国城市轨道交通又快又好发展。

二、利益相关者满意是 PPP 项目成功的关键

PPP 项目是一个涉及众多利益相关者的复杂综合体，往往包括政府、社会资本、公众、施工企业、银行金融机构等众多利益相关者[①]。PPP 项目的目标就是通过合理的风险分担和利益分配使得各利益相关者处在一个相对均衡的状态，激发各利益相关者的合作意向和努力程度，使 PPP 项目最终能够取得成功。然而，这种相对均衡的状态不是自始至终都能够自然而然保持的。

PPP 项目的履约长期性、利益主体的多样性及风险的复杂多变性使 PPP 项目在漫长的实施过程中很难让各个利益主体的诉求都能得到满足，所以利益诉求的满足程度呈现出波动变化。当这种利益的波动超过一定幅度且对 PPP 项目的合作关系产生危害时，就极有可能导致 PPP 项目中良好的合作关系产生裂痕。当某些重要的利益诉求长时间得不到满足时，利益主体就会产生消极情绪，进而会降低 PPP 项目持续合作的可能性。近年来，由于忽视公众的利益，导致后续建设和运营遭到公众反对，继而引发一系列的社会冲突事件，这严重影响了 PPP 项目的可持续性[②]。

亓霞等（2009）在对我国 20 世纪 80 年代以来实施的 16 个 PPP 项目失败案例总结分析的基础上得出的结论表明，利益相关者不合作乃至反对是 PPP 项目失败的重要原因。其他一些学者如胡丽等（2011）、Xu 等（2014）、赵晔（2015）、Martinis 和 Moyan（2017）、Osei-Kyei 和 Chan（2017）的研究也证明了上述观点。另外，在 PPP 项目成功关键因素（Critical Success Factors, CSFs）研究方面，Ika 等（2012）、Zou 等（2014）、Osei-Kyei 和 Chan（2015）的研究均表明：良好的伙伴关系对 PPP 项目的成功十分重要。此外，Rahman 和 Kumaraswamy（2008）、Yuan 等（2012）通过对实际 PPP 项目的调查研究发现，改善

[①] 严景宁，刘庆文，项昀. 基于利益相关者理论的水利 PPP 项目风险分担 [J]. 技术经济与管理研究，2017（11）：3-7.

[②] 夏高锋，冯珂，王守清. PPP 项目公众参与机制的国外经验和政策建议 [J]. 建筑经济，2018（1）：25-29.

PPP 项目利益相关者的关系是非常必要的，良好的合作关系能促进 PPP 项目绩效的提升，并且增强项目合作伙伴的信心。

PPP 项目众多利益相关者的目标不一致，并且有些目标是无法兼容甚至是对立的。[①] 因此，要满足每个利益相关者的利益诉求几乎是不可能的，这似乎成了一个 PPP 项目无法解开的"死结"。PPP 项目大多是大型的、复杂的公共基础设施项目，建设运营期很长，在项目实施中遇到的风险因素较多，并且复杂多变，这些风险因素不仅影响项目参与方之间的利益分配，还决定着 PPP 项目的成功与否。因此，应建立完善的 PPP 项目合作机制对上述风险的分配进行合理的约定，以保证利益的分配合理有效，并且使各方的利益处于一个相对均衡的状态。

PPP 模式下的参与方主要有政府、社会资本和公众[②]，三方的利益目标有着很大的不同。政府的主要目标是吸引社会资本更多地参与基础设施建设，加快本地区的经济发展，在为社会提供更多优质的、价廉的公共设施和服务的同时，能尽量减少对社会资本的补贴；社会资本的主要目标是与政府维持良好的关系，能从长期的公共服务中获得稳定的收益，实现自身利润的最大化；公众的主要目标是能获得社会提供的快速、廉价和便捷的服务，并且尽量使自己的使用成本最小。[③]

不难看出，PPP 模式中政府、社会资本和公众三方的目标体系并不是完全独立的，而是交叉在一起，既互相联系又互相矛盾。[④] 由于城市轨道交通是公共交通基础设施，政府在考虑城市轨道交通定价的时候，既要考虑社会资本的合理投资回报，又要兼顾社会公众的承受能力。若价格定得过低，公众自然得到了实惠，满意度较高，但政府需要给社会资本提供过多的补贴以满足其合理的投资回报，这无疑会增加政府的财政负担；若价格定得过高，政府的补贴自然会减少，甚至不用补贴，但这却加重了公众的出行负担，损害了公众的社会福利，也违背了政府要为社会提供更多优质、价廉的公共设施和服务的初衷。由此可见，如何在政府、社会资本和公众三方利益相关者间寻求均衡，维持其良好的合作伙伴关

① 程曦. 基于利益相关者满意的 PPP 项目目标体系研究 [J]. 项目管理技术，2014（11）：72-76.
② 袁竞峰，王帆，李启明，等. 基础设施 PPP 项目的 VFM 评估方法研究及应用 [J]. 现代管理科学，2012（1）：27-30.
③ 陈宏能. PPP 项目绩效评价机制应以目标为导向 [J]. 中国投资，2017（15）：84-85.
④ 袁竞峰，Skibniewski M J，邓小鹏. 基础设施建设 PPP 项目关键绩效指标识别研究 [J]. 重庆大学学报（社会科学版），2012（3）：56-63.

系是 PPP 项目成功的关键。①

没有伙伴关系就没有 PPP 项目②，良好的伙伴关系是 PPP 项目持续经营的前提和关键。因此，利益调整的最终目的是要使利益相关者满意，使他们的利益处于一个相对均衡的状态，而不是厚此薄彼，忽略了其中的一方或几方。

三、利益的动态调整是维持 PPP 项目参与方满意的有效方式

PPP 项目显著的特点在于合同的长期性③。PPP 项目是典型的长期合同，合同持续时间长，一般都要在 20~30 年，合同方在漫长的履约过程中面临的社会、经济、政治、技术等外部环境都在发生变化，整个过程充满了变数。由于人的有限理性及合约的不完备性，人们获取信息是有限的，无法对未来发生的所有事情做出全面预测，也不可能将以后发生的情况都在合同中做出合理的约定，也就是说，初始签订的合同是不完全的。另外，由于交易成本的存在，人们在签订合同的过程中更多地关注核心条款的设计，将未来可能发生的事情逐一加以约定是不可能的，也是不划算的。因此，PPP 项目需要通过合同建立起双方合作的框架，当风险发生时，事后的动态利益调整就显得格外重要。特别是运营过程中出现的新风险和原合同中不合理的风险分配规定都需要通过利益的动态调整进行再分担或再分配，以保证 PPP 项目的利益失衡状态能得到及时的调整，从而按照事先合同约定的框架有效地运行。

对轨道交通 PPP 项目来说，项目在运营过程中充满了各类风险，如政府信誉风险、客流量风险、票价制定风险、项目完工风险、通货膨胀风险、利率汇率风险及不可抗力风险等。在这些风险中，客流量风险是轨道交通 PPP 项目所面临的关键风险之一。由于轨道交通项目的客流量受到经济发展水平、城市功能布局、人们出行需求、居民支付能力等多个因素的影响，现有的方法很难对客流量进行准确的预测，从而导致项目运营后实际发生的客流量和可行性研究报告中预测的客流量出入较大④，如表 1-3 所示。这种预测的不准确性带来的客流量风险非常大，使得按照原有客流量和预期投资回报率测算的财务指标失去了应有的意

① 杜亚灵，闫鹏. PPP 项目缔约风险控制框架研究——基于信任提升与维持的视角 ［J］. 武汉理工大学学报（社会科学版），2013（6）：880-886.

② 贾康，孙洁. 公私伙伴关系（PPP）的概念、起源、特征与功能 ［J］. 财政研究，2009（10）：2-10.

③ 孙洁. 采用 PPP 应当注意的几个关键问题 ［J］. 地方财政研究，2014（9）：23-25.

④ 梁广深. 城市轨道交通客流预测的不确定性分析 ［J］. 城市轨道交通研究，2007（5）：1-3.

义。在合同缺乏动态利益调整的情况下，若实际客流量严重低于预测客流，社会资本将严重亏损，前期投资无法收回；若实际客流量大幅度高于预测数据，社会资本将获得远高于预测的收益从而获得超额利润，使社会公众的利益受损。因此，客流量风险需要在政府和社会资本之间做出合理的分配。

表1-3　部分城市轨道交通预测客流量与实际客流量对比情况

线路名称	线路长度（千米）	预测年份	预测客流量（万人次/日）	实际客流量（万人次/日）	实际年份	误差率（%）
北京八通线	19.0	2003	27.0	5.0	2005	-440
上海地铁五号线	17.2	2003	35.0	6.7	2007	-422
南京地铁一号线	38.9	2005	47.4	18.0	2008	-163
宁波轨道交通一号线一期	23.1	2014	28.8	11.0	2017	-162
北京地铁4号线	28.2	2009	75.9	120.0	2017	36.75

资料来源：笔者整理。

票价制定风险也是轨道交通 PPP 项目所面临的重要风险之一。由于轨道交通属于福利性较强的准经营性基础设施，票价不能完全由市场来决定，政府需要综合考虑社会公众的支付能力、支付意愿及社会资本的可持续经营来制定票价。按照社会资本预期投资回报率测算出来的票价称为计算票价，该票价往往超出了公众的支付能力，而政府会制定出另一个票价，称为实际票价。这两部分票价之间的差额需要在政府和社会资本之间进行合理的分配。若实际票价低于计算票价，政府需要对社会资本做出一定比例的补偿；若实际票价高于计算票价，政府需要分享多出来的这部分票价收益。

当上述风险发生导致利益相关者之间的利益分配失衡时，就需要相应的调整措施来进行利益调整。目前在 PPP 项目的实践中，常见的动态调整措施包括政府补贴机制、超额收益分配机制、价格调整机制、特许期调整机制等。[①] 由于本书以城市轨道交通 PPP 项目的持续经营为前提，因此不考虑 PPP 项目失败及社会资本提前退出的情况。

（1）政府补贴机制，主要是 PPP 项目因政策性因素导致的运营亏损需要政

---

① 冯珂，王守清，伍迪. 基于案例的中国 PPP 项目特许权协议动态调整措施的研究［J］. 工程管理学报，2015（3）：88-93.

府对其进行补贴的机制。这类项目大多是公益性较强而盈利性较差的 PPP 基础设施项目。

（2）超额收益分配机制，主要是当 PPP 项目因需求量增加、成本大幅度降低等因素而使项目的收益超过预期时，按约定需要对项目形成的超额利润进行分配的机制。①

（3）价格调整机制，主要是 PPP 项目因原料、燃料、动力和人工等成本因素的变动达到了调价触发条件而对其提供的产品或服务进行调价的机制。

（4）特许期调整机制，主要是 PPP 项目特许期的调整方式和触发条件等机制。PPP 项目合同中可以通过设置弹性特许期的条款来对特许期进行调整。当项目收益达不到预期时，可通过延长特许期的方式对社会资本进行补偿；当项目收益超过预期时，则缩短特许期将社会资本的收益控制在合理范围内。②

由此可见，利益的调整对 PPP 项目的成功是至关重要的，关乎 PPP 项目的方方面面。特别是对于城市轨道交通 PPP 项目，利益的协调不仅关系到政府的财政承受能力、社会资本的投资利润及社会公众的满意度③，还关乎城市的经济发展、功能布局、结构升级等可持续发展一系列重大问题。

当前，我国正处于城市轨道交通建设发展的高峰期，从理论上探讨城市轨道交通 PPP 项目相关方的满意度及其影响因素，继而研究风险作用下的利益相关者满意度变化关系并进行相应的调整纠偏，维持 PPP 项目各参与方利益均衡，具有特别重要的现实意义。

第二节　问题提出

（1）PPP 项目利益失衡影响 PPP 项目可持续。PPP 项目运营周期长、风险因素多及利益相关者关系复杂的特征往往导致各方利益分配不均或预期利益难以实现，引发 PPP 项目利益相关者的不满，影响 PPP 项目良好的合作关系。因此，

---

① 赵立力，游琦. 高速公路 BOT 项目调节基金决策机制研究［J］. 管理工程学报，2013（3）：81-86.
② 覃丹丹. 垃圾焚烧发电 BOT 项目特许期决策研究［D］. 重庆：重庆大学硕士学位论文，2017.
③ 陈婉玲，曹书. 政府与社会资本合作（PPP）模式利益协调机制研究［J］. 上海财经大学学报（哲学社会科学版），2017（2）：100-112.

对 PPP 项目各方的满意度做出合理的评价就显得很有必要。

满意度是利益诉求的满足程度，一般来讲，利益诉求得到满足的程度越高，满意度就越高，参与 PPP 项目进一步合作的愿望就越强，PPP 项目的合作关系就越稳定。城市轨道交通 PPP 项目地质条件复杂、施工难度大，漫长的运营管理中面临的不确定因素也较多，因此定期对 PPP 项目利益相关者的满意度做出评价，以判断各方的利益是否失衡就显得非常重要。当利益相关者中的一方或几方满意度偏差较大时，及时启动相应的利益调整机制进行满意度的纠偏，使各方满意度重新回归到相对均衡的状态，继续保持 PPP 项目良好的合作关系，无论从理论上还是工程实践上都具有重要的意义。

（2）对城市轨道交通 PPP 项目利益的内涵、构成及量化研究还有待加强。现有研究大多是针对传统的 BOT 项目，特别是纯经营性的高速公路、收费公路 BOT 项目，对其他领域特别是城市轨道交通 PPP 模式的研究较少。城市轨道交通作为一种典型的经济效益较差而社会效益显著的交通基础设施项目，当引入社会资本采用 PPP 模式建设时，需要政府对其收益缺口部分提供补贴。政府除了关注城市轨道交通项目带来的经济效益外，更多地关注其在提升城市档次、缓解交通拥堵、减少环境污染和降低交通事故等方面的社会效益，这与以往在研究 BOT 项目时，政府更多关注项目所带来的经济利益是有区别的。因此，进一步明确城市轨道交通 PPP 项目利益的内涵及其构成并进行量化很有必要。

（3）基于利益相关者满意视角的利益动态调整措施研究还较薄弱。城市轨道交通 PPP 项目中，政府、社会资本和公众的利益诉求既相互矛盾又相互联系，它们之间不是静态的，也不是孤立的存在。

现有研究大多定性地、孤立地研究 PPP 项目各方的利益诉求，对利益诉求与满意度之间及不同利益主体满意度之间的关系研究较少，对它们之间的关系缺乏系统的研究。另外，正如前文所述，在风险的作用下，利益相关者的满意度是呈波动变化的，而现有研究大多采用静态的视角分析，对其长期性和动态性考虑不足。

（4）单一的利益调整措施存在弊端和盲区。在城市轨道交通 PPP 项目运营过程中，由于风险的存在，很可能会导致各方实际获取的利益与原预期利益产生偏差，使各方利益处于不均衡的状态，影响 PPP 项目合作的稳定性和可持续性。为了使项目的收益处于相对合理的状态，许多项目采取了调整特许期或调整特许价格的方法。调整特许期的方法虽然较容易被各方所接受，但也存在特许期不可以无限期地延长，延长时间越长项目可能越亏损的问题。另外，城市轨道交通PPP 项目与乘客的日常出行密切相关，涉及广大乘客的切身利益，调价的空间非常有限，并且调价的阻力也非常大。有时当特许期的延长受法律规定的最长特许期限限制、调价阻力极大时，可以通过增加政府补贴，即在不增加社会公众出行成本的情况下对项目收益进行补偿来解决问题。因此，当单一调整措施受限时，探讨多种调整措施的方案组合就显得很有必要。

第三节　国内外研究综述

一、PPP 项目利益相关者研究

在工程项目管理领域，学者们普遍认为处理好利益相关者的关系能促进项目决策的科学性提高、绩效的提升和项目的成功，因此越来越重视对项目利益相关者的研究。通过文献梳理，对 PPP 项目利益相关者的研究主要集中在利益相关者的识别、分类及相互间关系，项目的目标与绩效，利益的分配及博弈等方面。

（一）PPP 项目利益相关者的识别、分类及相互间关系的研究

林广利和尹贻林（2011）认为为满足项目各方利益需求，PPP 项目的功能定位与实现起着重要作用，在对天津站综合交通枢纽利益相关者的识别、核心利益相关者的确定及其利益需求分析的基础上，明确了项目的建设功能需求，为项目设计提供依据。张晓丽和尹贻林（2013）进一步指出利益相关者利益诉求的实现是城市枢纽项目设计与建设的重要基础，直接关系到 PPP 项目价值目标是否能够实现，其中核心利益相关者的利益需求实现尤为重要。许聪和丁小明（2014）、娄燕妮等（2018）利用社会网络分析（SNA）方法分析了交通基础设施 PPP 项目中利益相关者关系的网络结构，发现在整个网络中，政府和项目公司占据着中心位置，但政府在建设阶段对项目控制力不足，金融机构等对项目监管能力较差，居民对 PPP 项目的实施有着重要的影响。Verweij（2015）的研究也证明了这一点，他发现在 PPP 项目管理过程中，大多事物都是社交性的，因此无论是公共部门还是私人部门都应在利益相关者的资源和能力方面进行充分的投资，并且政府在利益相关者之间发挥重要的中介作用。

（二）利益相关者与 PPP 项目的绩效和成功关系的研究

学者们普遍认为利益相关者的项目绩效目标是不一致的，他们对 PPP 项目绩效指标选择倾向程度也是不一样的，并且利益相关者满意度对 PPP 项目的成功至关重要。Yuan 等（2009）认为 PPP 项目利益相关者的管理具有动态性，其从 PPP 项目利益相关者角度出发建立 PPP 项目绩效目标选择模型，并且提出了 PPP 项目绩效改善的建议。Henjewele 等（2013）认为构建 PPP 项目成功的多维指标体系具有非常重要的意义，并且设计了相应的调查问卷对利益相关者进行了测试，发现利益相关者对 PPP 项目成功指标的选择倾向程度是不一样的。Roumboutsos 等（2013）从不同利益相关者角度研究关键成功因素与关键绩效指标间的关系，并且邀请交通基础设施领域 PPP 项目专家采用头脑风暴法对绩效指标进行了量化。Schepper 等（2014）研究了多个基础设施 PPP 项目案例，认为利益相关者参与对 PPP 项目成功至关重要。其研究表明，随着利益相关者的增加和动态性日益提高，利益相关者管理的外部环境也日益复杂。Yuan 等（2009）认为 PPP 项目利益相关者的良好关系对项目绩效的提升有着重要作用，并且构建了基于利益相关者的 PPP 项目绩效目标选择模型；随后分别从政府、社会资本和公众三个视角识别出了 15 项核心绩效指标，并且重点分析了这些绩效指标内在关系及内生反馈机制，运用系统动力学模型构建了基于满意度的价格调整模型。Xiong 等（2015）在 Yuan 等（2009）研究的基础上，建立了利益相关者满意度动态调整模型，通过利益相关者满意度的平衡从而维持利益相关者的关系质量，以期达到提高 PPP 项目绩效的目的。王超等（2014）认为传统的绩效评价方法已不能适应新的要求，通过文献梳理出 PPP 项目关键成功因素，进而提取出关键绩效指标，最终建立了 PPP 项目绩效评价指标体系，可为具体项目的绩效评价提供新的参考。

（三）利益相关者与 PPP 项目利益分配的研究

PPP 项目的合作方除了要面对风险分担的问题之外，也要合理解决收益分配问题。在 PPP 项目利益分配和各主要参与方博弈研究方面，利益相关者的投入和努力程度对收益的分配起着至关重要的作用。Scharle（2002）考虑了政府的社会属性和私人部门的经济属性特征，研究了公共部门和私人部门在核心竞争力、合作机制及利益平衡三方面的博弈，并且给出了一种合理的 PPP 模式收益分配方案。Viegas（2010）建立了包括交易成本、再谈判及合同期限等因素在内的收益分配框架，并且以交通 PPP 项目为例，对项目的收益分配进行了研究。陈菲

（2008）以 PPP 项目利益相关者基本利益诉求为基础，在考虑资源投入和分析风险分担的情况下，建立了利益相关者利益分配模型，并且根据资源的投入和风险分担的具体情况得出利益分配系数。叶晓甦等（2010）认为利益分配是解决公私双方利益冲突的有效途径之一，继而设计了一种基于风险合理分担的利益调整模型，提出了以资源投入、努力程度和风险分担等因素为分配原则的 PPP 项目利益分配方案。Wang 和 Liu（2015）对公平偏好和委托代理模型进行了研究，认为公平偏好对 PPP 项目的收益分配有着明显的正向作用，当社会资本有更高的公平偏好要求时，政府往往能获得更好的收益。汪翔等（2012）引入第三方监督机制，就科研联盟各主体间实现合理的利益分配进行了探讨，并且对传统的 Shapley 分配方法进行了改进。杜亚灵和尹贻林（2015）创新了 PPP 项目营利模式，并且从收益结构、成本结构及利润结构优化等方面，构建了 PPP 项目营利模式的"树"形框架，为 PPP 项目选择合理的营利模式提供了依据和指导。何天翔等（2015）提出了基于满意度的 PPP 项目利益分配 Shapley 值求解方法，该利益分配方法需考虑五个重要因素，即资源投入、风险分担、贡献程度、努力因素及利益相关者满意度，并且将改进的模型应用到 PPP 项目的工程实例中。该研究结论表明：这种基于满意度的 Shapley 值改进模型不仅能使整体满意度增加，还具有激励作用。

（四）研究述评

近些年来，学者们逐渐认识到利益相关者对 PPP 项目的绩效乃至项目的成功都起着重要的作用，因此关于利益相关者的研究主要集中在基本概念、利益相关者的角色与地位、利益相关者的诉求与冲突、利益相关者与 PPP 项目的绩效、成功及收益分配的关系方面。然而目前对利益相关者的研究尚存在以下不足：

（1）现有研究大多从定性的角度分析利益相关者的利益诉求和利益冲突，在分析利益相关者与项目绩效和项目成功的关系时，也仅是将利益相关者满意度作为衡量 PPP 项目绩效及成功与否的众多指标之一，对两者之间关系的研究还不够深入，尤其是在利益相关者满意度的量化及如何维持利益相关者的利益均衡等方面还有待进一步研究。

（2）利益相关者的满意度在整个特许期内不是一成不变的，而是随时间的推移和影响因素的变化呈波动变化，目前对利益相关者满意度随时间动态变化方面的研究还不多。

（3）现有研究多侧重 PPP 项目利益分配，而忽略 PPP 项目的利益调整。PPP 项目的利益分配诚然是协调 PPP 项目利益相关者关系、促使项目成功的重要手段，但 PPP 项目利益分配更侧重在 PPP 项目利益一定的情况下，探讨 PPP 项目利益分配的影响因素，研究如何将利益分配得更加合理或更加公平。PPP 项目利益调整是一个含义更加广泛的概念，不仅局限于项目利益的分配，还包括通过其他利益调整措施实现 PPP 项目利益相关者的均衡，因此研究 PPP 项目的利益调整显得更加重要。

二、风险传递与 PPP 项目利益调整的研究

风险普遍存在于 PPP 项目全生命周期的各个阶段，特别是在长达 10～30 年的 PPP 项目运营期中表现得更加突出。在众多基础设施 PPP 项目中，交通类基础设施如高速公路、城市轨道交通更是得到了学者们的普遍关注，他们运用系统的观点，构建了风险传递的网络或路径，揭示了风险的发生对利益相关者和项目收益的影响关系。学者们主要利用系统动力学的分析工具对项目风险间的关系进行了研究。

Singh 和 Kalidindi（2006）认为交通收入风险是影响 PPP 交通类基础设施项目成功的关键风险之一。该文章提出了年金模型，私营部门可通过当局许可用年金对交通收入风险进行补偿。Yang 和 Zou（2014）认为风险不是孤立存在的，而是互相关联的，并且与项目的利益相关者高度相关。作者以绿色建筑项目特定风险为例，运用社会网络模型（SNA）对风险在利益相关者间的传递关系进行了研究。Zlatkovic 等（2017）认为外生的需求风险是交通类项目最首要的风险，对项目的收益有着至关重要的影响，他们构建了一个基于现金流的分析模型，以便选择适合私人投资者和公共部门的薪酬机制。该模型能为"用户付费"或"可行性缺口补助"的交通类基础设施 PPP 项目提供一个较好的指导作用。张璐（2013）以大型工程项目为研究对象，聚焦财务风险的传导机理，分析了风险的传导途径，认为风险对大型工程项目的成功起着重要作用。孙国强和邱玉霞（2015）分析了风险传递的网络特征，构建了其网络传导路径，模拟了风险传递的动态过程，并且论述了风险之间的影响关系。任志涛等（2016）以众多失败的 PPP 项目案例为研究背景，系统地识别了 23 个致使 PPP 项目失败的风险因素，从系统与组织结构等方面运用系统动力学方法建立了失败风险因素的动态反馈回路。吴守荣等（2016）以城市轨道交通 PPP 项目为研究对象，对运营期风险因

素进行了系统的识别，运用系统动力学模型对城市轨道交通 PPP 项目运营期风险进行了动态仿真。刘秦南等（2017）提出了用熵值作为风险变量的权重，构建了 PPP 项目运营期风险的系统动力学模型，分析了各个风险间的反馈回路，并且仿真模拟了 PPP 项目运营期风险变化趋势。曹宇薇（2017）以 PPP 项目财务风险为研究视角，建立系统动力学模型，分析了财务风险在核心利益相关者之间全过程传递的机理。向鹏成等（2017）界定了 PPP 项目收益风险的含义，从项目建设期投资、运营期收入和成本及政府财政补贴等方面识别了 PPP 项目的收益风险，并且借助系统动力学模型，得出了 PPP 项目收益风险间因果反馈回路。谢婷等（2018）分析了风险因素的因果反馈回路，建立了系统动力学模型模拟仿真了风险对轨道交通项目收益的影响机理，并且提出了应对措施。娄燕妮等（2018）提出了一种形象化的研究范式，分析了风险在利益相关者间的传递路径，有助于风险分担主体的边界确定，也为防范风险提供了样本参考。王凯妮和邓小鹏（2019）以城市轨道交通 PPP 项目运营阶段风险控制为主要目标，在轨道交通资金可行性缺口测算时引入财务风险预警机制，分析不同的财务数据对可行性缺口的敏感程度，并且在青岛地铁 4 号线项目上得以验证。

学者们用系统的观点，尝试着构建风险传递的网络或路径，揭示风险对项目收益及项目利益相关者的影响，但仍然存在以下不足：

（1）目前应用系统动力学模型构建项目风险传递的研究主要集中在风险传递的理论框架、风险传递的路径和经验分析方面，大多停留在定性的分析阶段，定量的分析还不多。在有限的风险传递定量分析中，各变量间的函数关系的科学性和合理性还有待商榷。

（2）学者们已经意识到风险会影响利益相关者之间的协作关系，但往往局限于风险对某一项目目标或某一项目群体影响的研究，定量并系统地考虑风险对各利益相关者影响方面的研究还不多。正是基于这个原因，本书运用工程经济学、利益相关者理论和系统理论探讨风险在 PPP 项目利益相关者内部的传递路径及对政府、社会资本、公众满意度的影响。

三、社会资本合理投资回报与 PPP 项目利益调整的研究

国内外一些学者从社会资本角度出发，对 PPP 项目合理的投资回报进行了分析，主要是确定合理回报率的上下限，当项目的回报率不在上述区间时，通过调整价格、特许期、补贴及分配比例从而使投资回报率重新回归正常区间。这类

研究主要从资产定价模型、蒙特卡罗模拟及实物期权的角度展开。

（一）基于资产定价模型的合理投资回报确定

这类方法主要结合加权资金成本、资本资产定价模型及证券市场无风险利率来综合确定项目的合理投资回报。杨珺和许宏华（2004）分别运用 CAPM 资本资产定价模型和上市公司净资产收益率方法计算出投资者期望的高速公路投资回报率分别为 6.81% 和 6.88%，并且最终建议将这两个投资回报率的平均值 6.85% 作为财务评价时的折现率。罗刚（2007）研究了城市水务 PPP 项目合理投资回报，利用 CAPM 资本资产定价模型和戈登股利增长模型分别对城市水务成本进行了分析，认为城市水务的合理回报范围为 8.8%~12.0%。周晓航等（2009）对经营性高速公路的合理投资回报进行了研究，提出了合理的测算办法，认为高速公路的合理回报上限值为 10%，下限值为无风险收益率。赵京等（2014）继续周晓航等的研究，结合投入产出表计算了市场期望回报，提出了新的合理回报下限。任雅茹等（2018）以污水处理 PPP 项目最低需求量为切入点，以《建设项目经济评价方法与参数（第三版）》为依据，运用 CAPM 资本资产定价模型和蒙特卡罗模拟方法求得了基准收益率所对应的政府最低需求量担保。逯元堂等（2019）对财政部 PPP 入库项目的 278 个污水治理 PPP 项目进行了统计研究，得出财政部入库的污水治理 PPP 项目平均内部收益率为 5.5%~8.0%。徐顺青等（2019）测算了污水 PPP 项目的合理投资回报，认为污水治理 PPP 项目的自有资金投资合理回报范围为 6.3%~7.6%。

（二）基于蒙特卡罗模拟的项目投资回报确定

Ng 等（2007）研究了三种投资回报率：社会资本所能接受的最低投资回报率、政府部门所能接受的最高投资回报率及项目所期望的投资回报率，给后期的研究者提供了很好的研究视角。Kokkaew 和 Chiara（2013）研究了巴西圣保罗地铁 4 号线的客流量分担机制，该线路采用的风险分担比例是将客流量超过预期部分分为三种情况：当实际客流量超出预期客流量的 110%~120%（不含 120%）时，政府分享超出预期收益部分的 60%；当实际客流量超过预期客流量的 120%~140%（不含 140%）时，政府分享超出预期收益部分的 90%；当实际客流量超出预期客流量的 140% 及以上时，双方需要重新谈判以确定超额收益的分享比例。Brown（2005）研究了墨尔本城际高速公路，当 PPP 项目收益超过预期的比例在 5% 以上时，每增加 10%，政府应逐步提高超额收益的分享比例，即政府对超额收益的分享比例应该随项目收益的增加而不断提升。Zhang 和 Abourizk

（2011）分别从政府和社会资本的角度设计了最大和最小投资回报率，并且结合具体案例用蒙特卡罗模拟方法进行了验证。

（三）基于实物期权的项目投资回报确定

Jaebum（2010）针对风险的不确定性特点，结合实物期权理论构建了 PPP 项目收益的最低担保和最高收益上限，并且探讨对项目收益上下限的影响因素。Carbonara 等（2014）提出了收费道路的真实期权模型，结合蒙特卡罗模拟分析 PPP 项目不确定性，认为政府合理的最低收益保障对于吸引 PPP 项目投资者是非常必要的。Vassallo（2006）结合以往学者的研究观点，认为 PPP 项目收益的上下限可以按照均衡对称的规则来设置，既要给予社会资本必要的收益保障使其经营可持续，也需防止社会资本获得超额收益，损害广大社会公众利益。Hawas 和 Cifuentes（2017）运用风险中性理论，针对风险的不确定性，运用实物期权理论构建了社会资本合理投资回报的上下限最优求解模型。董婉黎（2017）以大连市某轨道交通 PPP 项目为例，运用 CAPM 资本资产定价模型，并且考虑期权定价模型，以风险收益中性理论得出该轨道交通 PPP 项目合理的投资回报率范围为 6.69%~9.37%，最后建议最佳合理回报率为 8.03%。

（四）研究述评

（1）运用资本资产定价模型确定项目投资回报率时，一般采用 CAPM 和 WACC 相结合的方法，但该方法没有较好地体现风险因素的影响，特别是某些行业证券市场交易不完善，其 β 值不易估计。在采用蒙特卡罗方法模拟项目投资回报率时，模拟结果对不确定变量的概率分布较为敏感，需要假定各变量互相独立且模拟工作量较大。

（2）现有研究大多是从社会资本的角度探讨 PPP 项目的利益调整，从而保证项目公司既不亏损也不暴利。这种方法没有将政府、社会资本和公众作为一个系统考虑，没有兼顾政府和社会公众的利益诉求。本书将利益相关者作为一个整体，探讨利益失衡状态下的利益调整方法。

四、特许价格与 PPP 项目利益调整的研究

当前，探索 PPP 项目收益形成机理及其调整的研究已成为学术研究的热点。在 PPP 项目收益波动影响因素方面，学者们普遍认为这是各类风险作用下的结果。明确关键风险因素、探索风险的传递途径并对其加以控制是提高 PPP 项目收益的有效办法。学者们普遍认可 PPP 项目的利益调整措施包括特许价格、特许期、政府补贴和收益分享比例等。

在交通类基础设施 PPP 项目利益影响因素研究方面，学者们进行了大量的研究，如 Cheah 和 Liu（2006）、Blank 等（2009）、Ashuri 等（2010）、Jun（2010）、Brandao 等（2012）、Kokkaew 和 Chiara（2013）、郭健等（2013）、赵立力和游琦（2013）普遍认为在众多相应 PPP 项目利益影响因素中，建设项目投资、运营成本、运营收入、无风险收益率、客流量波动率、特许价格、特许经营期等因素出现的频次较高，他们认为这些是影响 PPP 项目利益的主要因素。

风险的普遍存在导致项目的实际运营经常偏离预期，若不对项目的收益进行及时调整，社会资本就会获得暴利或达不到预期回报。[①] 前者会影响政府和社会公众的利益，后者会影响社会资本参与公共基础设施建设的积极性。目前，针对 PPP 项目收益的调整情况，学者们从特许价格调整方面进行了大量研究。

特许价格与 PPP 项目收益的研究主要集中在特许价格的确定和特许价格的调整两个方面。

（一）PPP 项目特许价格的确定

Yang 和 Meng（2000）以公路 BOT 项目为例，综合考虑了社会资本、道路使用者和整个社会的收益函数，研究了在价格需求弹性下项目的可行性问题，并且确定了公路 BOT 项目的最优定价和最大交通容量。

王东波等（2011）分别从消费者剩余最大化及社会资本利润最大化两个方面构建了高速公路使用者和社会资本的建模目标，运用带有价格弹性约束的双方博弈模型，并且通过逆向归纳法得到模型的最优解，分析了需求量变动条件下的特许定价和特许期调整方案。

谭志加等（2013）构建了以收费价格、政府补贴及道路容量为约束变量的多目标规划模型，并且以政府部门福利最大化和社会资本利润最大化为建模目标，探讨了收费 BOT 公路帕累托最优条件下的价格和补贴决策。

Subprasom 和 Chen（2007）以某城际高速公路 BOT 项目为例，构建了政府和社会资本双目标均衡条件下的定价模型，并且探讨了无政策保护、有政策保护、最小客流量担保、最高收费限制、同时设定最小客流量担保和最高收费限制五种情形下公路 BOT 项目特许价格的决策问题。

---

① 宋金波，靳璐璐，付亚楠. 高需求状态下交通 BOT 项目特许决策模型 ［J］. 管理评论，2016（5）：199-205.

（二）PPP 项目特许价格的调整

国内外学者对特许价格的调整给予了极大的关注，他们主要从调价的幅度、调价的频率及调价的时间等方面展开研究。

王灏（2004）考虑到城市轨道交通成本中电费和人工薪酬占据了较大的比重，从保护私营部门的角度利益出发，提出了一种集电价涨幅、工资涨幅和 CPI 涨幅为一体的综合调价公式。该公式具有一定的合理性，但没能考虑公众承受能力、政府补贴等因素对 PPP 项目调价的影响。

Wibowo（2004）研究了相邻两次价格调整时机的问题。他用 Y_m 和 Y_{m-1} 分别表示前后两次调价时间，用 λ 和 D_m 表示协议中商定的调价周期和执行时间，则相邻两次调价关系式为：$Y_m = Y_{m-1} + \lambda + D_m$。该研究未考虑经济、社会、市场等一些外界因素的影响，具有一定的局限性。

陈爱国和卢有杰（2006）较系统地提出了基础设施 PPP 项目的调价原则，即效率、公平、激励和可持续，并且分别设计出以销售价格、销售收入和税后利润为基数的三种价格调整模型：①以销售价格为基数的调价模型，即 $P_t = P_{t-1}(1+I_t-X_t+\delta_t)(1-\alpha_t+\alpha_t\gamma_t)$。其中，$P_t$、$I_t$、$X_t$、$\delta_t$ 分别为 t 时期的销售价格、通货膨胀率、科技进步因子和资本回收系数，γ_t 是汇率影响因子。②以销售收入为基数的调价模型，即 $P_t = P_{t-1}(1+I_t-X_t+\delta_t)(1-\alpha_t+\alpha_t\gamma_t)$，$P_t = \dfrac{R_t}{Q_t}$，其中 R_t 和 Q_t 分别表示未来的销售收入和销售数量。③以税后利润为基数的调价模型，综合考虑了原料价格、通货膨胀、汇率、利率、市场需求及税收等多方面因素。但该文章还是以 PPP 项目公司为研究视角，忽视了社会公众的利益，带有一定的局限性。

赵立力等（2006）结合 BOT 项目价格调整的实际情况，提出了限制次数的调整价格策略。为了提高项目公司应对风险的能力和积极性，他们提出并设计了一种带限制次数的调价模型，该模型可以求解出最佳的调整时间和调整幅度，政府可以通过限制调价的幅度和次数以实现对社会资本的规制。

杨卫华等（2008）全面识别了污水处理 BOT 项目风险因素对项目定价的影响。根据风险是否由政府完全承担或由政府和社会资本分担，计算出风险在政府和社会资本中的分担比例，并且给出了相应的单价调整和总价调整公式。

邓小鹏等（2009）通过构建指标体系，运用系统动力学理论，建立了 PPP 项目动态调价与补贴模型，以实现政府、社会资本和公众三方满意的利益均衡。

李启明等（2010）认为项目收益的调整要基于实现政府、社会资本和公众三方满意的总目标。在识别了影响三方利益的 15 个 PPP 项目关键指标后，运用系统动力学研究了关键指标间的内生反馈机制，并且设计出基于满意度均衡的调价机制。

Xu 等（2012）分析了影响特许价格的因素，并且以垃圾焚烧发电项目为例，在综合考虑风险的基础上，构建了基于系统动力学的特许定价模型，运用案例推理的方法得到了特许调价模型并进行了验证。

叶苏东（2012）认为社会资本的本性是追求经济利润，因此在缺乏有效监管的环境下，极易损害广大公众的利益，需要政府对其定价进行规制。利率、投资回收系数、原材料、燃料动力价格等不确定性因素波动范围过大必然会影响私人投资者的预期回报，因此需要进行调价。在确定调价幅度时，应综合考虑公众的承受能力、私人资本面临的风险等因素。

Tan 和 Yang（2012）考虑了汇率、利率、通货膨胀率及需求量等主要风险因素的影响，以马来西亚一个 BOT 项目为例，通过仿真模拟得到不同的价格调整策略，政府可以通过选择相应的策略来弱化不确定风险。

杜静和衣艾菊（2013）指出在客流量基础设施 PPP 项目中，客流量难以预测是必然的，此时应优先选择弹性特许期的特许协议模式，即政府和项目公司可以签订一个最长的特许期，在此期限范围内，项目公司一旦达到预期的投资回报率便进行工程的移交，以实现政府和社会资本双赢的目标。

赵立力和游琦（2013）提出了收入调整基金制度的概念，并且确定了调整基金的上下限，该调节基金制度可提高 BOT 项目在外部经济环境变动中的适应能力，实现政府与社会资本的双赢。

宋丹荣（2014）针对准经营性 BOT 项目，分别从政府、社会资本和公众的决策目标出发，构建了特许价格最小、净现值最大及社会公众前景值最大的多目标决策模型，对特许价格和特许期的调整方案进行了优化。

宋金波等（2014）认为动态的调整项目价格和特许期有利于实现 PPP 项目各主体利益的均衡，并且构建出特许期剩余年限的预期收益函数，给出了特许期和特许价格单一变动和联合变动的项目收益调整决策。

（三）研究述评

通过对文献的梳理可以发现，现金流量模型、时间序列预测、蒙特卡罗模拟、敏感性分析及系统动力学已成为学者们研究 PPP 项目定价与调价的常用方法，但目前研究存在以下不足：

（1）现有研究大多是从社会资本角度出发，较少考虑政府和公众对定价和调价的影响。特别是随着公众参与公共项目决策的范围越来越广，程度越来越深，他们的意见在很大程度上影响着项目的顺利开展。因此，在城市轨道交通PPP项目中，应该把能够综合反映出乘客的需求（如票价低廉、乘坐舒适、交通便捷、运行准时等特性）的支出意愿考虑到调价等利益调整措施中。

（2）现有研究大多是定性地分析PPP项目价格调整的影响因素，已有的价格调整模型考虑的因素过于单一，未能综合考虑利益相关者、风险及项目外部环境对价格的影响。另外，使用者对价格有较高的敏感性，以往研究较少考虑价格调整与特许期及补贴等其他调整措施的联合使用。

五、特许期与 PPP 项目利益调整的研究

现有的研究主要集中在PPP项目特许期的确定和特许期的调整两个方面。

（一）PPP 项目特许期的确定

Ye 和 Tiong（2003）、Zhang 和 Simaan（2006）认为项目的建设总投资和建设期是特许期决策时应考虑的重要因素，运用蒙特卡罗方法模拟出 BOT 项目的净现值，结合私人投资者预期回报率的区间值，利用插值法求解出项目特许期的范围。

侍玉成和万法菊（2006）通过研究城市供水 BOT 项目，发现特许期往往是政府、社会资本及公众普遍关注的核心要素。特许期太长，往往会损害政府和公众的利益；特许期太短，会影响到社会资本的收益和投资积极性。两位学者最后运用博弈理论求得最优的特许期限。

Shen 等（2007）认为特许期限是 BOT 特许协议中非常重要的决策变量，以政府和项目公司各自利益最大化为决策目标，构建了基于讨价还价博弈理论的 BOT 项目特许期决策模型，并且求解出最优特许期。

宋金波等（2012）构建了特许期缩短和延长决策模型，给出了 BOT 项目的净现值率的上下限。当项目净现值率超过上限时缩短特许期；当项目净现值率低于下限时延长特许期，并且用蒙特卡罗模拟对实际特许期进行求解，验证了通过调整特许期从而实现项目合理收益的有效性。

刘继才等（2015）认为政府提供的各类担保可以与特许期进行转换。一般而言，相对于需要提供资金支持的各类政府担保或政府投资，政府更加倾向于无须增加财政负担的延长特许期方式。因此，可以通过实物期权理论将政府担保价值

折算成相同价值的特许期延长模式，从而为特许期的确定提供了新的思路。

（二）PPP 项目特许期的调整

Engel 等（1997）构建了弹性特许期 LPVR（Least Present Value of Revenue）决策模型。该模型选取最小收益现值的私人资本作为中标方，当中标方的项目收益现值恰好等于预期值时，特许期将终止。弹性特许期较固定特许期更加灵活，有效应对了市场高风险带来的利益分配不均衡问题。

陈孟慧（2005）认为通过调整特许期可以有效控制私营部门的收益。当私营部门的收益超过区间上限值时，采取缩短特许期的策略，反之采取延长特许期的策略；当私营部门的收益处于合理区间内时，可以不对特许期进行调整。

宋金波等（2010）根据 BOT 项目已运营年份的实际现金流量和特许期内剩余年限的未来现金流量，以净现值率为决策目标，以合同事先约定的净现值率合理区间为判定标准，分别构建了项目净现值率高于区间上限或低于区间下限两种情况下，相应需要缩短或延长特许期限的决策模型。他们以某 BOT 项目为例，运用蒙特卡罗模拟方法，验证了单一调价不适用的情况下通过调整特许期可以使政府和项目公司间的风险得到合理分担。

（三）研究述评

特许期的长短对政府和社会资本的利益分配起着重要的作用，尽管学者们对 PPP 项目特许期及其调整进行了大量的研究，使用的方法也多种多样，包括净现值（NPV）、博弈论、实物期权及蒙特卡罗模拟等方法，但目前研究还是存在以下不足：缺乏对约束机制的研究，特别是通过缩短特许期减少社会资本收益时，应避免其降低服务水平。另外，存在特许期不可以无限期地延长、延长时间越长项目可能会越亏损的问题。因此，需要研究特许期调整同其他利益调整措施的联合应用。

六、补贴与 PPP 项目利益调整的研究

Konstantelos 等（2017）认为有效识别 PPP 项目收益和费用有助于项目的顺利实施。

冯珂等（2015）以轨道交通 PPP 项目为研究对象，提出了基于龚伯兹曲线的项目收益预测模型，并且对轨道交通财政补贴进行了模拟预测。

李皓等（2016）将轨道交通财政补贴分为两部分：固定部分和激励部分。他们运用讨价还价博弈模型得到这两部分的分配比例，结合轨道交通 PPP 项目案例对模型进行了实证,最后提出了完善城市轨道交通 PPP 项目财政补贴的建议。

王建斌和郭若丹(2017)在交通基础设施客流风险合理分担的基础上,用蒙特卡罗模拟分析政府合理客流量担保的上下限,并且结合北京地铁 4 号线的运营数据对模型进行了验证。文章最后就票价改革对项目收益及财政补贴的影响进行了研究。

向鹏成(2019)将激励的思想引入城市轨道交通补贴模型中,设计了包含物价指数、收入成本比、效率因子的激励性财政补贴模型,并且通过北京地铁 4 号线进行了实例验证,证明了模型提升补贴效率的可行性。

向鹏成和蒋飞(2016)基于城市轨道交通 PPP 项目实际运营情况,在项目收益值小于合理收益下限时,建立 PPP 项目收益补贴调整模型,并且结合北京地铁 4 号线的实际案例验证了该模型的可行性。

上述文献主要从补贴机制和补贴模型两个方面对城市轨道交通 PPP 项目补贴展开研究,但还存在以下不足:与其他经营性 PPP 项目不同,政府除了关注尽可能少的财政补贴以外,更多地关注城市轨道交通在提升城市档次、缓解交通拥堵、减少环境污染和降低交通事故发生率等方面的社会效益,这与以往在研究高速公路等 BOT 项目时,政府更多关注项目所带来的经济利益是有所区别的。因此,需要更多地考虑城市轨道交通社会效益对补贴的影响。

七、综合性述评

目前,国内外相关学者关于 PPP 项目利益的调整措施研究几乎都是站在社会资本的角度,通过调整价格、特许期或补贴等措施将社会资本的收益限定在合理范围内,从而保证项目公司既不亏损也不暴利。这种方法没有将政府、社会资本和公众作为一个系统考虑,没有兼顾政府和社会公众的利益诉求,并且多以单一的特许价格和特许期调整措施为主,较少涉及多项措施的联合调整,研究对象也多为经营性的高速公路 BOT 项目。① 目前关于 PPP 项目的利益调整机制及方法研究在以下方面有所欠缺:

(1)已有研究大多是针对 BOT 项目的,特别是经营性的收费公路项目,缺乏对其他领域特别是城市轨道交通 PPP 模式的研究。已有的对项目定价、调价

---

① 胡云鹏,王建平. 基于多方满意的城市轨道交通 PPP 项目收益调节模型研究 [J]. 湘潭大学自然科学学报,2018 (5):95-100.

及补偿方面的研究要么是站在社会资本的视角，单纯地以利润最大化为决策目标；要么是考虑社会资本和政府两方之间的博弈，以社会资本的利润最大化和政府的社会福利最大化为决策目标，缺乏对社会公众利益的考虑。随着公众参与项目决策广度和深度的扩大和加深，他们的意见在很大程度上影响着项目的顺利开展。因此，应把公众的支出意愿考虑到利益调整措施中。

（2）现有研究大多从定性的角度分析 PPP 模式利益相关者的利益诉求，缺乏对其量化研究。实际上，利益相关方的利益目标并不是完全独立的，而是交织在一起，既互相联系又互相矛盾。如何平衡利益相关者间的利益关系，使各方都较满意，值得做进一步分析。另外，利益相关者的满意度在整个特许期内不是一成不变的，而是随着影响因素的变化呈波动变化，对各方满意度进行实时观测，当某一方或某几方满意度偏离较大时，及时启动利益调整机制进行纠偏，无论从理论意义上还是实际意义上都是值得探索的。

（3）现有成果多侧重 PPP 项目收益的某类具体调整措施的研究，缺乏对不同调整措施多组合的探讨。例如，对 PPP/BOT 项目形成的超额收益或收益不足等问题，多从特许期的调整或特许价格调整角度展开，而对两者间的关系及多项措施联合调整方案的研究较少。在工程实践中，单一的特许期调整或特许价格调整都存在一定的弊端。例如，特许期的延长受到法律规定的最长特许经营期的限制，对于某些财务评价较差、资金回收缓慢的项目，越是延长特许期，可能亏损得越多，这个时候就需要政府补贴来进行调整。特许价格调整方面一般都有严格的管制，我国公共基础设施的收费价格大多实行听证制度，调价的次数和幅度都受到严格的控制，公众对价格的调整比较敏感，政府对调价也比较谨慎。因此，研究多项措施的联合调整显得很有必要。

（4）现有研究多侧重利益分配，而忽略利益调整。PPP 项目的利益分配诚然是协调 PPP 项目利益相关者的关系，促使项目成功的重要手段。但 PPP 项目利益分配更侧重的是在 PPP 项目利益一定的情况下，探讨 PPP 项目利益分配的影响因素，研究如何将利益分配得更加合理或更加公平。PPP 项目利益调整是一个含义更广泛的概念，不仅局限于项目利益的分配，还包括通过其他利益调整措施实现 PPP 项目利益相关者之间利益的均衡。例如，当政府提供财政补贴弥补社会资本的资金缺口时，PPP 项目的收益是增加的，这与研究 PPP 项目利益分配时假定项目的收益不变是不同的。因此，在现有 PPP 项目利益分配的基础上研究 PPP 项目的利益调整是非常有必要的。

第四节 研究目的及意义

一、研究目的

众多研究表明，利益相关者不满是导致 PPP 项目失败的重要原因之一。鉴于此，本书以利益相关者满意度为核心，对利益相关者、满意度、风险及利益调整机制间的关系进行研究，探寻利益相关者满意度动态仿真及 PPP 项目利益的多措施联合调整方法，以促进 PPP 项目合作关系的改善和发展的可持续。

本书的研究目的主要有以下四个方面：

（1）通过问卷调查和因子分析方法对利益诉求清单进行梳理，揭示各项利益诉求间的内在联系，得到利益相关者的基本利益诉求，为建立满意度评价指标体系奠定基础。

（2）通过对满意度评价指标以完全可度量的参量进行测度，并且以各测度的最小值和最大值为基准，构建梯形隶属度函数，实现满意度评价指标的量化，为利益相关者满意度的评价提供方法支撑。

（3）通过对利益相关者满意度与利益诉求之间及不同利益相关者满意度之间关系的研究，建立满意度之间的动态联系，在确立各变量间数学函数关系的基础上，构建基于系统动力学的利益相关者满意度动态仿真模型，实现对满意度的动态模拟与评价，以弥补满意度动态性和长期性研究的不足。

（4）利用系统动力学仿真模型，通过对特许期、价格及补贴不同组合的模拟，运用 AHP—熵权 TOPSIS 多目标决策模型，实现对特许期—价格—补贴（收益分享比例）联合调整方案的优选，弥补 PPP 项目单一利益调整措施的弊端，为 PPP 项目的利益调整提供新的视角和方法。

二、研究意义

利益相关者满意度是衡量 PPP 项目合作状态的一个重要指标，也是决定 PPP 项目成功与否的一个重要因素。然而，外界环境的复杂性和风险的普遍性使得 PPP 项目利益相关者间的合作关系呈现出波动的特征，当这种波动程度超过一定范围时，极有可能导致 PPP 项目合作关系的破裂。因此，在分析 PPP 项目利益相关者各项利益诉求的基础上，评价利益相关者的满意度，探寻面临不确定因素时利益相关者满意度的变化趋势，并且建立利益失衡状态下的动态调整机制是十分必要的。

本书的研究具有以下意义：

（1）理论方面。以城市轨道交通 PPP 项目核心利益相关者基本利益诉求为基础，建立利益相关者满意度评价指标体系，对各项评价指标分别以完全可度量的参量进行测度，构建梯形隶属度函数，实现满意度评价指标的量化，为利益相关者满意度的评价提供理论依据。在探寻各利益相关者满意度之间因果关系的基础上，通过确立各变量间数学函数关系，构建基于系统动力学的利益相关者满意度动态仿真模型，实现对满意度的动态模拟与评价，可丰富满意度动态均衡理论。针对 PPP 项目中可能存在的三方满意度失衡问题，提出基于满意度均衡的特许期—价格—补贴（收益分享比例）联合调整方案的多目标决策模型，为 PPP 项目利益调整提供了新的思路和方法，拓展了 PPP 项目的决策理论。

（2）实践方面。本书构建的满意度系统动力学仿真及评价模型，可实现对利益相关者满意度的动态模拟及评价，能掌握 PPP 项目的合作状况，判断利益相关者的合作关系是否失衡，并且针对 PPP 项目中可能存在的利益失衡，利用特许期—价格—补贴（收益分享比例）联合方案调整满意度偏差，使利益相关者满意度趋于均衡，实现 PPP 项目合作关系的改进。因此，本书的研究成果为 PPP 项目的管理者做好利益调整决策、协调好各方关系提供了依据，同时对维持 PPP 项目良好的合作关系、促进项目的可持续具有重要的现实意义。

第五节　研究内容及方法

一、研究内容

本书主要从利益均衡的视角探寻城市轨道交通 PPP 项目利益相关者满意度的影响因素及动态变化趋势，构建基于系统动力学的 PPP 项目利益相关者满意度动态仿真模型，并且对可能存在的利益失衡情况构建利益调整方案。该目标的实现主要依赖于以下五个方面的研究内容。

（1）城市轨道交通 PPP 项目核心利益相关者利益需求分析。在识别城市轨道交通 PPP 项目利益相关者的基础上，借鉴多维细分法和米切尔评分法对城市轨道交通 PPP 项目核心利益相关者进行界定，并且通过文献识别和专家访谈相结合的方法，构建政府、社会资本和乘客三方的利益诉求清单，运用因子分析方法梳理出各项利益诉求间的内在关系，得到核心利益相关者的基本利益诉求，以此作为建立利益相关者满意度评价指标体系的基础。

（2）城市轨道交通 PPP 利益相关者满意度评价指标研究。以利益相关者利益诉求为基础，建立利益相关者满意度的评价指标体系。一方面，通过专家评分利用层次分析法（AHP）确定利益相关者满意度评价指标的权重；另一方面，运用模糊数学分别构建隶属度函数对各个满意度评价指标进行量化。满意度评价指标权重的确定及指标量化函数的确立为后续构建 PPP 项目利益相关者动态满意度的系统动力学模型中变量间函数关系式的确定奠定了基础。

（3）基于系统动力学的 PPP 利益相关者满意度动态仿真研究。建立基于系统动力学的城市轨道交通 PPP 项目利益仿真模型，研究满意度、利益相关者、风险及利益调整机制之间的关系。首先，分析 PPP 项目利益相关者满意度与利益诉求之间及不同利益相关者满意度间的因果关系，进而探寻它们之间的反馈回路。其次，在此基础上将风险因素引入，分析风险的发生在利益相关者间的传递路径及对满意度的影响。最后，引入价格和补贴的利益调整机制，以实现对风险引起的满意度偏差的修正。

通过确定各变量间的数学函数关系，建立基于系统动力学的利益相关者满意度动态仿真模型，实现对利益相关者满意度的动态模拟与评价。

（4）基于多目标决策的城市轨道交通 PPP 项目利益调整方法研究。为解决利益相关者满意度动态模拟中出现的满意度失衡的问题，构建基于满意度均衡的城市轨道交通 PPP 项目利益调整分析框架，提出 PPP 项目利益调整的原则和策略，并且界定 PPP 项目利益调整的边界。改变特许协议中有关价格、补贴、收益分配比例或特许期等参数，通过重新运行基于系统动力学的满意度仿真模型，观测利益相关者满意度的变化特点及趋势，直至达到利益相关者间的满意度均衡。上述特许期—特许价格—补贴的调整措施是若干个方案的组合，针对利益相关者的决策目标不一致的问题，采用基于最小鉴别信息原理的 AHP-熵权 TOPSIS 多目标决策模型对上述多个方案进行优化比选，以便得到最能符合 PPP 项目利益调整目标的最优方案。

（5）基于满意度的城市轨道交通 PPP 项目案例实证研究。以北京地铁 4 号线 PPP 项目为例进行实证分析，验证本书提出的利益相关者满意度仿真模型和基于多目标决策的利益调整模型的合理性和有效性。

二、研究方法

（1）文献分析法。作为一种最常用的也是最基础的研究方法，文献分析主要是为本书的研究奠定理论基础。书中在城市轨道交通 PPP 项目核心利益相关者的界定、利益诉求与满意度的分析与评价、项目的收益与风险等理论基础方面均采用此方法。

（2）调查访谈法。在对利益相关者利益诉求的识别过程中，为了纠正和弥补文献识别不全面的缺陷，邀请政府部门代表、施工企业负责人进行座谈，结合城市轨道交通 PPP 项目的特点，对利益诉求进行补充，并且给出相应的重要性评判。

（3）系统分析方法。城市轨道交通 PPP 项目参与者众多，是一个大型系统，需用系统观的思想来分析此类社会经济问题。该系统包括政府、社会资本及乘客等多个子系统，子系统内部及各个子系统间都存在联系。在分析基于满意度的城市轨道交通 PPP 项目利益调整时，需要界定系统的边界，剖析系统内各利益主体满意度的影响因素及满意度间的内在关系，通过系统动力学仿真模拟对其进行检验。

（4）多目标决策方法。城市轨道交通 PPP 项目的利益相关者众多，在对利益调整的多项措施组合方案进行决策的时候，需要兼顾政府、社会资本及乘客三方的利益，然而他们的利益目标是不同的，甚至还互相矛盾，而多目标决策理论正是解决这一问题的数学方法。该方法可以在解决多个相互矛盾方案的优选问题的同时，又能兼顾 PPP 项目中不同利益主体的利益均衡。

（5）实证研究方法。城市轨道交通 PPP 项目利益的调整涉及项目合理的风险分担、票价和补贴的调整、收益的分配等现实问题，利益调整是否及时或合理对 PPP 项目合作关系也会产生重要的影响。本书建立的基于利益相关者满意度的项目利益调整方法及模型需要通过实证来进行分析与研究，解决理论与实践结合的问题，并检验成果的可行性和有效性。

三、技术路线

本书的技术路线如图 1-2 所示。

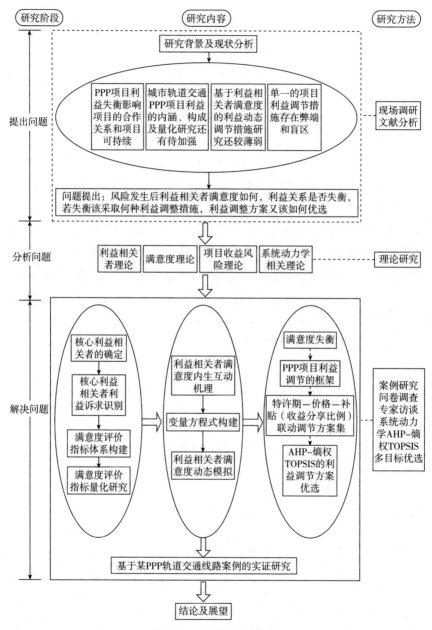

图1-2　本书的技术路线

第二章 概念界定与理论基础

PPP 项目利益涉及政府、社会资本和公众等诸多利益相关者，良好的利益关系维持和适度调整是 PPP 项目持续经营的基础，也是 PPP 项目成功的关键。[①] 本章主要以城市轨道交通 PPP 项目利益相关者满意度及利益的仿真与调整为切入点，梳理其相关理论基础，包括城市轨道交通 PPP 项目运作模式及补贴机制、利益相关者理论、满意度理论、PPP 项目收益风险理论、系统动力学理论和 PPP 项目利益调整机制，为后续章节的研究奠定了理论基础。

第一节 PPP 及 PPP 项目利益

一、PPP 的概念和特征

（一）PPP 的概念

PPP 一般被译为"政府和社会资本合作"。在我国大力推广 PPP 模式之前，PPP 一词已在国内广泛使用，但对到底什么是 PPP 模式，目前还没有统一的解释，大多是从 PPP 模式所具有的特征方面进行定义。由于对 PPP 模式理解上存在差异，从而导致了我国 PPP 工程实践中出现了一些乱象：有些地方将特许经营、政府购买服务、股权回购等同于 PPP，甚至出现了明股实债、保底收益、建

---

① 石世英.PPP 伙伴关系维系与项目价值的关联关系研究 ［D］. 重庆：重庆大学博士学位论文，2017.

设移交等伪 PPP 现象。① 表 2-1 为国内外政府、组织关于 PPP 的定义。

表 2-1　国内外政府、组织关于 PPP 的定义

国别	国家/组织/部门	文件	PPP 概念
国外	世界银行	《PPP 合同条款指南》	政府与私营部门之间达成的长期合同，私营部门承担管理职责和主要风险
	美国	《美国交通工程设施手册——城市道路与公路》	公共部门和私营部门之间的一种长期合作协议
	澳大利亚	《全国 PPP 指南》	政府和私营部门之间的长期合同
	英国	财政部有关文件	两个或更多部门之间的协议：达成一致的目标，在一定程度上权利和责任的共享，共担风险和共享利益
国内	财政部	《财政部关于推广运用政府和社会资本合作模式有关问题的通知》	一种长期合作伙伴关系。其中，由社会资本承担大部分设计、建设、运营工作，由政府负责价格和质量的监管
	国家发展改革委	《国家发展改革委关于开展政府和社会资本合作的指导意见》	明确了 PPP 合作目的是增强公共供给和提高供给效率。强调 PPP 本质是风险分担、利益共享和长期合作
	国务院办公厅	《国务院办公厅转发财政部　发展改革委　人民银行关于在公共服务领域推广政府和社会资本合作模式指导意见的通知》	强调政府通过竞争的方式择优选择社会资本，根据公共服务绩效支付相应费用，以保证社会资本合理的投资收益

资料来源：笔者整理。

由上述政府部门或组织给出的 PPP 概念可以看出，对 PPP 的描述还是有些相似之处的。例如，都强调其是一种长期合同或一种长期合作关系，强调是公共部门和私人部门（国内更多描述为社会资本）间达成的协议，强调私人部门（社会资本）承担主要的风险和经营责任。

国外政府和组织关于 PPP 模式的描述，其形式更加宽泛，组织关系也更加宽松。国外 PPP 模式一般包括以下三大类：

（1）外包类。模块式外包（Component Outsourcing）和整体式外包（Turnkey）。

---

① 孙洁. 梳理 PPP 之乱象 [J]. 中国财政，2018（6）：56-57.

（2）特许经营类。常见的形式有 LOT（租赁—运营—移交）、ROT（改建—运营—移交）、BOT（建设—运营—移交）、BOO（建设—拥有—运营）。①

（3）私有化类。完全私有化和部分私有化。

与国外不同的是，国内目前主推的 PPP 模式是以特许经营类为核心的②，包括 BOT、BOO、TOT 等③④。从各类规范性文件描述中可以看出，双方的合作时间比较长，大多为 10~30 年。

这里需要强调的是，由于我国很多企业都是国家控股的，即通常所说的国有企业，因此，社会资本不仅限于外资企业和民间资本，还包括众多国有企业，但地方政府所属的政府融资平台不得参与其辖区内的 PPP 业务。⑤

（二）PPP 的特征

一般来讲，PPP 模式具有三个主要特征。

1. 伙伴关系

良好的伙伴关系是 PPP 的基本特征，也是 PPP 关系持续存在的重要基础，可以说没有良好的合作关系，就没有 PPP 项目的成功。⑥ 尽管 PPP 项目中有众多的利益主体，各自的利益诉求目标又不一样，甚至还存在着对立，但他们也有重叠的利益价值。这一重叠价值就是互相合作，即更加有效地提供更多的基础设施和公共服务。在此利益目标诉求下，政府实现其对公共利益和整体利益方面的追求，而社会资本方也是在保证公共基础设施和公共服务质量、安全的前提下，实现自身利益的最大化。实现公共利益是政府与社会资本合作的核心要旨，在这方面，政府和社会资本是有共同点的。⑦ 正如王守清教授所说，PPP 项目更像是一场婚姻，而不仅仅是短暂的婚礼现场。⑧ PPP 模式要实现合作的多方共赢，而不仅是吸引资木那样简单，要保证社会资本能获得合理的回报。政府和社会资本

① Abbas M M, Zarrillo M L. Traffic Control System Operations: Installation, Management, and Maintenance [J]. Journal of Transportation Engineering, 2001, 127（2）: 178.

② 尹贻林，徐宁明，赵津禾. 以特许经营为核心的 PPP 模式相关问题辨析 [J]. 项目管理技术，2016（8）: 11-14.

③ 吴海西，戴大双，刘宁. BOT/PPP 模式识别与选择研究评述 [J]. 技术经济，2010（2）: 68-73.

④ 孙洁. 管理视角下的 PPP：基本构成要素 [J]. 经济研究参考，2015（54）: 15-16.

⑤ 祁永忠，栾彦. 地方政府融资平台风险及其治理 [J]. 理论探索，2012（2）: 86-90.

⑥ 中国财政学会公私合作（PPP）研究专业委员会课题组，贾康，孙洁. 公私合作伙伴关系（PPP）的概念、起源与功能 [J]. 经济研究参考，2014（13）: 12-21.

⑦ 欧纯智，贾康. PPP 在公共利益实现机制中的挑战与创新——基于公共治理框架的视角 [J]. 当代财经，2017（3）: 28-37.

⑧ 王守清. 政企合作（PPP）：王守清核心观点 [M]. 北京：中国电力出版社，2017.

合作关系是平等的，双方要合理地分担风险，实现利益的均衡。一般来说，政府承担投资环境和法律政策等方面的风险，社会资本主要承担市场等运营风险。总之，良好的伙伴关系和合作方的利益均衡是 PPP 项目持续健康运营的关键。

2. 利益共享

政府作为 PPP 项目的投资者，理应获得相应的利润回报，但政府部门不以分享 PPP 项目利润为唯一目的。政府部门参与利益共享，仅是将其作为一种利益调整的手段，使得社会资本不至于获得超额收益，侵害广大公众的根本利益。例如，北京地铁 4 号线设计了客流量风险的合理分担：当连续 3 年客流量低于预测客流量的 80% 时，社会资本可申请补偿，或退出项目；当实际客流量超过预测客流量时，政府分享超过预期收益 10% 以内的部分票款收入的 50%、超出预期收益 10% 以上的票款收入的 60%。[①]

政府作为 PPP 项目的合伙人，更多的是以监督者和管理者的身份出现，将社会资本引入 PPP 项目，不仅可以解决政府部门资金短缺的问题，更重要的是依靠社会资本先进的技术和管理经验来提供更多更好的公共产品和服务。同时，政府能将职能从具体的微观领域转移到对公共产品和服务质量、价格和安全等方面的监管上，确保公共利益不受损失。此外，在 PPP 项目中，社会资本能参与项目早期的策划及设计阶段，这样就能够利用社会资本先进的技术和管理经验来提高工作效率和工作质量，有助于实现双赢或多赢的目标。

3. 风险共担

因为 PPP 项目合作的多方有不同的利益诉求目标，风险分担是否合理直接影响着利益在不同主体间的分配。风险分担的不合理会导致 PPP 项目各利益相关方的利益失衡，也最终会导致 PPP 项目的失败。[②] 因此，PPP 项目风险应按照风险的承担与所获得的回报对等的原则，由最有控制力的一方承担，当然承担的风险不能超过其承担能力的上限。目前利益相关方对于 PPP 项目特别是城市轨道交通 PPP 项目的风险分担原则基本上达成了一致，至于具体的分担比例可由双方通过协商、谈判等形式并以合同的方式加以约定。

---

① 吴守荣，王程程，阎祥东. 城市轨道交通 PPP 项目运营期风险评估研究 ［J］. 都市快轨交通，2016（5）：36-40.

② Kang C C，Feng C M. Risk Measurement and Risk Identification for BOT Projects：A Multi-attribute Utility Approach ［J］. Mathematical & Computer Modelling，2009，49（9）：1802-1815.

二、PPP 项目利益

（一）PPP 项目利益的概念

《辞海》中关于"利益"的解释主要有三种：①好处；②需求，即通过社会关系表现出来的不同需求；③佛教用语。[①] 目前，人们普遍认同"利益"的解释主要是前两种。"好处说"直接把利益解释为好处、益处。"社会关系说"认为利益是人们通过一定的社会关系表现出来的"需求"的总和。其实，利益在本质上属于社会关系范畴[②]，具体表现为诸如金钱、权力、荣誉、地位、声望、理想等各种能够满足主体物质或精神需求的各种事物。由于主体任何理性行为的发生都源于特定"利益"的追求，因此"利益"不仅构成了 PPP 合作关系得以建立的现实基础，同时还决定了具有经济理性的 PPP 项目合作方总是会在自我预期的利益目标范围内寻求自身利益的均衡点。[③]

因而，围绕着"利益"，PPP 项目良好的合作关系的形成与维持需要满足两个不可或缺的条件：一是合作各方的利益边界能够加以清晰界定，并且对各方具有吸引力；二是有相应的利益调整机制预设了当某方利益受损时能够获得有效的补偿。[④]

为了更深入地理解 PPP 项目利益的内涵，在中国知网中以"PPP 项目利益""PPP 项目收益"为检索词进行文章检索，发现这些文章关键词中出现频次较高的词汇有资本、融资、成本、分配、资金、补贴、价格、利益、投入和补偿等。这些词汇基本上都指向经济收益，说明目前大多数学者对 PPP 项目利益的研究集中在经济收益或财务收益上。

除了经济利益以外，PPP 项目的兴建和运营，根本出发点还是在于满足公众的利益诉求，如高速公路和城市轨道交通的兴建在于节约旅客的出行时间和成本等，公众利益满足程度则可以用其取得某商品或服务所愿意支付的价格与实际支付的价格之间的差额来表示，这种差额越大，则公众对项目的满意程度越高。此外，PPP 项目的兴建不可避免地会对项目各参与方以外的第三方或者环境造成影

① 苗伟明．重构公平和谐背景下利益概念再辨［J］．江西社会科学，2014（12）：187-193.

② 冯玉军．权利相互性理论概说［J］．法学杂志，2010（9）：1-4.

③ 张守文．政府与社会资本合作（PPP）的法律保障——PPP 的公共性及其经济法解析［J］．法学，2015（11）：9-16.

④ 徐霞，郑志林．公私合作制（PPP）模式下的利益分配问题探讨［J］．城市发展研究，2009（3）：104-106.

响，如海底隧道的兴建会导致原先从事轮渡工作的人员失业，城市轨道交通或者高速公路施工现场产生的噪声会对周边居民和环境造成影响等，这些是项目的负外部效益。[①]

另外，PPP项目的建设和运营还能为政府带来良好的社会效益。以城市轨道交通项目为例，城市轨道交通项目的兴建能给政府带来巨大的社会利益，如促进区域经济的发展，带动相关产业人员就业，优化城市的功能布局，缓解道路交通压力，减少噪声、大气污染等环境污染，节约能源消耗等。

（二）基于"价值观"的PPP项目利益构成

"利益"作为一种"价值"，在一定程度上利益诉求的核心就是各利益相关者追求的价值目标。在有多方参与的PPP项目合作过程中，显然具有主体多元的基本特征。从PPP项目全生命周期的角度来看，PPP项目的多元利益者包括政府、社会资本、社会大众、金融机构、保险公司、建设运营承包商、原料供应商、专业技术咨询单位等。利益的分配及调整很显然也是在这些PPP项目多元利益主体间进行的。

在PPP项目价值研究方面代表性学者及观点主要包括：

陈恺文等（2017）根据有形价值和无形价值的分类，将PPP项目价值分解为经济价值和社会价值。

邓小鹏等（2012）对保障性住房PPP项目进行了价值流分析，识别出了四种主要价值，分别是政策价值、产品服务、资金价值和技术知识。

叶晓甦和杨俊萍（2012）提出了从利益相关者的角度根据PPP项目的价值来进行定价的方式。其中，私营方的利益目标用生产者剩余来表示；项目使用者的利益目标则用消费者剩余来表示。此外，他们还考虑了项目对于各参与方以外的第三方或者环境等产生的负外部效益。

陈海艺（2009）指出PPP项目价值不仅包含其运营收入的经济价值，而且还包含实物期权价值。他同时指出，该种价值分析仅是站在社会资本的角度进行划分的，而政府则更看重的是PPP项目的社会效益和环境效益。由上述学者的研究可知，PPP项目价值仍然可以从经济价值和社会价值两个方面进行考察，不同利益主体由于所处地位不同，对PPP项目价值评估的侧重点也就

---

① 赵国富，王守清. BOT/PPP项目社会效益评价指标的选择［J］. 技术经济与管理研究，2007（2）：31-32.

有所不同。

综合以上观点，书中将"PPP 项目利益"定义为 PPP 项目的建设与运营为利益相关者带来的各种好处，表现为利益主体在 PPP 项目活动中的各种需求，并且根据利益主体的类别可具体划分为政府的社会利益、社会资本的经济利益及公众的公共利益三大部分。PPP 项目利益结构如图 2-1 所示。

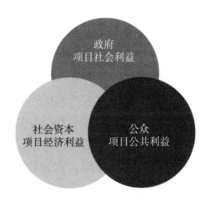

图 2-1 PPP 项目利益结构

政府的社会利益主要是 PPP 项目的建设和运营给政府带来的各种社会效益，具体到城市轨道交通 PPP 项目主要是促进区域经济的发展、改善居民就业、缓解城市道路交通压力、减少环境污染及促进企业技术进步等方面的效益；社会资本的经济利益是 PPP 项目的建设和运营给社会资本带来的稳定的项目收益、合理的风险分担及预期的投资回报；公众的公共利益主要是 PPP 项目的建设和运营给公众带来的可靠的产品质量、良好的服务水平等。

第二节 城市轨道交通 PPP 项目运作模式及补贴机制

城市轨道交通项目作为一种准公共性产品，决定了仅依靠低廉的票价无法完成对项目投资及合理预期利润的回收，需要政府提供补贴以维持项目的可持续运营。由于各地的经济发展水平、政府财政实力及社会资本经济技术水平都不尽相同，因此，需根据自身的实际情况，选择合适的城市轨道交通 PPP 运作模式和投资回报机制，以确保项目的成功落地和建设运营的可持续。

一、城市轨道交通 PPP 运作模式

随着采用 PPP 模式建设城市轨道交通的城市越来越多，城市轨道交通 PPP 模式也在不断地创新中。总结起来，按照社会资本的投资范围、项目公司 SPV（Special Purpose Vehicle）的组建形式及是否参与周边站点资源综合开发，可将城市轨道交通 PPP 模式分为以下三类：A+B 模式、整体 BOT 模式、PPP 产业基金模式。

（一）A+B 模式

为缓解社会资本的融资压力，降低轨道交通 PPP 项目中的投融资风险，可以将整个城市轨道交通拆分为两个相对独立的部分，即 A 部分和 B 部分。由政府或国有资本投资公司投资负责 A 部分的建设，从而减小社会资本的投资压力。采用这种模式的典型项目为北京地铁 4 号线。在北京地铁 4 号线 PPP 项目操作中，整个工程被分解成两个相对独立的部分，其中 A 部分是以洞体、车站为主的土建部分，B 部分则是以车辆、通信、信号等为主的机电设备投资部分。[①] 土建部分由政府或政府授权的国有资本投资公司进行建设，机电设备部分则通过招标等公开竞争的方式择优选择社会资本负责建设。同时，为了对社会资本盈利进行调整，政府通过调整租金大小的方式将 A 部分资产租赁给社会资本经营。待整个特许经营期届满后，社会资本应将整个项目无偿地移交给政府或政府指定的单位。

北京地铁 4 号线开启的"A+B"的操作模式具有里程碑式的意义，也为其他城市或线路采用这种模式提供了成功的典范。自此，这一模式相继在北京地铁 14 号线、北京地铁 16 号线、杭州地铁 1 号线、昆明地铁 4 号线、昆明地铁 5 号线等一大批线路中得到采用。这是因为"A+B"模式的优点在于：政府部门资金的投入减少了社会资本的投融资压力，提高了社会资本参与 PPP 项目的积极性和可能性。[②]

在这里需要说明的是，北京地铁 16 号线在采用"A+B"模式的基础上，

---

① 李超，张水波. 基于模糊 DEMATEL 的轨道交通 PPP 项目资本结构关键影响因素［J］. 都市快轨交通，2014（1）：72-75.

② 李明阳，邢燕婷，廖雅双. 城市轨道交通 PPP 模式付费机制对比研究［J］. 都市快轨交通，2016（5）：26-31.

扩大了社会资本的投资范围，即由原来的仅投资 B 部分的机电设备延伸到也可以投资 A 部分的车站、洞体。在北京地铁 16 号线中，政府针对 A 部分的建设投资实际情况，引入了中再资产管理股份有限公司，将 270 亿元长期稳定的保险资金用于 A 部分的建设，极大地减轻了政府在城市轨道交通建设中的投资压力。中再资产管理股份有限公司仅作为股权投资人，不参与线路的运营和管理。① 通过查询资料，主要采用 "A+B" 模式的城市轨道交通线路，如表 2-2 所示。

表 2-2　采用 "A+B" 模式的部分城市轨道交通 PPP 项目统计

序号	线路名称	序号	线路名称
1	北京地铁 4 号线	9	深圳地铁 5 号线
2	北京地铁 14 号线	10	深圳地铁 6 号线
3	北京地铁 16 号线	11	长沙地铁 6 号线
4	杭州地铁 1 号线	12	太原地铁 2 号线
5	杭州地铁 5 号线	13	福州地铁 2 号线
6	呼和浩特地铁 1 号线一期	14	昆明地铁 4 号线
7	呼和浩特地铁 2 号线一期	15	昆明地铁 5 号线
8	合肥地铁 2 号线		

资料来源：笔者整理。

（二）整体 BOT 模式

此模式与 "A+B" 模式最大的不同在于，没有将整个城市轨道交通项目拆分成相对独立的 A 和 B 两个部分，而是将整个城市轨道交通项目作为一个整体，由项目公司负责整个轨道线路的融资、投资、建设和运营工作，并且通过运营期的票务收入和非票务收入获得回报（满足一定前提条件下，政府可能给予一定补贴）。特许期末，整个设施应该由社会资本完好地交给政府或其指定单位。采用该模式的典型项目有深圳地铁 4 号线、深圳龙华新区现代有轨电车、成都地铁 18

① 陶思平 . PPP 模式风险分担研究——基于北京市轨道交通的分析［J］. 管理现代化，2015（4）：85-87.

号线和西安地铁 9 号线等。① 通过查询资料，采用整体 BOT 模式的城市轨道交通
线路整理如表 2-3 所示。

表 2-3　采用整体 BOT 模式的部分城市轨道交通 PPP 项目统计

序号	线路名称	序号	线路名称
1	深圳地铁 4 号线	7	青岛地铁 4 号线
2	深圳龙华有轨电车示范线	8	大连地铁 5 号线
3	南京地铁 5 号线	9	北京新机场线
4	乌鲁木齐地铁 2 号线	10	成都地铁新机场线
5	成都地铁 18 号线	11	西安地铁 9 号线
6	佛山地铁 2 号线		

资料来源：笔者整理。

在实际操作中，根据项目公司的组建形式不一样，又可以具体分为以下三种
类型。

1. 以运营企业为主导的整体 BOT 模式

该模式的特点在于以运营为导向，属于“地铁+物业开发”土地资源捆绑经
营模式。该模式的成功运作典范为香港铁路有限公司，取得了良好的土地资源与
地铁经营的互动，解决了土地溢价反哺地铁运营收入不足这一难题。不过在内地
该模式的推广却受到了很大的限制：一是建设地铁时周边土地基本上都已经出
让，很难完成统一开发；二是受到了土地出让制度（招标、拍卖、挂牌）的制
约，土地的取得成本较高。采用该模式的有深圳地铁 4 号线、深圳龙华有轨电车
示范线、佛山地铁 2 号线等项目。

2. 以建设企业为主导的整体 BOT 模式

该模式特点在于以建设企业为主导，若干家大企业组建联合体共同设立项目
公司，负责整个项目的建设与运营的全过程，与以运营企业为主导的整体 BOT
模式不同的是，该模式不涉及沿线土地资源的成片开发。这里所说的建设企业往
往都是大型国有施工企业，如中国中铁、中国建筑、中国铁建等大型企业。采用
该模式的有西安地铁 9 号线、成都地铁 18 号线等项目。

---

① 周兰萍，樊晓丽，江杰慧. 城市轨道交通 PPP 的问题与对策［J］. 都市快轨交通，2016（5）：
8-13.

3. PPP 产业基金模式

PPP 产业基金通常是由金融机构与产业资本（施工方、运营方等）共同发起设立，投向 PPP 行业某一项目公司的带有利益共享、风险共担性质的投资基金，其投资形式多为股权或股债联动的方式，主要用于项目的建造、运营等环节。待基金到期后，可通过回购、份额转让及资本市场变现的方式实现投资的回收。

PPP 产业基金的名称有很多种，如产业引导基金、城市发展基金、城市基础设施建设基金等。① 无论名称怎样，PPP 产业基金的本质都是将私募的资金以股权的方式投资 PPP 项目。

具体到城市轨道交通 PPP 模式中，一般由国有大型企业、银行、信托投资公司及其他非银行金融机构联合设立 PPP 投资基金参与城市轨道交通 PPP 项目的建设。该中标的 PPP 投资基金作为社会资本与政府下属的城市轨道交通公司联合组建项目公司，再通过工程发包的方式将城市轨道交通的建设和运营承包给相应的专业公司进行运作。

值得一提的是，该模式往往能够较好地筹集到项目建设所需要的资金，但这些由银行、信托、产业基金组建的项目公司，其建设和运营能力常常遭到质疑而不被看好，这一问题可以从财政部发函要求核查武汉地铁 8 号线 PPP 项目操作不规范的事件中看出。②

二、城市轨道交通 PPP 补贴模式

补贴调整机制是一种重要的城市轨道交通 PPP 项目利益调整手段，在我国工程实践中，常见的城市轨道交通 PPP 项目补贴模式主要有三种："客流量"（也称"影子票价"）补贴模式、"车公里"补贴模式和"现金流"补贴模式，它们各自的风险分担和利益分配的方式都不尽相同。研究城市轨道交通 PPP 项目利益调整机制有必要对我国城市轨道交通 PPP 项目的补偿模式做相关研究。

（一）"客流量"补贴模式

"客流量"补贴模式是将客流量作为补贴计算基础的一种补贴模式，事先在

---

① 谢玉梅，许于欣，习志雄. 产业基金共享 PPP 项目投资收益研究［J］. 会计之友，2018（14）：69-71.

② 赵超霖. 武汉地铁 PPP 项目首遭核查，PPP 深化或将进入"纠偏时代"［J］. 建筑设计管理，2017（5）：19-20.

特许协议中约定实际客流量与预测客流量的一定偏差，若实际客流量在该偏差范围内，则不予以补贴；若低于或高于该偏差范围，将对其不足部分予以补贴而对其超出部分则分享超额收益，如图 2-2 所示。

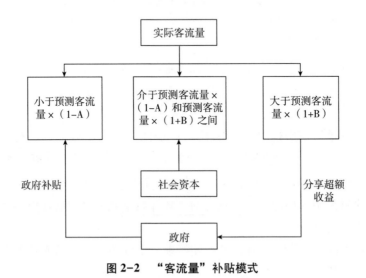

图 2-2 "客流量"补贴模式

资料来源：吴迪，袁竞峰，李薇，等 . 不同补贴模式下的轨道交通 PPP 项目风险分配机制对比［J］. 项目管理技术，2017（5）：22-28.

"客流量"补贴模式在城市轨道交通 PPP 项目中应用较多，最早由香港铁路公司引入内地，首次在北京地铁 4 号线 PPP 项目中得以应用并取得了成功，随后推广到北京地铁 14 号线、北京地铁 16 号线及杭州地铁 1 号线等 PPP 项目中。该模式的优点在于应用得较早，积累了大量经验；操作起来浅显易懂；能对社会资本产生充分的激励。

该模式最大的弊端在于项目实际资金需求与政府补贴相脱节。城市轨道交通运营的初期和近期对资金的需求量很大，但按客流量补贴模式获得的补贴却相对较少，不能弥补资金缺口；在项目运营的后期，客流量相对稳定，项目资金缺口相对较小，但此时按客流量补贴模式获得的补贴又相对较多。

（二）"车公里"补贴模式

"车公里"补贴即根据"跑了多少趟车"计算补贴[1]，是基于政府购买公共

---

［1］ 李向东 . 城市轨道交通 PPP 车公里付费模式研究［J］. 都市快轨交通，2018（2）：45-52.

服务理念的一种补贴模式，其计算依据是列车运营车公里数。这种补贴模式相继在乌鲁木齐地铁 2 号线和北京首都新机场线得到应用。"车公里"补贴计算公式如下：

可行性缺口补贴额＝约定车公里数×约定车公里服务价格－基准客运收入－基准非票务收入
(2-1)

"车公里"补贴模式避免了"客流量"补贴模式中客流量难以预测的弊端，但由于以成本作为补贴的依据，缺乏有效激励。另外，在 PPP 项目实践中，对车公里成本的内涵和构成还没有一个统一的认识，并且不同城市或不同运营商的车公里成本还存在较大的差异，无法确定一个合理的车公里成本范围。"车公里"补贴模式如图 2-3 所示。

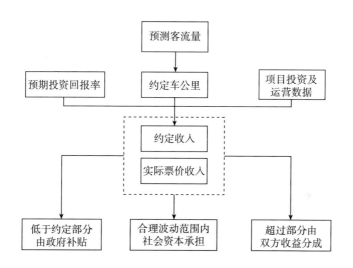

图 2-3 "车公里"补贴模式

（三）"现金流"补贴模式

"现金流"补贴模式是以 PPP 项目财务现金流量表为基础，通过测算现金流缺口，从而确定政府补贴的基本方法，该方法能较好地解决实际补贴与城市轨道交通 PPP 项目资金缺口不吻合的问题。[①]"现金流"补贴模式首次在福州市轨道交通 2 号线 PPP 项目上得以应用，该模式的补贴流程如图 2-4 所示。

---

① 周坤乾. 城市轨道交通 PPP 项目基于现金流的补贴模式探究［J］. 财政监督，2017（15）：91-94.

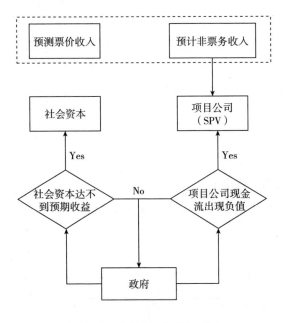

图 2-4　"现金流"补贴模式

第三节　利益相关者理论

一、利益相关者的概念

在企业管理理论发展的早期，英美等国家奉行"股东至上"的企业治理模式，但随着这种模式缺陷日渐凸显，企业家普遍意识到除了股东以外，还有一个对企业发展至关重要的群体——利益相关者。自 20 世纪 60 年代 Rowley 提出"利益相关者"以来，这一概念开始得到了人们的重视，到了 20 世纪 70 年代末，越来越多的企业家开始接受这一理论，并且一些高校也开设了相关课程，从而形成了利益相关者的理论雏形。在利益相关者理论研究发展史上，弗里曼（Freeman）是最早系统性地提出"利益相关者"理论的学者，他的代表作《战略性管理：一种利益相关者方法》被公认为该领域的一座里程碑。后来经安索夫（Ansoff）、多纳德逊（Donaldson）、纳特（Nutt）、布莱森（Bryson）和克拉克森

（Clarkson）等学者的不懈研究，利益相关者理论得到了更加深入和细致的发展，形成了较完善的理论分析框架。

自 1986 年克莱兰（Cleland）首次在项目管理领域提出了利益相关者的识别、分类和管理的理论分析框架以来，学者们从不同角度对项目管理领域利益相关者进行了研究，仅定义就多达二十种。现将主要学者关于建设项目利益相关者的定义梳理如表 2-4 所示。

表 2-4　工程项目利益相关者定义

代表学者/组织	提出时间	主要观点
Cleland	1986 年	与项目共享利害或利益的人或群体
项目管理协会（PMI）	1996 年	参与项目的组织或个人，或者因项目实施/完成而受影响的组织和个人
Newcombe	2003 年	与项目存在利害关系，或对项目有期望的个人或团体
项目管理协会（PMI）	2001 年	直接参与项目或对项目最终产出物有利害关系的个人或群体
项目管理协会（PMI）	2004 年	积极参与项目或者受项目完成/项目运行影响的个人或团体
Andersen	2005 年	对项目有需求且拥有某方面的权力，能够对项目做出贡献或者被项目结果影响的个人或群体
Olander	2007 年	与项目成功或运营存在利害关系的个人或群体
王进和许玉洁	2009 年	受工程项目决策、实施及运营的影响，同时也能影响工程项目决策、实施及运营的个体、群体与机构
刘向东等	2012 年	与项目存在风险的群体
吕萍等	2013 年	影响项目目标的实现及被项目目标实现影响的组织或个人
项目管理协会（PMI）	2018 年	影响项目决策、项目活动和项目结果或被它们影响的个人和组织

资料来源：笔者整理。

二、利益相关者识别及分类

通过对利益相关者的理论文献回顾可以看出，自 20 世纪 80 年代末以来，利益相关者的界定方法主要有两种：多维细分法和米切尔评分法。

（一）多维细分法

20 世纪 90 年代，"多维细分法"逐渐成为主要研究利益相关者的分析工具，其代表性学者有 Charkham、Clarkson、Wheeler 和 Frederick 等。Charkham 根据与企业的合作性质，将相关者群体分为契约型和公众型两大类。Clarkson 根据相关者群体在企业生产经营中承担风险方式的不同，将其分为自愿和非自愿两种类型，并且进一步将相关者群体分为首要的和次要的利益相关者。Wheeler 引入社会性维度，将相关者群体分为一级社会性、二级社会性、一级非社会性和二级非社会性共四类利益相关者。Frederick 按照利益相关者群体是否与企业生产经营直接相关，将他们分为直接和间接利益相关者。随后，学者们进一步做了大量的研究，现将划分的维数、划分的标准及代表性学者整理如表 2-5 所示。不得不说，多维细分法细化了利益相关者的分类，推动了利益相关者理论向前迈进了一大步，但由于主观性较强，在一定程度上制约了利益相关者理论的运用。

表 2-5 工程项目利益相关者的划分标准

维数	划分标准	代表学者
一维	重要性	王文学和尹贻林，刘奇和王蓓
	态度	Karlsen，Wheeler
	风险	Clarkson
二维	利益、权力	刘向东和郭碧君
	影响力、意愿	毛小平和陆惠民
	重要性、支持度	卢毅
三维	合法性、影响力、紧迫性	胡洪和张永桃
	主动性、影响力、紧迫性	王进和许玉洁
	主动性、影响力、利益性	吕萍和胡欢欢
多维	合法性、权力性、紧迫性、利益、态度	Olander
	贡献、兴趣、权力、责任、期望	Jepsen 和 Eskerod
	合法性、权力性、参与度、了解度、紧迫性、利益、态度	Nguyen 等

资料来源：笔者整理。

（二）米切尔评分法

美国学者 Mitchell 和 Wood 提出了利益相关者分类的定量化评价方法——米切尔评分法。他们认为在研究利益相关者理论之前，首先应当明确两个核心问题：①谁是企业的利益相关者，即利益相关者身份的确认问题（Stakeholders Identification）；②依据什么来给予特定群体关注，即利益相关者的特征问题（Stakeholders Saliencies）。他们首次提出按照合法性、权力性和紧迫性将相关者群体划分为确定型（Definitive）、预期型（Expectant）和潜在型（Latent）。其中，合法性是某一群体对项目利益的索取是合法的、正当的，是被法律或合约保证了的[①]；权力性则是某一群体拥有较好的地位、资源、能力和手段，能影响项目的决策、实施和运营；紧迫性是某一群体的利益诉求能否引起项目管理层的关注和重视。"米切尔评分法"将利益相关者按照上述三个维度又划分为七个类型：1代表确定型，2代表危险型，3代表优势型，4代表依赖性，5代表休眠型，6代表斟酌型，7代表要强型，如图2-5所示。而后许多学者在米切尔评分法的基础上，不断地进行维度的划分，提出了更多的结合实际的利益相关者分类方法。

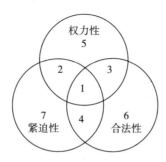

图2-5 米切尔评分法下项目利益相关者类型

第四节 满意度理论

一、满意度的概念

"满意度"一词最早来源于营销理论中，私营企业主在营销中为了获得更多的销量，从营利的角度开始关注顾客对消费其产品或服务的满意程度。顾客满意度是顾客购买前对某产品质量的预期使用效益与实际使用后感知的质量效益两者

---

① 尹贻林，胡杰. 项目成功标准的一个新视角——基于利益相关者的核心价值研究［J］. 科技管理研究，2006（9）：156-159.

比较的结果，即消费前后感知差异的对比。①② 还有学者从心理学的角度去解释满意度，即消费者对某产品消费前的期望值与消费后可感知的实际值前后对比形成的心理上满意或失望的一种状态。满意度可以是一次消费后形成的对比感知，也可以是多次消费后积累起来的。③④ 满意度是一个模糊的且带有主观性的概念，它源自顾客亲身体验后的结果与先前期望结果的比较，是顾客对某一产品或服务的满意程度进行评价的重要标尺。

满意度主要有下面五个特征：①主观性。对某类商品或服务的满意度评价来自顾客的实际体验，满意还是不满意，体验的个体不一样，结论也会不一样。从这个角度上说，满意度带有主观性，评判的结果也会呈现出多样性特点。②模糊性。对某类商品或服务满意度的衡量很难界定出顾客哪一时间点是满意的还是不满意的，满意和不满意这两种状态间界限不是一个点，而应该是一个区间。③动态性。因为满意度的评价来自顾客的实际体验。顾客自身品位的提高、产品的变化及外界环境的改变都会导致满意度的评价结论发生变化。④可测量性。尽管满意度具有主观性、模糊性和动态性等特点，但这并非意味着满意度是不可测量的。实际上，人们发现了一些方法，如模糊评价技术可以对满意度进行评价。⑤多因性。影响满意度的因素是多维的，不是单一的，这就需要衡量满意度时应从多个方面寻求衡量的标准。

满意度理论广泛地应用于社会科学各个领域，也衍生出很多概念，如产品满意度、政策满意度、公共服务满意度等。结合本书研究目的，将 PPP 项目利益相关者满意度（Stakeholder Satisfaction）定义为：在 PPP 项目合作过程中，PPP 项目各利益主体预期从项目中获得的利益（Benefit Expectation）与最终实际从 PPP 项目中获取的利益（Benefit Realization）对比后感知的结果，并且利益相关者的满意度在 PPP 项目合作中可以积累并呈现动态变化。

根据合同参照点理论，PPP 项目的利益预期值可以看作是初始合同签订时所期望能从合同执行中获得的利益，利益预期值可根据初始合同或可行性研究报告中的目标值来确定；利益实际值是在 PPP 项目合作中或 PPP 项目完成后从项目

① 邓丽梅，赵鸣雷. 顾客满意度在商业银行经营管理中的应用分析 [J]. 新金融，2002（11）：17-19.

② 邓学芬. 企业如何提高顾客满意度并培养顾客忠诚 [J]. 现代管理科学，2005（4）：27-29.

③ 杜建刚，范秀成. 服务消费中多次情绪感染对消费者负面情绪的动态影响机制 [J]. 心理学报，2009（4）：346-356.

④ 马莹. 顾客满意度改进策略研究 [J]. 东岳论丛，2012（10）：134-136.

中实际获得的利益。PPP 项目的利益实际值可阶段性地在 PPP 项目的执行过程中进行多次测定。

二、满意度的量化方法

书中主要采用隶属度函数法对城市轨道交通 PPP 项目核心利益相关者满意度进行量化。隶属度函数法包括定性变量的测定和连续变量的测定两种情况。

（一）定性变量的隶属函数

定性变量这类满意度评价不涉及定量数据，往往以评价者的主观感受为主。这类定性语言描述通常将满意度划分为几种等间距的状态，然后进行等间距赋值：$x_{ij} = \{x_{ij}^1,\ x_{ij}^2,\ x_{ij}^3,\ \cdots,\ x_{ij}^n\}$。若是效益型指标，则值越大代表的满意程度越高，反之则满意程度越低；若是成本性指标，则情况正好相反。

若定性变量的满意度与效益状况成正比，其隶属度函数可设为：

$$u_{ij} = \frac{x_{ij} - x_{ij}^{min}}{x_{ij}^{max} - x_{ij}^{min}},\quad x_{ij}^{min} \leqslant x_{ij} \leqslant x_{ij}^{max} \tag{2-2}$$

若定性变量的满意度与效益状况成反比，其隶属度函数可设为：

$$u_{ij} = \frac{x_{ij}^{max} - x_{ij}}{x_{ij}^{max} - x_{ij}^{min}},\quad x_{ij}^{min} \leqslant x_{ij} \leqslant x_{ij}^{max} \tag{2-3}$$

（二）连续变量的隶属函数

常见的隶属度函数分布形式主要有以下五种：三角分布函数、梯形分布函数、正态分布函数、岭形分布函数和抛物形分布函数。其中，梯形分布隶属度函数运用的范围最广。

1. 梯形隶属度函数

梯形隶属度函数可以细分为升半梯形隶属度函数、降半梯形隶属度函数及梯形隶属度函数，分别适用于正向指标（也称为极大型指标，值越大，满意度越高）、逆向指标（也称为极小型指标，值越小，满意度越高）和中间型指标（也称为区间型指标，处于区间内满意度最高）。

若利益相关者对某正向指标 x 满意程度要求为：在 x_{min} 以下，非常不满意，满意度为 0；在 x_{max} 以上，非常满意，满意度为 1。此时为升半梯形隶属度函数，如图 2-6 所示。

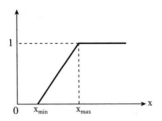

图 2-6　升半梯形隶属度函数

$$u(x) = \begin{cases} 0 & x < x_{min} \\ \dfrac{x - x_{min}}{x_{max} - x_{min}} & x_{min} \leqslant x < x_{max} \\ 1 & x \geqslant x_{max} \end{cases} \qquad (2-4)$$

若利益相关者对某逆向指标 x 满意程度要求为：在 x_{min} 以下，非常满意，满意度为 1；在 x_{max} 以上，非常不满意，满意度为 0。此时为降半梯形隶属度函数，如图 2-7 所示。

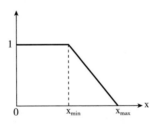

图 2-7　降半梯形隶属度函数

$$u(x) = \begin{cases} 1 & x < x_{min} \\ \dfrac{x_{max} - x}{x_{max} - x_{min}} & x_{min} \leqslant x < x_{max} \\ 0 & x \geqslant x_{max} \end{cases} \qquad (2-5)$$

若利益相关者对某区间型指标 x 满意程度要求为：在 a 以下或 d 以上，非常不满意，满意度为 0，在 b 和 c 之间非常满意，满意度为 1。此时为梯形隶属度函数，如图 2-8 所示。

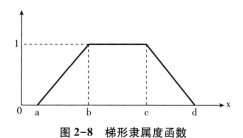

图 2-8　梯形隶属度函数

$$u(x) = \begin{cases} 0 & x < a \\ \dfrac{x-a}{b-a} & a \leqslant x < b \\ 1 & b \leqslant x < c \\ \dfrac{d-x}{d-c} & c \leqslant x < d \\ 0 & x \geqslant d \end{cases} \tag{2-6}$$

2. 折线形隶属度函数

如果利益相关者对某正向指标 x_i 满意程度表示为：在 a 以下，非常不满意，满意度为 0；在 b 附近，基本上满意，满意度为 0.6；在 c 以上，非常满意，满意度为 1。此时为升半折线形隶属度函数，如图 2-9 所示。

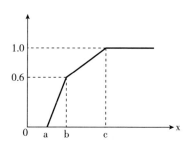

图 2-9　升半折线形隶属度函数

$$u(x) = \begin{cases} 0 & x < a \\ \dfrac{0.6}{b-a}(x-a) & a \leqslant x < b \\ \dfrac{0.4x + 0.6c - b}{c-b} & b \leqslant x < c \\ 1 & x \geqslant c \end{cases} \tag{2-7}$$

如果利益相关者对某逆向指标 x 满意程度要求为：在 a 以下，非常满意，满意度为 1；在 b 附近，基本上满意，满意度为 0.6；在 c 以上，非常不满意，满意度为 0。此时为降半折线形隶属度函数，如图 2-10 所示。

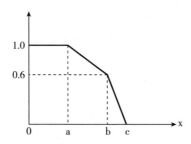

图 2-10　降半折线形隶属度函数

$$u(x)=\begin{cases} 1 & x<a \\ \dfrac{0.4x+0.6a-b}{a-b} & a\leqslant x<b \\ \dfrac{0.6}{c-b}(c-x) & b\leqslant x<c \\ 0 & x\geqslant c \end{cases} \tag{2-8}$$

第五节　PPP 项目收益风险理论

　　PPP 项目在实施过程中极易受到外界各类风险和不确定性的干扰，偏离合同既定目标，导致 PPP 项目利益相关者预期利益不能实现，从而不利于 PPP 项目良好的合作和可持续发展。[①]

　　目前，学者们对 PPP 建设项目中风险的识别、分类、评估和应对进行了大量的研究，形成了丰硕的研究成果。从项目全寿命周期来看，这些风险可以分为项目准备阶段风险、项目设计施工阶段风险及项目运营阶段风险。

---

　　① 孙慧，叶秀贤. 不完全契约下 PPP 项目剩余控制权配置模型研究［J］. 系统工程学报，2013（2）：227-233.

吴迪（2017）在系统地识别了城市轨道交通 PPP 项目上述三个阶段共 39 项风险清单的基础上，为了更好地判断各个阶段风险的重要程度，对参与过轨道交通 PPP 项目的 12 家社会资本进行了半结构化访谈，综合风险的危害程度和发生概率，认为城市轨道交通领域的风险有：①客流量变化风险；②票价定价调价风险；③合同完备性与变更风险；④运营维护成本风险；⑤组织管理与协调风险；⑥设计变更风险；⑦投资超支风险；⑧融资可得性风险；⑨招标竞争不充分风险；⑩融资结构不合理风险。

城市轨道交通 PPP 项目的风险主要集中在城市轨道交通运营阶段。这是因为在城市轨道交通 PPP 项目的生命周期中，运营阶段时间最长，以特许期为 30 年的项目来说，通常建设期占 3～5 年，剩下的 25～27 年均为运营期。这个阶段也是风险重要性程度最高且发生较集中的阶段。另外，乘客参与最多的也是项目的运营阶段，项目的成功运营与可持续离不开乘客，他们是城市轨道交通服务的接受者，也是城市轨道交通的需求方。

需要说明的是，现有成果大多是从社会资本的角度对 PPP 项目的风险进行识别和分类，本书试图在已有的学术成果基础上，结合城市轨道交通 PPP 项目利益的特点，从利益相关者角度梳理出城市轨道交通 PPP 项目运营阶段存在的主要风险，为系统动力学模型中构建风险引起利益相关者满意度的动态变化奠定基础。基于利益相关者的轨道交通 PPP 项目运营阶段主要风险识别清单如表 2-6 所示。

表 2-6　基于利益相关者的轨道交通 PPP 项目运营阶段主要风险识别清单

利益相关者	一级风险	二级风险	风险解释
社会资本	运营成本风险	运营维护成本	因设备维护、故障维修、追加投资及更新改造等，导致项目的实际运营维护成本超出预期
	客流量风险	客流量风险	实际客流量与预测客流量不一致产生的项目收益不足或项目超额收益
	票价风险	票价制定风险	轨道交通定价不合理对项目运营产生不利影响
		票价调整风险	票价调整不及时使社会资本利益受损
	市场风险	汇率风险	汇率的波动使项目的成本发生变化
		利率风险	因利率发生变动给项目造成的有利的或不利的风险
		通货膨胀风险	超出正常幅度的通货膨胀引起项目成本大幅上涨

利益相关者	一级风险	二级风险	风险解释
政府	财政承受能力风险	财政承受能力风险	维持项目持续经营所需补贴超过政府财政承受能力
	社会效益风险	社会效益风险	项目客运周转能力严重不足，社会效益较差，达不到既定的促进经济、增加就业等社会效益目标
乘客	服务质量风险	服务质量风险	列车晚点、发车间隔过长、乘车过于拥挤、服务水平不高、设备故障增加等

资料来源：笔者整理。

从表 2-6 可以看出，城市轨道交通 PPP 项目运营阶段社会资本风险发生的后果大致可以划分为两类：一类是风险的发生导致项目成本增加，如通货膨胀导致人工成本的上涨，汇率变动造成进口设备价款的增加，利率的变动导致还款付息的增多，政府要求提高轨道交通服务水平导致运营成本的增加；另一类是风险的发生导致收益的减少，如实际客流量达不到预期、票价制定过低或调价不及时、竞争性项目的出现等，都会导致项目收益的下降。政府的风险主要表现为财政承受能力不足和项目社会效益较差的风险；乘客的风险主要来自服务质量水平下降带来的列车晚点、车厢过于拥挤、设备故障增加等。

从风险分担角度来看，上述"通货膨胀风险""汇率风险""利率风险""票价风险""客流量风险"因难以被政府和社会资本任何一方有效控制，一般应由政府与社会资本共同分担。

上述风险产生的不利影响会不同程度地在利益相关者内部或利益相关者之间传递，影响项目各相关方的满意度，继而可能影响 PPP 项目的合作关系。[1] 从这个意义上讲，项目的成功在于通过合理的利益调整措施来抵御风险产生的影响并使利益相关者满意。[2][3][4]

① 杜亚灵，胡雯拯，尹贻林．风险分担对工程项目管理绩效影响的实证研究［J］．管理评论，2014（10）：46-55.

② 李娟芳，刘幸．基于灰色聚类的工程项目满意度评价［J］．技术经济与管理研究，2011（7）：12-16.

③ 尹贻林，胡杰．项目成功标准的一个新视角——基于利益相关者的核心价值研究［J］．科技管理研究，2006（9）：156-159.

④ 常宏建，张体勤，李国锋．项目利益相关者协调度测评研究［J］．南开管理评论，2014（1）：85-94.

第六节　系统动力学理论

一、系统动力学的概念

系统动力学方法最早由麻省理工学院 Forrester 教授在 20 世纪 50 年代提出[①]，该方法是将系统科学与计算机模拟仿真结合在一起，进而研究系统反馈结构与行为的一门学科。在宏观层面上，系统动力学强调系统的整体性与动态性，力图把研究对象看作是一个有机整体，然而在具体构建模型时，又需从微观细处入手，分析系统内生变量间的互动关系。有时，即便数据不足、不够精确甚至某些变量难以量化，依然可以使用系统动力学分析内生变量间的反馈关系，找到变量间的变化趋势。因此，系统动力学分析方法具有较强的适应性，决策者可以在不同的决策参数下，在不同的情景条件下模拟，得到输出结果的变化，从而为决策者的科学决策提供支持。

二、应用系统动力学进行城市轨道交通 PPP 满意度仿真的可行性

（一）考虑系统的整体性

轨道交通 PPP 项目包含了政府、社会资本及乘客等众多的利益相关者，这些利益相关者是一个既对立又统一的整体，他们间的关系是彼此影响的，其中某个调整变量的变动，都会不同程度地对其他利益相关者产生影响。因此，需要从系统观的角度将项目的利益调整作为一个整体来加以研究。系统动力学正好适应了这一需要，强调系统的整体性，将各利益相关者看作是一个有机的整体，避免忽视某一方的利益。

（二）擅长处理非线性和高阶次问题

基于多方满意的轨道交通 PPP 项目利益调整是一个复杂系统，既包括各利益相关者之间长期、动态的变化关系，又包括利益相关者与调价、补贴、特许期

---

① Xu Y, Sun C, Skibniewski M J, et al. System Dynamics（SD）-Based Concession Pricing Model for PPP Highway Projects ［J］. International Journal of Project Management，2012，30（2）：240-251.

等调整机制之间的反馈关系，是一个容纳了多个存量的高阶决策系统。另外，模型内部的某些变量间的数学关系并不是呈现简单的线性关系，若要用数学公式来推导演算，这个计算过程将变得很复杂，甚至难以实现。系统动力学在应对非线性和高阶次问题方面的优势正好可以处理这一类复杂的变量关系。

（三）适用于处理数据不足的问题

基于利益相关者满意度的城市轨道交通PPP项目利益的确定与调整涉及了一些难以直接量化的变量，这些数据往往难以直接获得。系统动力学方法强调一种长期趋势，由于对参数的不敏感性，从而对某些数据的精确性要求不是太高。目前，系统动力学方法已广泛应用于物理、数学、经济学、社会学等多个领域。考虑到特许期内各利益相关者利益诉求的满足程度呈现动态变化的特点，因而选择系统动力学这一工具对轨道交通PPP项目各相关者的满意状况进行动态模拟。

三、系统动力学建模原理

在用系统动力学模型进行系统研究时，一般需要根据状态变量的个数来确定系统的阶数，并且将高一阶系统转化为低一阶系统，其中一阶反馈系统是系统动力学分析的基础，包括一阶正反馈系统和一阶负反馈系统。

（一）一阶正反馈系统

一阶正反馈系统的流图描述如图2-11所示，其数学表达式如下：

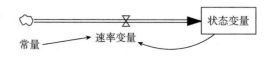

图2-11　一阶正反馈流图描述

State（t）= State（t-dt）+Rate×dt

Rate = State×Constant

Gap = Goal-State

其中，State为状态变量，Rate为速率变量，Constant是常量，Gap为增量，Goal为总量。在正反馈系统中，状态变量State与增长速率Rate呈正相关关系，即随着State值的不断积累，增长速率Rate是逐步变大的。在一阶正反馈系统中，给初始变量赋值后运行模型，可得到目标变量的动态变化曲线。

（二）一阶负反馈系统

一阶负反馈系统的流图描述如图 2-12 所示，其数学表达式如下：

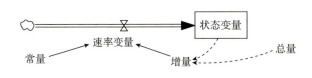

图 2-12 一阶负反馈流图描述

State（t）= State（t−dt）+Rate×dt

Rate = Gap×Constant

Gap = Goal−State

其中，dt、Goal、State、Rate、Constant 及 Gap 变量的含义同一阶正反馈系统。只不过在负反馈系统中，状态变量 State 与增长速率 Rate 呈负相关关系，即随着 State 值的不断积累，增长速率 Rate 是逐步减小的。在一阶负反馈系统中，给初始变量赋值后运行模型，可得到目标变量的动态变化曲线。

四、系统动力学建模步骤

目前，系统动力学的相关软件主要有 Stella、Anylogic、Vensim 等，其中，Vensim 软件是使用最广泛的系统动力学分析工具。

在 Vensim 建模中，主要遵循以下四个步骤：①定义各种基础变量，根据需要解决的问题定义好各种基础变量，如状态变量、速率变量及辅助变量等；②将上述变量用图形化的箭头连接起来，形成最基础的分析单元系统流图；③分析变量间的关系，建立各变量间的数学关系式并进行模拟实验，确认模型的完整性和精确度；④模拟初始变量的改变对目标变量的影响，进行系统内部结构行为机制研究。

第七节 PPP 项目利益调整机制

由于 PPP 项目合作周期长，其不确定性较多，所以 PPP 项目的平衡关系容易被打破。因此，在 PPP 项目实施过程中，应建立有效的利益调整机制，制定与之相适应的合同调整条款，实现政府与社会资本合作的目标。

一、PPP 项目利益调整的意义

（一）降低谈判成本

Marcus 通过对大量的 PPP 项目调查研究发现，谈判时间长、前期成本费用高几乎是每一个 PPP 项目非常显著的特点，这些项目谈判所耗费的成本很高，往往超过非 PPP 项目招投标费用的 25%～200%，导致这一结果的主要原因是 PPP 项目合作周期长、风险不可预测，合作双方对项目的风险和预期收益持谨慎态度。因此，在 PPP 项目合同中嵌入合同调整条款，使合同具有一定的弹性，能够化解一部分合同的后期风险，减少 PPP 项目合作方的担忧，提高 PPP 项目的谈判效率，降低谈判成本。

（二）有效控制风险

从 PPP 项目的全生命周期看，各个阶段都存在一些特定的风险，如在项目准备阶段可能存在融资成本高、拆迁进度慢及土地征用困难等风险；建设阶段可能存在工期延误、费用超支及工程变更等风险；运营阶段则可能存在人工成本上涨、通货膨胀及市场需求变化等风险。因此，通过事先约定的方式将 PPP 项目寿命期风险逐一进行合理的分担是不现实的，需要通过利益调整机制，以有效应对 PPP 项目实施中遇到的风险，协调好 PPP 项目各参与方的利益，使 PPP 项目良好运行。

（三）避免合作关系恶化

有研究表明，良好的合作关系是 PPP 项目成功的关键因素之一，从本质上讲，PPP 项目各参与方是一种合作关系而非对抗关系。因此，协调好项目合作方之间的利益，避免合作方的不满甚至反对具有非常重要的意义。许多 PPP 项目在开始运行不久便陷入僵局，主要是没有建立良好的利益调整机制，从而不能对失去平衡的合作状态进行有效的调整，加剧了利益相关者的不满，不利于 PPP 项目合作的可持续。

因此，为了有效应对 PPP 项目的风险，弥补合同不完备性的缺陷，应建立良好的 PPP 项目利益调整机制，对项目实施中可能存在的利益不均衡状态进行调整，以维持 PPP 项目合作的可持续。

二、城市轨道交通 PPP 项目利益的内涵及构成

城市轨道交通 PPP 项目的利益是城市轨道交通 PPP 项目的建设和运营为利

益相关者带来的各种好处，具体表现是为政府带来的巨大社会效益，为社会资本方带来的经济利益（包含施工利润和运营利润）及为社会公众（主要是乘客）带来的出行效率的提高和出行时间的节约等利益。结合前文内容，可以将城市轨道交通系统产出的与获得的利益用图 2-13 和图 2-14 来表示。其中图 2-13 反映了城市轨道交通 PPP 项目产出的利益结构，图 2-14 反映了城市轨道交通 PPP 项目获得的利益结构。

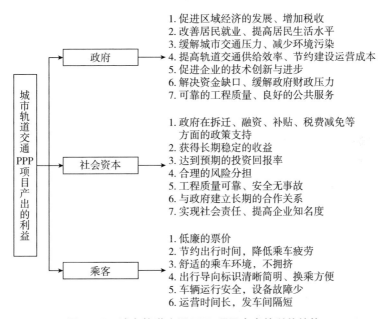

图 2-13　城市轨道交通 PPP 项目产出的利益结构

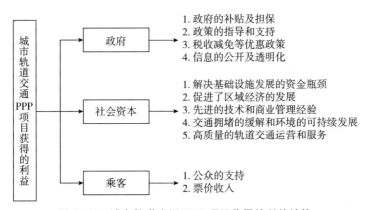

图 2-14　城市轨道交通 PPP 项目获得的利益结构

三、PPP 项目利益调整机制

（一）价格调整机制

价格调整机制主要是因人员工资、燃料动力成本及汇率利率等因素的变化造成项目运营成本发生变化，需相应调整价格的机制。当因工资增加、燃料动力成本上涨、利率上升及通货膨胀等因素使项目收益无法满足项目公司正常运营时，需适当上调收费价格，反之当运营成本下降时应相应调低收费价格。价格调整机制的设计对分担风险、保护社会资本合理收益是非常必要的。[1] 在福建泉州刺桐大桥项目中，由于 PPP 项目合同双方未就人工、管理成本等上涨因素引起的调价条款在特许权协议中加以约定，以致后来 PPP 项目在人工、管理成本不断上升的情况下，社会资本始终未能获得调整价格的机会，从而遭受了巨大损失。[2]

（二）特许期调整机制

特许期调整机制主要是 PPP 项目特许期的调整方式和触发条件等机制。PPP 项目合同中可以通过设置弹性特许期的条款来对特许期进行调整。[3] 当项目收益达不到预期时，可通过延长特许期的方式对社会资本进行补偿；当项目收益超过预期时，则通过缩短特许期将社会资本收益控制在合理范围内。对于调价比较敏感或调价程序非常严格的 PPP 项目，可用调整特许期来替代价格调整。[4] 然而，调整特许期的方法虽然较容易被各方所接受，但也存在特许期不可以无限期地延长，延长时间越长项目可能越亏损的问题。

（三）政府补贴机制

政府补贴机制主要是 PPP 项目因政策性原因导致的运营亏损，需要政府对其进行补贴的机制。城市轨道交通属于盈利性较差的 PPP 基础设施项目，虽有一定的运营收入，但不足以覆盖投入的成本及期望的收益，需要政府对其进行补贴以维持项目的可持续经营。由于定价过低、政策性经营、客流量远低于预期客

---

① 陈庆元. 应用"BOT"模式建设泉州刺桐大桥的探索 [J]. 财政研究, 1998 (12): 33-35.

② 谭凌云, 李好好. 从内资 BOT 到产业投资基金 开辟国内民间资金投资基础设施的新道路 [J]. 工业技术经济, 2003 (3): 64-66.

③ Akintoye A, Beck M. Policy, Finance & Management for Public-Private Partnership [J]. Solid-State Electronics, 2008, 55 (1): 13-18.

④ Zhang X, Abourizk S M. Determining a Reasonable Concession Period for Private Sector Provision of Public Works and Service [J]. Canadian Journal of Civil Engineering, 2006, 33 (5): 622-631.

流量及人工、燃料、动力等成本上涨超过一定幅度等原因导致项目收益达不到预期收益，在调整票价难度较大时，需要政府给予相应的补贴。

（四）收益分配调整机制

收益分配调整机制主要是 PPP 项目因需求量增加、成本大幅度降低等原因使项目的收益超过预期收益，按约定需要对项目形成的超额利润进行分配的机制。① 收益分配机制的设置初衷是为了防止社会资本获得暴利，而使政府和公众利益受损，该机制能有效保障政府和社会资本之间的利益均衡。在北京地铁 4 号线 PPP 项目中，线路开通第 3 年的实际客流量已达 3.5 亿人次，远超 2017 年预测的客流量 0.73 亿人次（2017 年预测客流量为 2.77 亿人次）和 2032 年预测的客流量 0.23 亿人次（2032 年预测客流量为 3.27 亿人次），再加上北京京港地铁有限公司高效的运营与管理，该项目实际收益水平远超预期。此时政府及时启动了超额收益分配机制，分享超过预测客流量 10% 以上收入的 60%，防止客流量的大幅增加给社会资本带来超额收益。

（五）退出机制

退出机制是社会资本参与 PPP 项目的重要保障，退出方式包括股权转让、公开上市、资产证券化等。杭州湾跨海大桥从规划到验收的 10 年间多次追加投资，累计增加投资 1 倍多，从最初的 64 亿元增加到 136 亿元，社会资本拒绝再度追加投资。② 另外，该大桥项目是以 BOT 形式参股的国家重大交通项目，在项目可行性研究阶段，预测车流量能在 2010 年末达到 1867 万辆，但实际车流量仅有 1112 万辆，还不到预期的 60%，导致 PPP 项目利益关系方合作关系破裂③，社会资本纷纷要求退出项目，政府最后只能回购。

假设 PPP 项目在整个特许期内都能通过利益调整机制对可能出现的利益不均衡状态加以"修正"并持续经营下去，即本书不考虑双方谈判失败、项目提前终止的"退出机制"。PPP 项目常见的利益调整机制流程如图 2-15 所示。

---

① 赵立力，游琦. 高速公路 BOT 项目调节基金决策机制研究 [J]. 管理工程学报，2013（27）：81-86.

② 赵晔. 我国 PPP 项目失败案例分析及风险防范 [J]. 地方财政研究，2015（6）：52-56.

③ 江春霞. 交通基础设施 PPP 项目失败诱因及启示——基于 25 个 PPP 典型案例的分析 [J]. 北京交通大学学报（社会科学版），2016（3）：50-58.

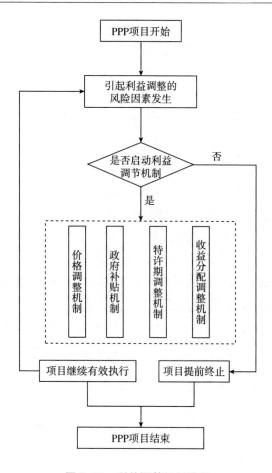

图 2-15　利益调整机制流程

第三章　城市轨道交通 PPP 项目
核心利益相关者基本利益分析

城市轨道交通 PPP 项目利益相关者的识别、分类及利益诉求分析是确定 PPP 项目利益相关者满意度及其评价指标体系的基础。本章首先在识别城市轨道交通 PPP 项目的利益相关者的基础上，借鉴多维细分法和米切尔评分法，分别从主动性、影响力和利益性三个维度通过打分方式界定城市轨道交通 PPP 项目核心利益相关者；其次通过文献识别和专家访谈相结合的方法，得到政府、社会资本和乘客三方的利益需求清单，并且运用因子分析方法梳理出各项利益诉求间的内在关系。

第一节　城市轨道交通 PPP 项目
核心利益相关者的识别

一、城市轨道交通 PPP 项目利益相关者的识别

由第二章表 2-4 归纳的众多关于工程项目利益相关者的定义可知，学者们越来越倾向于从广义的角度对利益相关者的范围进行界定。借鉴上述学者的定义，本书认为城市轨道交通 PPP 项目的利益相关者是参与城市轨道交通 PPP 项目决策、建设和运营，对项目目标的实现具有影响的组织或个人，抑或受项目影响较大的组织或个人。

事实上，大多学者通过概念，结合项目的具体特征或属性，得出利益相关者

的识别结果。本书通过梳理相关文献，将关于工程项目利益相关者识别的代表性研究成果整理出来，如表 3-1 所示，以期从中找出共同点，为城市轨道交通 PPP 项目利益相关者的确定提供参考。

表 3-1 工程项目利益相关者识别

文献	利益相关者
Newcobe（2003）	政府部门、业主、用户、融资方、设计方、承包方、供应方、社区、社会大众等
Olander（2007）	业主、项目经理、项目团队、执行经理、质检方、承包方、咨询方、设备方、供应方、环境组织、相关组织
Walker 等（2008）	业主方、业主方代表、城市规划方、设计方、项目经理、项目执行者、项目实施者、监理方、承包方、咨询方、交易方、工程师、议会
王进和许玉洁（2009）	建设单位、投资人、承包商、材料设备供应商、勘察设计单位、监理单位、政府部门、运营方、高层管理人员、员工、社区、环保部门
吴仲兵等（2011）	业主、代建单位、设计方、承包商、监理、招标代理、造价咨询、材料或设备供应商、外部监督部门和内部监督部门
毛小平等（2012）	政府、业主、投资商、规划方、设计单位、开发商、施工单位、材料与设备供应商、监理单位、物业管理方、科研与教学机构、消费者、使用者、行业协会、非政府组织、项目周边社区和群众
吕萍等（2013）	政府、出资方、投资人、政府职能部门、施工方、分包商、工程监理单位、使用者、项目代建单位、勘察设计企业、施工企业、材料设备供应商、审计单位、最终用户、社会公众、环保组织、周边群众、使用单位、银行等
甘晓龙（2014）	业主、设计方、施工方、运营方、材料设备供应方、监理方、金融机构、咨询方、科研机构、项目周边社区、社会公众、拆迁方
晏姿等（2014）	政府、建设单位、设计单位、施工单位、金融机构、保障对象、供应商、研究机构、社会公众和新闻媒体

资料来源：笔者整理。

值得注意的是，表 3-1 中识别的只是一般意义上工程项目的利益相关者，有必要结合城市轨道交通 PPP 项目的特点对利益相关者进行分类。经过最终识别并筛选，本书认为城市轨道交通 PPP 项目利益相关者主要包括以下 12 类。

（1）政府：PPP 项目的发起人，PPP 项目前期策划到项目运营移交的总控制者，对 PPP 项目的进度、安全监督、质量检测和服务标准有决定权。通常由城乡建设、自然资源、规划、交通、公安、消防、环保等部门具体行使上述职责。

（2）社会资本：是政府的项目合作伙伴，通常以独资或与政府共同出资的方式组建项目公司，并且以项目公司为平台从事项目融资、投资、建设和运营。社会资本的参与极大程度地缓解了政府资金压力并为项目的建设和运营提供了先进的技术和管理经验。

（3）勘察/设计单位：负责城市轨道交通项目地质勘察、线网规划和设计。其设计对整个城市轨道交通项目的成功和可持续发展起着关键的引领作用，它不仅影响着城市的长远发展和功能布局，还影响着居民的出行效率。

（4）施工单位：负责城市轨道交通项目建设与后期维护等，施工单位的施工资质、经验和能力对项目的顺利建设起着重要的作用。

（5）咨询单位：主要是为 PPP 项目提供各类咨询服务，如为政府提供项目可行性研究报告编制、价值评估、财政承受能力评价及项目实施方案等，也可为社会资本提供项目识别筛选、工程项目可行性研究报告、法律咨询及财务咨询等服务。

（6）监理单位：一般受 PPP 项目公司的委托，对项目全过程的进度节点、安全质量等进行监理，监理单位对项目起到很好的监督和促进作用。

（7）金融机构：主要为保障 PPP 项目正常建设和运营提供资金支持。城市轨道交通 PPP 项目中涉及的金融机构除了商业银行外，还包括开发性金融机构，如世界银行、亚洲开发银行、国家开发银行等。

（8）运营单位：主要负责城市轨道交通运营线网的专业运营，如行车组织、客运组织及综合管理工作。PPP 项目特许期结束后，可以由原社会资本方继续轨道交通的运营，也可以由政府委托其他方运营。

（9）供应商：主要为 PPP 项目的建设及运营提供所需的材料和设备。供应商的资质、材料和设备的质量对项目的建设和运营非常重要。

（10）乘客：是城市轨道交通的使用者，乘客支付的票价是城市轨道交通项目收益的主要来源。

（11）周边居民：是居住在城市轨道交通沿线周边社区的居民。随着 PPP 项目公众参与意识和参与程度的提高，周边居民主要通过参与项目的环境影响评价和社会稳定风险评价对项目线路的规划及建设和运营产生影响。

（12）社会团体：主要包括研究机构、新闻媒体、行业协会及其他非政府组织。

需要说明的是，项目公司为实施 PPP 项目而特别设立的公司，是 PPP 项目的载体，一般为社会资本独资或与政府部门共同出资设立，可以理解为政府或社会资本的一部分，因此本书不把项目公司作为单独的利益相关者列入。

综上所述，本书认为城市轨道交通 PPP 项目利益相关者主要包括：SH1 政府、SH2 社会资本、SH3 勘察/设计单位、SH4 施工单位、SH5 咨询单位、SH6 监理单位、SH7 金融机构、SH8 运营单位、SH9 供应商、SH10 乘客、SH11 周边居民和 SH12 社会团体。

在 PPP 项目的全生命周期中，利益相关者对项目的影响力是随着项目的进展而呈现动态变化。例如，施工企业在项目实施阶段对项目的影响很大，但是到了运营期，其对项目的影响就变小了。因此，在 PPP 项目特定的周期内，某些利益相关者总会比其他利益相关者显得更加重要①，PPP 项目利益相关者的重要性和分类也会随着时间的推移和环境的变化而变化②。正是基于这种考虑，本书将按照城市轨道交通 PPP 项目全生命周期对利益相关者进行合理分类。

根据项目全生命周期理论，PPP 项目可以划分为项目决策、项目实施和项目运营三个主要阶段。

第一，项目决策阶段利益相关者。项目决策阶段主要是项目建议书、初步/详细可行性研究及项目的评估与决策等阶段。其主要工作内容是对项目进行定义、确认项目的范围，对项目进行可行性研究、论证以及咨询等工作。项目决策阶段利益相关者包括政府、社会资本、咨询单位、金融机构、乘客、周边居民和社会团体。

第二，项目实施阶段利益相关者。项目实施阶段主要包括项目的勘察设计、建设准备（征地拆迁、项目招投标、落实设备材料供应）、工程施工、试生产（试运营）、竣工验收交付使用。项目实施阶段利益相关者包括政府、社会资本、勘察/设计单位、施工单位、咨询单位、监理单位、金融机构、供应商、乘客、周边居民和社会团体。

第三，项目运营阶段利益相关者。项目运营阶段主要指项目竣工验收交付使用后的运营维护阶段，从项目建成投入运营直到特许期结束移交给政府为止。此阶段的利益相关者包括政府、社会资本、勘察/设计单位、施工单位、咨询单位、监理单位、金融机构、运营单位、供应商、乘客、周边居民和社会团体。

---

① Jawahar I M, Mc Laughlin G L. Toward a Descriptive Stakeholder Theory：An Organizational Life Cycle Approach [J]. Academy of Management Review, 2001, 26 (3)：397-414.

② Post J E, Preston L E, Sachs S. Redefining the Corporation Stakeholder Management and Organizational Wealth [M]. Stanford ：Stanford University Press, 2002.

城市轨道交通 PPP 项目全生命周期主要阶段利益相关者如图 3-1 所示。

项目决策阶段	项目实施阶段	项目运营阶段
1. 政府	1. 政府	1. 政府
2. 社会资本	2. 社会资本	2. 社会资本
3. 咨询单位	3. 勘察/设计单位	3. 勘察/设计单位
4. 金融机构	4. 施工单位	4. 施工单位
5. 乘客	5. 咨询单位	5. 咨询单位
6. 周边居民	6. 监理单位	6. 监理单位
7. 社会团体	7. 金融机构	7. 金融机构
	8. 供应商	8. 运营单位
	9. 乘客	9. 供应商
	10. 周边居民	10. 乘客
	11. 社会团体	11. 周边居民
		12. 社会团体

图 3-1　城市轨道交通 PPP 项目全生命周期主要阶段利益相关者

二、城市轨道交通 PPP 项目利益相关者的分类

(一) 利益相关者分类的标准

前文已经初步识别了城市轨道交通 PPP 项目的利益相关者，但对他们的具体特征把握得还不够全面。城市轨道交通 PPP 项目利益相关者众多，不同的利益相关者对项目的影响或受项目影响的程度是不一样的，因此对他们的利益诉求应该区别对待。应对那些对项目影响大、利益需求迫切的组织或个人给予更多的关注。正是鉴于这个原因，需要在识别利益相关者的基础上，借助一定标准对其进行分类，有差别地进行管理。

借鉴多维细分法和米切尔评分法，从主动性、影响力和利益性三个维度对利益相关者进行分类。主动性可以从项目参与方参与 PPP 项目建设和运营的愿望及实现能力来衡量；影响力可以从项目参与方所拥有的资源、地位或技术手段对 PPP 项目建设和运营产生的影响程度来衡量；利益性可以从项目参与方在 PPP 项目建设和运营中获取利益的紧迫程度和可能性来衡量。

(二) 城市轨道交通 PPP 项目核心利益相关者的确定

本书编制了城市轨道交通 PPP 项目利益相关者分类研究调查问卷，此问卷根据城市轨道交通 PPP 项目主体分别从主动性、影响力和利益性三个方面进行

1~10 分的评价测度，10 表示最具主动性、最具影响力或最具利益性，9 表示次主动性、次影响力或次利益性，以此类推。依据各个利益相关者在各个维度的分值进行分类。对核心利益相关者的界定通过问卷调查来完成，本次共发放调查问卷 132 份，回收问卷 105 份，其中有效问卷 93 份，有效问卷回收率为 70.45%，运用 SPSS 18.0 软件针对收集的有效问卷进行分析。

1. 决策阶段核心利益相关者的确定

在城市轨道交通 PPP 项目决策阶段利益相关者划分问卷调查中，共收到 93 份有效问卷，各利益相关者在主动性、影响力和利益性的得分均值和标准差如表 3-2 所示。从表中数据可以看出，各维度标准误差均小于确定样本容量所用的标准误差 $\Omega = 2.36$。因此，可根据表 3-2 中的得分均值判断决策阶段各利益相关者在主动性、影响力和利益性上的大小。

表 3-2　城市轨道交通 **PPP** 项目决策阶段利益相关者划分

利益相关者	主动性				影响力				利益性			
	最低得分	最高得分	得分均值	标准误差	最低得分	最高得分	得分均值	标准误差	最低得分	最高得分	得分均值	标准误差
政府（SH1）	3	10	8.23	1.538	3	10	8.59	1.956	1	9	7.89	2.115
社会资本（SH2）	4	10	7.58	2.216	2	9	7.96	1.475	1	10	7.54	1.965
咨询单位（SH5）	3	10	7.26	2.212	1	9	6.42	2.112	1	8	6.58	1.758
金融机构（SH7）	1	10	4.39	1.724	1	10	5.09	1.913	2	9	5.23	2.236
乘客（SH10）	1	9	7.16	1.679	1	9	6.51	2.165	1	10	7.75	1.996
周边居民（SH11）	2	9	7.58	1.859	2	9	7.47	1.895	2	9	6.23	2.254
社会团体（SH12）	1	7	3.19	2.289	1	8	2.43	2.216	2	10	2.56	2.217

资料来源：笔者整理。

城市轨道交通 PPP 项目决策阶段利益相关者各维度下的得分值：最高分为 10 分，最低分为 1 分，并且将其划分为 [1，4)、[4，7)、[7，10] 三个区域。根据表 3-2 中七类利益相关者在主动性、影响力和利益性三个维度下的得分均值，将其填入相应的区域中，如表 3-3 所示。

根据表 3-3 各个利益相关者所处的相对位置，将决策阶段的七类利益相关者进行如下分类：

表3-3 城市轨道交通 PPP 项目决策阶段利益相关者三维分类

维度	分值		
	[1, 4)	[4, 7)	[7, 10]
主动性	社会团体	金融机构	政府、社会资本、乘客、咨询单位、周边居民
影响力	社会团体	咨询单位、金融机构、乘客	政府、社会资本、周边居民
利益性	社会团体	咨询单位、金融机构、周边居民	政府、社会资本、乘客

资料来源：笔者整理。

（1）核心利益相关者。至少在两个维度上的得分在 7 分及以上，他们往往对城市轨道交通 PPP 项目的决策起着决定性作用，他们的态度关系到工程项目的成败。在城市轨道交通项目决策阶段其核心利益相关者为政府、社会资本、乘客和周边居民。

（2）一般利益相关者。至少在两个维度上的得分为 4~6 分，他们往往对城市轨道交通 PPP 项目的决策产生一定的影响，关系较为密切。城市轨道交通项目决策阶段的一般利益相关者为咨询单位和金融机构。

（3）边缘利益相关者。至少在两个维度上的得分在 4 分以下，对城市轨道交通 PPP 项目决策影响能力有限，往往被忽略。城市轨道交通项目决策阶段的边缘利益相关者是社会团体。

2. 实施阶段核心利益相关者的确定

在城市轨道交通 PPP 项目实施阶段利益相关者划分问卷调查中，共收到 93 份有效问卷，各利益相关者在主动性、影响力和利益性维度的得分均值和标准误差如表 3-4 所示。从表中数据可以看出，各维度标准误差均小于确定样本容量所用的标准误差 $\Omega = 2.54$。因此，可根据表 3-4 中的得分均值判断实施阶段各利益相关者在主动性、影响力和利益性上的大小。

表3-4 城市轨道交通 PPP 项目实施阶段利益相关者划分

利益相关者	主动性				影响力				利益性			
	最低得分	最高得分	得分均值	标准误差	最低得分	最高得分	得分均值	标准误差	最低得分	最高得分	得分均值	标准误差
政府（SH1）	3	10	7.32	1.538	1	10	8.23	1.836	1	9	7.54	1.836

续表

利益相关者	主动性				影响力				利益性			
	最低得分	最高得分	得分均值	标准误差	最低得分	最高得分	得分均值	标准误差	最低得分	最高得分	得分均值	标准误差
社会资本（SH2）	2	10	8.16	2.216	2	10	7.43	1.995	1	10	8.79	1.556
勘察/设计单位（SH3）	2	9	7.79	2.212	3	9	7.56	2.214	1	9	8.24	1.995
施工单位（SH4）	3	10	8.24	1.679	2	10	7.89	2.207	2	10	8.56	2.215
咨询单位（SH5）	3	10	4.59	1.859	3	10	3.26	2.255	1	10	3.19	2.158
监理单位（SH6）	1	8	4.35	2.289	1	8	4.81	1.869	1	7	5.12	2.069
金融机构（SH7）	1	10	4.39	1.724	1	10	5.09	1.913	2	9	5.23	2.236
供应商（SH9）	2	8	5.12	1.956	1	9	6.36	1.887	2	9	5.31	2.312
乘客（SH10）	2	9	3.78	1.854	2	9	3.23	1.569	3	8	3.46	1.896
周边居民（SH11）	1	8	4.95	1.887	1	9	7.79	2.047	1	8	4.56	2.379
社会团体（SH12）	1	6	3.17	2.056	1	6	3.24	2.289	1	7	2.26	2.294

资料来源：笔者整理。

城市轨道交通 PPP 项目实施阶段利益相关者各维度下的得分值：最高分为 10 分，最低分为 1 分，并且将其划分为 [1，4)、[4，7)、[7，10] 三个区域。根据表 3-4 中 11 类利益相关者在主动性、影响力和利益性维度下的得分均值，将其填入相应的区域中，如表 3-5 所示。

表 3-5　城市轨道交通 PPP 项目实施阶段利益相关者分类结果

维度	分值		
	[1，4)	[4，7)	[7，10]
主动性	乘客、社会团体	咨询单位、监理单位、金融机构、供应商、周边居民	政府、社会资本、勘察/设计单位、施工单位
影响力	咨询单位、乘客、社会团体	监理单位、金融机构、供应商	政府、社会资本、勘察/设计单位、施工单位、周边居民
利益性	咨询单位、乘客、社会团体	监理单位、金融机构、供应商、周边居民	政府、社会资本、勘察/设计单位、施工单位

资料来源：笔者整理。

根据表 3-5 各个利益相关者所处的相对位置，将实施阶段的 11 类利益相关者进行如下分类：

（1）核心利益相关者。至少在两个维度上的得分在 7 分及以上，他们是城市轨道交通项目实施阶段不可或缺的群体，对工程项目成功开展起关键作用。城市轨道交通项目实施阶段核心利益相关者为政府、社会资本、勘察/设计单位、施工单位。

（2）一般利益相关者。至少在两个维度上的得分为 4~6 分，他们往往对城市轨道交通项目的实施产生一定的影响，关系较为密切。在城市轨道交通项目实施阶段一般利益相关者为供应商、监理单位、金融机构和周边居民。

（3）边缘利益相关者。至少在两个维度上的得分在 4 分以下。在工程的实施阶段其影响能力有限，容易被忽略。在城市轨道交通 PPP 项目的实施阶段边缘利益相关者是咨询单位、乘客和社会团体。

3. 运营阶段核心利益相关者的确定

在城市轨道交通 PPP 项目运营阶段利益相关者划分问卷调查中，共收到 93 份有效问卷，各利益相关者在主动性、影响力和利益性的得分均值和标准误差如表 3-6 所示。从表中数据可以看出，各维度标准误差均小于确定样本容量所用的标准误差 $\Omega = 2.54$。因此，可根据表 3-6 中的得分均值判断运营阶段各利益相关者在主动性、影响力和利益性上的大小。

表 3-6　城市轨道交通 PPP 项目运营阶段利益相关者划分

利益相关者	主动性				影响力				利益性			
	最低得分	最高得分	得分均值	标准误差	最低得分	最高得分	得分均值	标准误差	最低得分	最高得分	得分均值	标准误差
政府（SH1）	2	10	8.12	1.687	3	10	7.85	1.889	1	10	7.43	2.156
社会资本（SH2）	1	10	7.83	1.995	2	10	8.18	2.216	2	10	8.29	2.479
勘察/设计单位（SH3）	1	7	2.16	1.789	3	8	3.48	2.175	1	7	3.12	1.854
施工单位（SH4）	2	8	2.78	1.563	2	9	3.81	1.658	1	8	3.79	1.956
咨询单位（SH5）	3	8	2.26	2.207	2	9	3.12	1.889	1	7	3.42	2.189
监理单位（SH6）	1	5	3.12	1.874	1	7	3.21	1.752	1	8	4.59	1.952
金融单位（SH7）	1	9	5.83	2.014	1	9	4.63	2.152	2	9	5.12	1.981
运营单位（SH8）	1	5	7.02	2.116	1	9	7.89	1.995	1	8	8.85	1.823
供应商（SH9）	1	9	3.89	2.389	1	8	3.19	2.205	2	9	4.87	2.218
乘客（SH10）	2	10	8.07	1.947	2	10	7.45	2.219	3	10	8.26	2.115

续表

利益相关者	主动性				影响力				利益性			
	最低得分	最高得分	得分均值	标准误差	最低得分	最高得分	得分均值	标准误差	最低得分	最高得分	得分均值	标准误差
周边居民（SH11）	1	7	4.65	1.886	1	9	6.82	1.992	1	10	5.27	2.312
社会团体（SH12）	1	6	2.78	2.189	1	8	3.22	2.319	1	8	3.51	1.887

资料来源：笔者整理。

城市轨道交通 PPP 项目运营阶段利益相关者各维度下的得分值：最高分为 10 分，最低分为 1 分，并且将其划分为 [1，4)、[4，7)、[7，10] 三个区域。根据表 3-6 中 12 类利益相关者在主动性、影响力和利益性维度下的得分均值，将其填入相应的区域中，如表 3-7 所示。

表 3-7　城市轨道交通 PPP 项目运营阶段利益相关者分类结果

维度	分值		
	[1，4)	[4，7)	[7，10]
主动性	勘察/设计单位、施工单位、咨询单位、监理单位、供应商、社会团体	金融机构、周边居民	政府、社会资本、乘客、运营单位
影响力	勘察/设计单位、施工单位、咨询单位、监理单位、供应商、社会团体	金融机构、周边居民	政府、社会资本、乘客、运营单位
利益性	勘察/设计单位、施工单位、咨询单位、社会团体	金融机构、监理单位、供应商、周边居民	政府、社会资本、乘客、运营单位

资料来源：笔者整理。

根据表 3-7 各个利益相关者所处的相对位置，在城市轨道交通项目运营阶段可以对 12 类利益相关者进行如下分类：

（1）核心利益相关者。至少在两个维度上的得分在 7 分及以上，他们在工程有效运营方面发挥着关键作用。城市轨道交通 PPP 项目运营阶段核心利益相关者为政府、社会资本、乘客和运营单位。

（2）一般利益相关者。至少在两个维度上的得分为 4~6 分，他们往往对城市轨道交通项目的运营产生一定的影响，关系较为密切。城市轨道交通 PPP 项目运营阶段一般利益相关者为金融机构、周边居民。

（3）边缘利益相关者。至少在两个维度上的得分在 4 分以下。他们对工程运营阶段的影响能力有限，往往被忽略。城市轨道交通 PPP 项目运营阶段边缘利益相关者是监理单位、勘察/设计单位、施工单位、咨询单位、供应商和社会团体。

经过对城市轨道交通 PPP 项目全生命周期中项目决策、实施和运营三个阶段核心利益相关者的分析和界定，现将上述结果整理后如表 3-8 所示。

表 3-8　城市轨道交通 **PPP** 项目利益相关者分类

项目阶段	决策阶段	实施阶段	运营阶段
核心利益相关者	政府、社会资本、乘客、周边居民	政府、社会资本、施工单位、勘察/设计单位	政府、社会资本、乘客、运营单位

资料来源：笔者整理。

现阶段我国国有施工企业已成为 PPP 项目的主要社会资本方，因此可以将施工企业归并到社会资本的范畴。另外，我国 PPP 模式一般是特许经营，尤其是城市轨道交通 PPP 项目，社会资本方往往既是轨道交通项目的建设方，也是项目的运营方，故也将运营单位归并到社会资本范畴中。因此，可以将整个生命周期的城市轨道交通 PPP 项目的核心利益相关者界定为政府、社会资本和乘客。下面，将对这三方的利益诉求进行系统的梳理，以期分析出其基本利益诉求，并为构建三方满意度的评价指标体系奠定基础。

第二节　城市轨道交通 PPP 项目核心利益相关者的利益诉求分析

一、城市轨道交通 PPP 项目核心利益相关者利益诉求分析思路

本书确定的城市轨道交通 PPP 项目核心利益相关者利益诉求的分析思路主要通过以下步骤来实现：

第一步，识别可能的利益诉求。通过文献识别并结合专家访谈确定核心利益相关者可能的利益诉求。

第二步，问卷调查与统计分析。针对第一步识别出的利益诉求进行问卷调查，主要是对各项利益诉求的重要程度做出判断，并且对有效问卷进行统计分析，以了解各项利益诉求的重要程度。

第三步，确定最终利益诉求。选择重要程度符合要求的利益诉求，并且形成最终的利益诉求清单。

二、城市轨道交通 PPP 项目核心利益相关者利益识别

本书识别城市轨道交通 PPP 项目的利益诉求分为两个步骤：首先，梳理城市轨道交通 PPP 项目核心利益相关者政府、社会资本以及乘客利益诉求的研究成果；其次，通过访谈相关专家，对初步识别的利益诉求进行修改、补充和完善。

（一）文献识别

直接研究 PPP 项目利益诉求的文章较少，大多分散在 PPP 项目风险分担、绩效评价、关键成功因素、参与方满意度等文献中。本书结合大量文献，综合考虑国内外学者在 PPP 项目中关于项目绩效指标、关键成功因素、风险分担、PPP项目参与方满意度等方面的研究成果，参考城市轨道交通项目、高速公路、污水处理等不同类型的 PPP 项目，按照指标建立原则识别出 12 项政府利益诉求指标和 10 项社会资本利益诉求指标。另外，乘客的利益诉求大多集中在乘客满意度、城市轨道交通服务水平和城市轨道交通服务质量等相关文献中，通过对这些文献的梳理，初步识别了 9 项乘客利益诉求指标。通过文献识别的政府、社会资本和乘客利益诉求分别如表 3-9、表 3-10、表 3-11 所示。

表 3-9　政府利益诉求汇总

序号	利益诉求	代表学者
1	促进区域经济的发展	汪文雄等（2007），赵国富（2008），李启明等（2010），张万宽等（2010），袁竞峰等（2012），程曦（2014），陈圆和何为（2014），甘晓龙（2014），胡振等（2015）
2	满足基础设施建设的需要，提供更多更好的公共产品	Qiao 等（2001），Zhang（2005），Zhang 和 Kumaraswamy（2001），赵国富（2008），李启明等（2010），张万宽等（2010），袁竞峰等（2012），程曦（2014），陈圆和何为（2014），许娜（2014），胡振等（2015）
3	可靠的工程质量	Bennett（1998），Zhang（2005），张万宽等（2010），李启明等（2010），Abdul-Aziz 和 Kassim（2011），杨超（2011），叶晓甦和徐春梅（2013），袁竞峰等（2012），程曦（2014），杨扬（2013），陈圆和何为（2014），许娜（2014）

续表

序号	利益诉求	代表学者
4	高水平的公共服务	汪文雄等（2007），李启明等（2010），叶晓甦和徐春梅（2013），袁竞峰等（2012），陈圆和何为（2014）
5	按时竣工	李启明等（2010），杨超（2011），袁竞峰等（2012），胡振等（2015）
6	将风险转移给合作方	Cheng（2000），Wang 等（2001），Kumaraswamy 和 Zhang（2003），Ke 等（2010），Zhang（2005），Zhang 和 Simaan（2006），何晓晴和郑毅（2007），赵国富（2008），李启明等（2010），柯永健和王守清（2011），王欣和左忠义（2013），许娜（2014），胡振等（2015）
7	缓解财政压力	Qiao 等（2001），Chan 和 Ho（2003），Chan 等（2004），Zhang（2005），Zhang 和 Simaan（2006），何晓晴和郑毅（2007），赵国富（2008），张万宽等（2010），李启明等（2010），杨超（2011），袁竞峰等（2012），许娜（2014），程曦（2014），胡振等（2015），Yong（2016）
8	合理的定价机制	Zhang（2005），赵国富（2008），柯永健和王守清（2011），何寿奎和孙立东（2010），杨超（2011），胡振等（2015）
9	环境可持续发展	Bennett（1998），Wang 等（2001），Zhang（2005），汪文雄等（2007），赵国富（2008），李启明等（2010），张万宽等（2010），Farajian（2011），袁竞峰等（2012），陈圆和何为（2014），甘晓龙（2014）
10	安全建设和运营	Wang（2001），Zhang（2005），赵国富（2008），张万宽等（2010），袁竞峰等（2012），许娜（2014），陈圆和何为（2014），甘晓龙（2014）
11	获取政绩	Farajian（2011），Abdul-Aziz 和 Kassim（2011）
12	移交后设施完好	Wang（2001），Chan 和 Ho（2003），Chan 等（2004），Zhang（2005），柯永健和王守清（2011），李启明等（2010），袁竞峰等（2012）

资料来源：笔者整理。

表3-10 社会资本利益诉求汇总

序号	利益诉求	代表学者
1	合理的风险分担	Qiao 等（2001），Zhang（2005），汪文雄等（2007），赵国富（2008），Abdul-Aziz 和 Kassim（2011），杨扬（2013），甘晓龙（2014）
2	政府部门的政策支持	Chan 和 Ho（2003），Kumaraswamy 和 Zhang（2003），李启明等（2010），柯永健和王守清（2011），姚鹏程等（2011），杨超（2011），袁竞峰等（2012）
3	较低的成本	赵新博（2009），李启明等（2010），张万宽（2010）
4	获得长期稳定的收益	汪文雄等（2007），李启明等（2010），柯永健和王守清（2011），姚鹏程（2011），杨超（2011），袁竞峰等（2012），胡芳等（2012），杨扬（2013），甘晓龙（2014）
5	政府出资比例	张万宽等（2010），胡芳等（2012），陈圆和何为（2014），胡振等（2015）

续表

序号	利益诉求	代表学者
6	满足投资回报率	Qiao（2001），汪文雄等（2007），赵国富（2008），Abdul-Aziz 和 Kassim（2011），李启明等（2010），柯永健和王守清（2011），姚鹏程（2011），杨超（2011），袁竞峰等（2012），杨扬（2013），甘晓龙（2014），胡芳等（2012）
7	合理的定价与调价机制	Zhang（2005），赵国富（2008），柯永健和王守清（2011），杨超（2011），袁竞峰等（2012），甘晓龙（2014）
8	与政府建立长期稳定的合作关系	Qiao（2001），Zhang（2005），袁竞峰等（2012），甘晓龙（2014）
9	资金及时到位	汪文雄等（2007），张万宽等（2010），李启明等（2010），胡芳等（2012），陈圆和何为（2014）
10	提升企业知名度和公信力	汪文雄等（2007），Abdul-Aziz 和 Kassim（2011）

资料来源：笔者整理。

表 3-11 乘客利益诉求汇总

序号	利益诉求	代表学者
1	车内温度舒适、照明通风良好	郭延永等（2017），周艳芳和周磊山（2007），尹聪聪等（2015）
2	设施安全可靠	周艳芳和周磊山（2007），矫丽丽等（2012），沈玮薇和肖为周（2015），钱雅倩（2017）
3	较短的发车间隔	郭延永等（2017），皋琴等（2011），尹聪聪等（2015），周艳芳和周磊山（2007），矫丽丽等（2012），沈玮薇和肖为周（2015），钱雅倩（2017）
4	列车运行安全平稳	周艳芳和周磊山（2007），矫丽丽等（2012），沈玮薇和肖为周（2015），钱雅倩（2017）
5	低廉的票价	郭延永等（2017），矫丽丽等（2012），尹聪聪等（2015），钱雅倩（2017），皋琴等（2011）
6	政府监管定价与调价	钱雅倩（2017），皋琴等（2011）
7	车厢舒适不拥挤	郭延永等（2017），周艳芳和周磊山（2007），矫丽丽等（2012），沈玮薇和肖为周（2015），钱雅倩（2017），尹聪聪等（2015），皋琴等（2011）
8	较长的运营时间	皋琴等（2011），尹聪聪等（2015）
9	出行导向标识清晰简明、换乘方便	郭延永等（2017），周艳芳和周磊山（2007），矫丽丽等（2012），沈玮薇和肖为周（2015），钱雅倩（2017），尹聪聪等（2015），皋琴等（2011）

资料来源：笔者整理。

（二）专家访谈

为了更加全面地识别城市轨道交通 PPP 项目核心利益相关者的利益诉求，纠正和弥补文献识别中指标不全面的缺陷，本书在此基础上进行了专家、政府和企业管理人员代表的访谈。

本次访谈的对象主要是郑州地铁 3 号线 PPP 项目中长期从事项目投融资、建设和运营方面的专家、政府和企业管理人员代表。郑州地铁 3 号线全长 25.2 千米，全部为地下线，项目总投资约 192.32 亿元，采用 BOT 的运作模式。该项目特许经营期限暂定为 30 年，含 5 年的建设期。由中国建筑股份有限公司、深圳市地铁集团有限公司及深圳前海基础设施投资基金管理有限公司三者的联合体共同中标，负责郑州地铁 3 号线的建设和运营。

本次共访谈 12 人，其中 8 人来自中国建筑股份有限公司下属的中建交通建设集团有限公司，另外 4 人来自郑州市财政局 PPP 中心。将事先通过文献识别的利益诉求让他们进行试填，以验证问卷设计是否有效，并且引导他们对已识别出的因素进行修正和完善，补充尚没有识别出的因素。

通过访谈，本书对城市轨道交通 PPP 项目三方利益诉求的初步识别结果进行如下修改：

1. 政府利益诉求的修改

通过访谈，政府增加了"居民就业改善和生活水平的提高""城市轨道交通商业化运营水平"和"PPP 模式的经验和可复制性"三项利益诉求，去掉"获取政绩"这项利益诉求。首先，政府部门认为建设城市轨道交通不仅是为了促进区域经济发展、减少交通拥堵与环境污染，还能提供更多的就业机会，改善人们生活水平，该项利益诉求可概括为"居民就业改善和生活水平的提高"。其次，政府对社会资本的经验较为看重，相比于施工经验，他们更希望社会资本拥有较好的轨道交通运营经验，特别是商业开发经验，能够提高轨道交通的商业化运作水平，该项利益诉求可概括为"城市轨道交通商业化运营水平"。再次，很多城市是首次建设地铁，当地政府对 PPP 模式、城市轨道交通建设和运营的经验不足，希望能有好的轨道交通 PPP 模式可以复制或推广，以弥补自身经验的不足，此项利益诉求可概括为"PPP 模式的经验和可复制性"。最后，政府对"获取政绩"的利益诉求不太认可，他们认为，现在对政绩的考核标准有了较大变化，不再"唯GDP"。另外，PPP 项目失败的或退库的案例越来越多，已不像早期为了追求 GDP 或争取上级奖励资金而仓促推出项目，因此把"获取政绩"这项利益诉求去掉。

因此，经过访谈，政府利益诉求由原来的 12 项变为 14 项。

2. 社会资本利益诉求的修改

通过访谈，社会资本补充了一项利益诉求指标，即"顺畅的退出渠道"。这是因为现阶段城市轨道交通 PPP 项目社会资本多是建筑施工企业，普遍缺乏轨道交通运营的经验，希望能赚取施工利润后撤出 PPP 项目，以避免被项目套牢。另外，专家认为"政府出资比例"是政府给予的建设期投资补贴，也属于"政府部门的政策支持"，建议将两项合并，统一称为"政府部门的政策支持"。因此，经过访谈，社会资本利益诉求增加了一项，合并了一项，还是 10 项。

3. 乘客利益诉求的修改

需要说明的是，本书仅研究城市轨道交通单条线路的建设和运营情况，不考虑线路间的换乘，故删去"出行导向标识清晰简明、换乘方便"这个指标。整理后的乘客利益诉求汇总由原来的 9 项变为 8 项。

专家访谈前后的利益诉求对比情况如表 3-12 所示。

表 3-12 专家访谈前后利益诉求变化对比

专家访谈前			专家访谈后		
利益相关者	序号	利益诉求	利益相关者	序号	利益诉求
政府	Z1	促进区域经济的发展	政府	Z1	促进区域经济的发展
	Z2	满足基础设施发展的需要，提供更多更好的公共产品		Z2	满足基础设施发展的需要，提供更多更好的公共产品
	Z3	可靠的工程质量		Z3	可靠的工程质量
	Z4	高水平的公共服务		Z4	高水平的公共服务
	Z5	按时竣工		Z5	按时竣工
	Z6	将风险转移给合作方		Z6	将风险转移给合作方
	Z7	缓解财政压力		Z7	缓解财政压力
	Z8	合理的定价机制		Z8	合理的定价机制
	Z9	环境可持续发展		Z9	环境可持续发展
	Z10	安全建设和运营		Z10	安全建设和运营
	Z11	获取政绩		Z11	移交后设施完好
	Z12	移交后设施完好		Z12	居民就业改善和生活水平的提高
				Z13	城市轨道交通商业化运营水平
				Z14	PPP 模式的经验和可复制性

续表

专家访谈前			专家访谈后		
利益相关者	序号	利益诉求	利益相关者	序号	利益诉求
社会资本	X1	合理的风险分担	社会资本	X1	合理的风险分担
	X2	政府部门的政策支持		X2	政府部门的政策支持
	X3	较低的成本		X3	较低的成本
	X4	获得长期稳定的收益		X4	获得长期稳定的收益
	X5	政府出资比例		X5	满足投资回报率
	X6	满足投资回报率		X6	合理的定价与调价机制
	X7	合理的定价与调价机制		X7	与政府建立长期稳定的合作关系
	X8	与政府建立长期稳定的合作关系		X8	资金及时到位
	X9	资金及时到位		X9	提升企业知名度和公信力
	X10	提升企业知名度和公信力		X10	顺畅的退出渠道
乘客	Y1	车内温度舒适、照明通风良好	乘客	Y1	车内温度舒适、照明通风良好
	Y2	设施安全可靠		Y2	设施安全可靠
	Y3	较短的发车间隔		Y3	较短的发车间隔
	Y4	列车运行安全平稳		Y4	列车运行安全平稳
	Y5	低廉的票价		Y5	低廉的票价
	Y6	政府监管定价与调价		Y6	政府监管定价与调价
	Y7	车厢舒适不拥挤		Y7	车厢舒适不拥挤
	Y8	较长的运营时间		Y8	较长的运营时间
	Y9	出行导向标识清晰简明、换乘方便			

资料来源：笔者整理。

根据文献识别并结合专家访谈的结果，最终识别出32项城市轨道交通PPP项目利益诉求清单。其中，政府利益诉求包含14项因素，社会资本利益诉求包含10项因素，乘客利益诉求包含8项因素。最终的利益诉求清单如表3-13所示。

三、城市轨道交通PPP项目核心利益相关者利益诉求问卷调查

为了进一步对上文识别的32项城市轨道交通PPP项目政府、社会资本及乘客的利益诉求进行分析，明确各项利益诉求的重要程度，并且排除重要程度低的利益诉求，本书采用问卷方式对利益诉求的重要性进行抽样调查。

表 3-13　城市轨道交通 **PPP** 项目利益相关者利益诉求最终清单

利益相关方	序号	利益诉求	指标解释
政府	Z1	促进区域经济的发展	通过项目的投资建设，促进当地经济的发展，对区域经济增长起主导作用
	Z2	满足基础设施发展的需要，提供更多更好的公共产品	通过 PPP 模式引入先进的技术和管理经验，提高公共产品供给效率，提供更多更好的公共产品或服务
	Z3	可靠的工程质量	工程质量合格，达到国家相关标准的要求
	Z4	高水平的公共服务	高水平的公共物品/服务
	Z5	按时竣工	按期完成 PPP 项目建设
	Z6	将风险转移给合作方	将部分风险转移给社会资本
	Z7	缓解财政压力	引入社会资本，缓解政府资金投入压力或减少政府补贴
	Z8	合理的定价机制	定价合理，能兼顾政府、社会资本和乘客三方利益
	Z9	环境可持续发展	项目与资源、环境和生态友好发展
	Z10	安全建设和运营	项目建设和运营安全氛围好，无较大事故
	Z11	移交后设施完好	PPP 项目移交后，工程质量和设备仍处于较好状态
	Z12	居民就业改善和生活水平的提高	通过投资增加就业机会，改善居民就业状况并提高居民生活水平
	Z13	城市轨道交通商业化运营水平	有较高的城市轨道交通商业化运作经验，能提高轨道交通的运营收入
	Z14	PPP 模式的经验和可复制性	积累 PPP 项目经验，能形成模式推广效应
社会资本	X1	合理的风险分担	避免风险分担不合理
	X2	政府部门的政策支持	政府部门在补贴、税收等政策方面的优惠
	X3	较低的成本	控制建设和运营成本
	X4	获得长期稳定的收益	与政府合作能实现长期而稳定的收益
	X5	满足投资回报率	能获得预期的项目收益，并且能达到期望的投资回报率
	X6	合理的定价与调价机制	项目定价与调价合理，符合公众预期
	X7	与政府建立长期稳定的合作关系	与政府建立良好的关系，增加彼此信任，使合作机会更多且更加顺利
	X8	资金及时到位	政府按计划落实项目资金的投入，使工程的进度不受影响
	X9	提升企业知名度和公信力	建立良好的社会形象，提升企业知名度
	X10	顺畅的退出渠道	能较好退出 PPP 项目，避免被套牢

续表

利益相关方	序号	利益诉求	指标解释
乘客	Y1	车内温度舒适、照明通风良好	车况良好、运行平稳、车厢环境好、乘坐舒适
	Y2	设施安全可靠	屏蔽门、电梯、闸机、空调、通风、照明等设备完好无故障
	Y3	较短的发车间隔	发车间隔缩小，乘客等车时间短
	Y4	列车运行安全平稳	列车运行平稳、噪声小、安全无事故
	Y5	低廉的票价	票价较低，在乘客的承受能力范围内
	Y6	政府监管定价与调价	政府加强对票价、服务水平的监管，更好地保障公众利益
	Y7	车厢舒适不拥挤	较小的满载率，乘车空间不拥挤，较舒适
	Y8	较长的运营时间	运营时间长，方便乘客早晚出行

资料来源：笔者整理。

（一）问卷设计

对上文经过文献研究和专家访谈后确定的利益诉求展开问卷调查。调查问卷由以下部分组成：①介绍调研的目的，以方便受访者能较好地理解问卷的内容；②被调查者基本信息，如所处的部门、参加工作年限、受教育程度及参与项目的数量；③设计了政府（A 卷）、社会资本（B 卷）和乘客（C 卷）共 32 项利益诉求指标，分别供政府部门、城市轨道交通施工企业及乘客作答。采用李克特 5 级量表对 32 项利益诉求的重要性进行打分，其中"1"表示该项利益诉求完全不重要；"2"表示该项利益诉求不太重要；"3"表示该项利益诉求一般重要；"4"表示该项利益诉求比较重要；"5"表示该项利益诉求非常重要。

（二）问卷发放

本次问卷调查形式分为两种：现场问卷调查（A 卷和 B 卷）和网络问卷调查（C 卷）。现场问卷调查主要面向在建的轨道交通 PPP 项目政府及社会资本，受访者现场作答；网络问卷主要针对乘客，采用线上收集数据的形式。

本次问卷调查的时间为 2018 年 6~9 月，调查对象主要是针对河南郑州和江苏徐州在建的轨道交通 PPP 项目的政府部门代表和施工企业管理人员。其中，针对政府部门（主要是当地的财政局 PPP 管理中心和轨道交通建设指挥部办公室）共发放问卷（A 卷）82 份，收回问卷 75 份，其中有效问卷 72 份，占问卷发放总量的 87.80%；针对在建轨道交通施工企业共发放问卷（B 卷）168 份，收回有效问卷 139 份，占发放问卷数量的 82.74%。通过问卷星共发放问卷（C卷）327 份，收回有效问卷 189 份，占问卷发放数量的 57.80%。需要说明的是，针对政府部门收回的有效问卷数量（72 份），约为（A 卷）量表 14 个题项数的 5.14 倍，基本达到样本容量数为题项数的 5~10 倍[①]的下限要求，因此以上各类群体的问卷有效率符合要求。

（三）数据统计与分析

由于乘客调查对象的广泛性和不确定性，因此没有对乘客利益诉求调查进行人口统计学分析，只对现场调查的政府部门及施工企业管理人员进行了人口统计学变量分析，分别为受教育程度、从事轨道交通 PPP 项目工作时间、参与轨道交通 PPP 项目个数等。

1. 受教育程度

被调查样本中学历为本科的人数占比最高（50.24%），专科学历占比为 33.65%，硕士及以上学历占比为 11.85%，中专及以下学历人群所占比例仅为 4.26%，详细结果如表 3-14 所示。

表 3-14　被调查样本受教育程度描述性统计分析

被调研者信息	类别	样本数（人）	百分比（%）	累计百分比（%）
受教育程度	硕士及以上	25	11.85	11.85
	本科	106	50.24	62.09
	专科	71	33.65	95.74
	中专及以下	9	4.26	100.00

资料来源：笔者整理。

2. 从事轨道交通 PPP 项目工作时间

样本中从事轨道交通 PPP 项目工作时间小于等于 2 年、3~5 年、6~10 年、大于 10 年所占比例分别为 6.64%、55.45%、32.23% 和 5.68%，详细结果如表 3-15 所示。

3. 参与轨道交通 PPP 项目个数

样本中参与轨道交通 PPP 项目个数分别为 1 个、2~5 个、6~10 个、大于 10 个所占比例分别为 9.95%、71.56%、16.11% 和 2.38%，详细结果如表 3-16 所示。

---

① 吴明隆. 结构方程模型：AMOS 的操作与应用［M］. 重庆：重庆大学出版社，2010.

表 3-15 被调查样本从事轨道交通 **PPP** 项目的时间描述性统计分析

被调研者信息	类别	样本数（人）	百分比（%）	累计百分比（%）
从事轨道交通 PPP 项目工作时间	≤2 年	14	6.64	6.64
	3~5 年	117	55.45	62.09
	6~10 年	68	32.23	94.32
	>10 年	12	5.68	100.00

资料来源：笔者整理。

表 3-16 被调查样本参与轨道交通 **PPP** 项目个数描述性统计分析

被调研者信息	类别	样本数（人）	百分比（%）	累计百分比（%）
参与轨道交通 PPP 项目个数	1 个	21	9.95	9.95
	2~5 个	151	71.56	81.51
	6~10 个	34	16.11	97.62
	>10 个	5	2.38	100.00

资料来源：笔者整理。

四、调查问卷的信度和效度检验

（一）信度检验

信度检验是对问卷调查质量可靠度的一种检验，它用于检测调查所得结果的一致性和稳定性。信度系数越大，测验结果可信度就越高。目前，问卷调查信度主要通过 Cronbach's α 系数检验，用来检验受访者对同一问卷中所有题项回答是否一致。当 Cronbach's α 系数在 0.8 以上，可认为量表一致性较好，具有较高的信度。本书运用 SPSS 18.0 软件对政府、社会资本和乘客利益诉求的调查问卷结果进行信度检验，三方的 Cronbach's α 系数分别为 0.865、0.861 和 0.876，如表 3-17 所示，Cronbach's α 系数均在 0.8 以上，表明问卷的信度符合要求，所得数据可以进一步用作统计分析。

表 3-17 问卷调查信度检验统计量

维度	Cronbach's α	基于标准化项的（Cronbach's α）	项数
政府	0.865	0.861	14
社会资本	0.861	0.864	10
乘客	0.876	0.879	8

资料来源：笔者整理。

（二）效度检验

初步得到的政府、社会资本和乘客的利益诉求指标较多，它们间的关系很难直接观测，为了探寻这些利益诉求间的内在联系，需要进一步做因子分析。为了判断是否适合进行因子分析，需要对量表进行 KMO 检验和 Bartlett 球形检验。本次调查累计收回有效问卷 400 份，指标项共计 32 项。其中，收回政府有效问卷 72 份，指标 14 项；收回社会资本有效问卷 139 份，指标 10 项；收回乘客有效问卷 189 份，指标 8 项，三方的 KMO 检验与 Bartlett 球形检验值如表 3-18 所示。政府、社会资本和乘客的 KMO 检验值分别为 0.769、0.786 和 0.926，均大于 0.7[①]；Bartlett 球形检验值表明显著性水平均为 0.000，说明问卷效度良好，适合做因子分析。

表 3-18　问卷调查 KMO 检验和 Bartlett 球形检验结果

指标项		政府	社会资本	乘客
KMO 检验		0.769	0.786	0.926
Bartlett 球形检验	近似卡方	696.083	595.343	2140.898
	df	91	78	66
	Sig.	0.000	0.000	0.000

资料来源：笔者整理。

第三节　城市轨道交通 **PPP** 项目利益因子分析

一、因子分析的原理及其适用性

通过文献识别和专家访谈后得到的利益诉求各因素之间的关系比较复杂，它们间的相关性无法通过简单的均值和方差统计分析得出。另外，这些因素数量较多，某些因素间还可能存在较大的相关性。因子分析为探寻各利益诉求间的相互关系提供了较好的方法。因子分析的目的在于找出因素间的相关性，寻求用几个

---

① 吴明隆. 结构方程模型：AMOS 的操作与应用 ［M］. 重庆：重庆大学出版社，2010.

特殊因子的线性组合来表示所观测的众多变量，从而将存在较大相关性的多个变量归为同一类中，每类变量即为一个新的因子。在尽可能减少信息缺失的情况下，较少的公共因子就能代表原始因子的大部分信息，在很大程度上降低了分析问题的难度，起到精简信息、优化分析问题的层次性和逻辑性，从而达到将研究问题简单化和直观化的目的。城市轨道交通 PPP 项目政府、社会资本和乘客各利益诉求之间存在较多相关性，通过因子分析，能将众多的利益诉求指标评价简单化和层次化，找出各利益相关者利益诉求的主要因子。

二、PPP 项目利益诉求因子分析

根据收回的有效问卷，对政府、社会资本和乘客的利益诉求进行探索性因子分析，解释总方差和旋转成分矩阵如表 3-19 至表 3-24 所示。其中，表 3-19、表 3-20 分别是政府利益诉求的解释总方差和旋转成分矩阵，表 3-21、表 3-22 分别是社会资本利益诉求的解释总方差和旋转成分矩阵，表 3-23、表 3-24 分别是乘客利益诉求的解释总方差和旋转成分矩阵。

表 3-19 给出了政府利益诉求解释总方差的初始特征值、方差贡献和累计初始方差贡献。因子分析提取公因子时一般要求提取初始特征值大于 1 的主成分，并且累计贡献率要达到 60% 以上（Carmines and Zeller，1979）。由表 3-19 可以看出，前 3 个成分累计贡献率达到 63.512%，并且从第 4 个成分开始，初始特征值小于 1。因此，选择前 3 个主成分，可以用来较好地解释政府利益诉求因子。经过因子载荷矩阵旋转，使得因子载荷两极分化，生成新的成分对原变量有更好的解释效果。表 3-19 右侧是旋转后的成分矩阵，结果更加直观。

表 3-19　政府利益诉求解释总方差

成分	初始特征值			提取平方载荷总和			旋转平方载荷总和		
	合计	贡献（%）	累计贡献率（%）	合计	贡献（%）	累计贡献率（%）	合计	贡献（%）	累计贡献率（%）
1	3.787	30.796	30.796	3.787	30.796	30.796	3.430	24.504	24.504
2	2.294	18.655	49.451	2.294	18.655	49.451	2.812	20.089	44.593
3	1.729	14.061	63.512	1.729	14.061	63.512	2.649	18.919	63.512
4	0.845	6.034	69.546						
5	0.675	4.824	74.370						

续表

成分	初始特征值			提取平方载荷总和			旋转平方载荷总和		
	合计	贡献 （%）	累计贡献率 （%）	合计	贡献 （%）	累计贡献率 （%）	合计	贡献 （%）	累计贡献率 （%）
6	0.650	4.646	79.016						
7	0.575	4.106	83.122						
8	0.522	3.727	86.848						
9	0.455	3.250	90.098						
10	0.441	3.148	93.246						
11	0.273	1.951	95.197						
12	0.241	1.721	96.918						
13	0.231	1.651	98.569						
14	0.201	1.431	100.000						

资料来源：笔者整理。

表3-20是对表3-19的进一步说明，从表中可以非常清楚地看出3个主成分所包含的具体因素。政府利益诉求的14项指标较好地分布在3个潜在因子上，并且所有的因子负荷值都大于0.5。因此，3个维度构成的政府利益诉求量表通过效度检验。

表 3-20　政府利益诉求旋转成分矩阵

政府	成分		
	1	2	3
Z7 缓解财政压力	0.831		
Z6 将风险转移给合作方	0.798		
Z13 城市轨道交通商业化运营水平	0.769		
Z14 PPP 模式的经验和可复制性	0.714		
Z1 促进区域经济的发展		0.763	
Z2 满足基础设施发展的需要，提供更多更好 的公共产品		0.722	
Z12 居民就业改善和生活水平的提高		0.694	
Z9 环境可持续发展		0.648	
Z11 移交后设施完好		0.597	

续表

政府	成分		
	1	2	3
Z10 安全建设和运营			0.785
Z3 可靠的工程质量			0.772
Z4 高水平的公共服务			0.748
Z8 合理的定价机制			0.730
Z5 按时竣工			0.693

资料来源：笔者整理。

表3-21给出了社会资本利益诉求解释总方差的初始特征值、方差贡献和累计初始方差贡献。因子分析提取公因子时一般要求提取初始特征值大于1的主成分，且累计贡献率要达到60%以上。由表3-21看出，前两个成分累计贡献率达到72.001%，并且从第3个成分开始，初始特征值小于1。因此，选择前两个主成分，可以用来较好地解释社会资本利益诉求因子。经过因子载荷矩阵旋转，使得因子载荷两极分化，生成新的成分对原变量有更好的解释效果，表3-21右侧是旋转后的成分矩阵，结果更加直观。

表3-21　社会资本利益诉求解释总方差

成分	初始特征值			提取平方载荷总和			旋转平方载荷总和		
	合计	贡献（%）	累计贡献率（%）	合计	贡献（%）	累计贡献率（%）	合计	贡献（%）	累计贡献率（%）
1	4.585	42.125	42.125	4.585	42.125	42.125	4.917	45.175	45.175
2	3.252	29.876	72.001	3.252	29.876	72.001	2.920	26.826	72.001
3	0.917	7.055	79.056						
4	0.675	4.824	83.880						
5	0.575	4.106	87.986						
6	0.522	3.727	91.713						
7	0.441	3.148	94.861						
8	0.273	1.951	96.812						
9	0.241	1.721	98.533						
10	0.205	1.467	100.000						

资料来源：笔者整理。

表3-22 是对表3-21 的进一步说明，从表中可以非常清楚地看出两个主成分所包含的具体因素。社会资本利益诉求的 10 个指标较好地分布在两个潜在因子上，并且所有的因子负荷值都大于 0.5。因此，两个维度构成的社会资本利益诉求量表通过效度检验。

表 3-22　社会资本利益诉求旋转成分矩阵

社会资本	成分	
	1	2
X4 获得长期稳定的收益	0.793	
X2 政府部门的政策支持	0.748	
X5 满足投资回报率	0.725	
X3 较低的成本	0.718	
X7 与政府建立长期稳定的合作关系	0.715	
X9 提升企业知名度和公信力	0.652	
X6 合理的定价与调价机制	0.326	0.795
X1 合理的风险分担		0.766
X10 顺畅的退出渠道		0.737
X8 资金及时到位		0.658

资料来源：笔者整理。

表 3-23 给出了乘客利益诉求解释总方差的初始特征值、方差贡献和累计初始方差贡献。因子分析提取公因子时一般要求提取初始特征值大于 1 的主成分，并且累计贡献率要达到 60%以上。由表 3-23 可以看出，前 3 个成分累计贡献率达到 69.823%，并且从第 4 个成分开始，初始特征值小于 1。因此，选择前 3 个主成分，可以用来较好地解释乘客利益诉求因子。经过因子载荷矩阵旋转，使得因子载荷两极分化，生成新的成分对原变量有更好的解释效果，表 3-23 右侧是旋转后的成分矩阵，结果更加直观。

表 3-23　乘客利益诉求解释总方差

成分	初始特征值			提取平方载荷总和			旋转平方载荷总和		
	合计	贡献(%)	累计贡献率(%)	合计	贡献(%)	累计贡献率(%)	合计	贡献(%)	累计贡献率(%)
1	6.302	52.515	52.515	6.302	52.515	52.515	3.028	25.236	25.236

续表

成分	初始特征值			提取平方载荷总和			旋转平方载荷总和		
	合计	贡献 （%）	累计贡献率 （%）	合计	贡献 （%）	累计贡献率 （%）	合计	贡献 （%）	累计贡献率 （%）
2	1.065	8.876	61.392	1.065	8.876	61.392	2.823	23.525	48.761
3	1.012	8.431	69.823	1.012	8.431	69.823	2.528	21.062	69.823
4	0.877	7.309	77.132						
5	0.781	6.509	83.641						
6	0.747	6.226	89.867						
7	0.695	5.793	95.660						
8	0.521	4.340	100.000						

资料来源：笔者整理。

表 3-24 是对表 3-23 的进一步说明，从表中可以非常清楚地看出 3 个主成分所包含的具体因素。乘客利益诉求的 8 个指标较好地分布在 3 个潜在因子上，并且所有的因子负荷值都大于 0.5。因此，3 个维度构成的乘客利益诉求量表通过效度检验。

表 3-24　乘客利益诉求旋转成分矩阵

乘客	成分		
	1	2	3
Y5 低廉的票价	0.824		
Y6 政府监管定价与调价	0.769		
Y2 设施安全可靠		0.792	
Y1 车内温度舒适、照明通风良好		0.748	
Y4 列车运行安全平稳		0.726	
Y7 车厢舒适不拥挤			0.736
Y3 较短的发车间隔			0.733
Y8 较长的运营时间			0.693

资料来源：笔者整理。

三、公共因子的提取

（一）政府维度下公因子含义的界定

表 3-19 表明政府的 14 项利益诉求因子可以较好地提取为 3 个主成分（维

度），前 3 个成分累计贡献率达到 63.512%，并且从第 4 个成分开始，初始特征值小于 1。因此，前 3 个主成分可以较好地解释政府利益诉求。表 3-20 能进一步地看出这 3 个主成分所包含的具体因子。

其中，Z7"缓解财政压力"、Z6"将风险转移给合作方"、Z13"城市轨道交通商业化运营水平"、Z14"PPP 模式的经验和可复制性"这 4 个因子都从属于第一个公因子，都较好地体现了政府减少财政补贴，降低财政负担的诉求。这是因为政府 Z6"将风险转移给合作方"的目的是将一部分投融资、建设和运营任务移交给社会资本，以解决资金不足的问题，减少财政补贴的支出。另外，Z13"城市轨道交通商业化运营水平"和 Z14"PPP 模式的经验和可复制性"也体现了政府想提高商业化运作水平、学习先进 PPP 模式经验、增加项目收益、减少财政补贴支出的愿望。因此，将第一个公因子命名为 G1"较少的政府补贴"。

Z1"促进区域经济的发展"、Z2"满足基础设施发展的需要，提供更多更好的公共产品"、Z12"居民就业改善和生活水平的提高"、Z9"环境可持续发展"、Z11"移交后设施完好"这 5 个因子都从属于第二个公因子，都较好地体现了城市轨道交通的社会效益，这也是政府建设城市轨道交通最根本的动因。因此，将第二个公因子命名为 G2"良好的社会效益"。

Z10"安全建设和运营"、Z3"可靠的工程质量"、Z4"高水平的公共服务"、Z8"合理的定价机制"和 Z5"按时竣工"这 5 个因子都从属于第三个公因子，都较好地体现了公共利益的诉求，分别从安全、质量、服务水平、定价和竣工方面强调了政府对城市轨道交通建设和运营企业的监管内容，从而满足乘客的需求，因此，将第三个公因子命名为 G3"满足乘客需求"。

综上所述，政府的利益诉求可以表示为如下三个公因子：G1"较少的政府补贴"、G2"良好的社会效益"和 G3"满足乘客需求"。

（二）社会资本维度下公因子含义的界定

表 3-21 表明社会资本的 10 项利益诉求因子可以较好地提取为两个主成分（维度）。前两个成分累计贡献率达到 72.001%，并且从第 3 个成分开始，初始特征值小于 1。因此，选择前两个主成分，可以用来较好地解释社会资本的利益诉求。表 3-22 能进一步地看出这两个主成分所包含的具体因子。

其中，X4"获得长期稳定的收益"、X2"政府部门的政策支持"、X5"满足投资回报率"、X3"较低的成本"、X7"与政府建立长期稳定的合作关系"、X9"提升企业知名度和公信力"和 X6"合理的定价与调价机制"这 7 个因子都从属于社会资本第一个公因子。这 7 个因子都较好地体现了社会资本追求项目投资收益这一诉求。因此,将第一个公因子命名为 S1"预期的项目收益"。

X1"合理的风险分担"、X10"顺畅的退出渠道"和 X8"资金及时到位"这 3 个因子都从属于社会资本第二个公因子。这 3 个因子都较好地体现了社会资本寻求合理分担风险、避免承担的风险超出自身承受能力的诉求。因此,将第二个公因子命名为 S2"合理的风险分担"。

其实,从本质上讲,S2"合理的风险分担"是社会资本追求项目经济收益最大化而引发的利益诉求。前文研究表明:城市轨道交通 PPP 项目重要性排名靠前的风险主要为"客流量风险""票价风险""运营成本风险"(主要由利率、汇率及通货膨胀等引起),因此在后续章节研究中,通过在模型中引入风险这一因素,将 S2"合理的风险分担"影响 S1"预期的项目收益"的作用机理体现出来,在这里就将 S2"合理的风险分担"并入 S1"预期的项目收益"中。

综上,社会资本的利益诉求可以概括为一个公因子:S1"预期的项目收益"。

(三)乘客维度下公因子含义的界定

表 3-23 表明乘客的 8 项利益诉求因子可以较好地提取为 3 个主成分(维度)。前 3 个成分累计贡献率达到 69.823%,并且从第 4 个成分开始,初始特征值小于 1。因此,前 3 个主成分可以较好地解释乘客的利益诉求。从表 3-24 中能进一步地看出这 3 个主成分所包含的具体因子。

其中,Y5"低廉的票价"和 Y6"政府监管定价与调价"这两个因子都从属于乘客第一个公因子。这两个因子都较好地体现了乘客期望政府能加强对票价的监管,严格调价程序并限制调价行为,保持低廉的票价从而维护好自身权益的诉求。因此,将这一公因子命名为 P1"低廉的价格"。

Y2"设施安全可靠"、Y1"车内温度舒适、照明通风良好"和 Y4"列车运行安全平稳"这 3 个因子都从属于乘客的第二个公因子。这 3 个因子都较好地体现了乘客对车辆质量性能的诉求。这是因为"设施安全可靠""车内温度舒适、照明通风良好"和"列车运行安全平稳"都与车辆的质量性能有关。照明、通风、空调等设备影响乘客的乘车环境,牵引装置影响车辆的运行平稳性能,转向架影响车辆的减震性能。当这些车辆设施的质量性能在自然力的作用下衰减到一定程度而不及时维修保养,就会引起列车运行噪声变大、车体转弯晃动、车辆加减速顿挫,以及温度、湿度、通风等设备故障从而影响乘车环境。因此,将这一公因子命名为 P2 "良好的车辆质量性能"。

Y7 "车厢舒适不拥挤"、Y3 "较短的发车间隔" 和 Y8 "较长的运营时间" 这 3 个因子都从属于乘客诉求的第三个公因子。这 3 个因子都较好地体现了乘客对轨道交通服务水平的诉求。因此，将这一公因子命名为 P3 "较高的轨道交通服务水平"。

综上所述，乘客的利益诉求可以表示为如下三个公因子：P1 "低廉的价格"、P2 "良好的车辆质量性能" 和 P3 "较高的轨道交通服务水平"。

上述公因子在很大程度上能解释原有变量的信息，在尽可能减少信息缺失的情况下，较好地代表了原有因子的大部分信息。因子分析后，城市轨道交通 PPP 项目利益相关者的基本利益诉求分析结构如表 3-25 所示。

表 3-25 城市轨道交通 PPP 项目核心利益相关者利益诉求的层级结构

维度	一级指标	二级指标
政府（G）	G1 较少的政府补贴	Z7 缓解财政压力
		Z6 将风险转移给合作方
		Z13 城市轨道交通商业化运营水平
		Z14 PPP 模式的经验和可复制性
	G2 良好的社会效益	Z1 促进区域经济的发展
		Z2 满足基础设施发展的需要，提供更多更好的公共产品
		Z12 居民就业改善和生活水平的提高
		Z9 环境可持续发展
		Z11 移交后设施完好
	G3 满足乘客需求	Z10 安全建设和运营
		Z3 可靠的工程质量
		Z4 高水平的公共服务
		Z8 合理的定价机制
		Z5 按时竣工
社会资本（S）	S1 预期的项目收益	X4 获得长期稳定的收益
		X2 政府部门的政策支持
		X5 满足投资回报率
		X3 较低的成本

续表

维度	一级指标	二级指标
社会资本（S）	S1 预期的项目收益	X7 与政府建立长期稳定的合作关系
		X9 提升企业知名度和公信力
		X6 合理的定价与调价机制
		X1 合理的风险分担
		X10 顺畅的退出渠道
		X8 资金及时到位
乘客（P）	P1 低廉的价格	Y5 低廉的票价
		Y6 政府监管定价与调价
	P2 良好的车辆质量性能	Y2 设施安全可靠
		Y1 车内温度舒适、照明通风良好
		Y4 列车运行安全平稳
	P3 较高的轨道交通服务水平	Y7 车厢舒适不拥挤
		Y3 较短的发车间隔
		Y8 较长的运营时间

资料来源：笔者整理。

通过以上分析可知，政府的基本利益诉求为 G1 "较少的政府补贴"、G2 "良好的社会效益" 和 G3 "满足乘客需求"，社会资本的基本利益诉求为 S1 "预期的项目收益"，乘客的基本利益诉求为 P1 "低廉的价格"、P2 "良好的车辆质量性能" 和 P3 "较高的轨道交通服务水平"，如表 3-26 所示。

表 3-26 城市轨道交通 PPP 项目核心利益相关者基本利益诉求

维度	基本利益	指标解释
政府（G）	G1 较少的政府补贴	能实现良好的运营收益，降低运营成本并减少对政府财政补贴的依赖
	G2 良好的社会效益	希望在带动经济发展、缓解交通拥堵、降低环境污染、提高人民生活水平、促进就业方面取得良好的社会效益
	G3 满足乘客需求	满足乘客在工程质量、服务水平、运营安全和车票价格等方面的要求
社会资本（S）	S1 预期的项目收益	能实现预期的投资回报

续表

维度	基本利益	指标解释
乘客（P）	P1 低廉的价格	较低的票价
	P2 良好的车辆质量性能	良好的车况性能，运营安全系数高，设备故障率低，车厢照明、温度和湿度良好
	P3 较高的轨道交通服务水平	较短的发车间隔，较高的轨道交通运输能力，乘车舒适不拥挤

资料来源：笔者整理。

第四节　本章小结

　　首先，以城市轨道交通 PPP 项目为研究背景，借鉴多维细分法和米切尔评分法，从主动性、影响力和利益性三个维度对城市轨道交通 PPP 项目核心利益相关者进行了界定。其次，通过文献识别和专家访谈相结合的方法，构建了城市轨道交通 PPP 项目核心利益相关者的利益需求清单。最后，采用问卷调查并运用因子分析方法梳理出各项利益间的内在关系，得到核心利益相关者的基本利益诉求，即政府关注较少的政府补贴、良好的社会效益和满足乘客需求，社会资本关注预期的项目收益，乘客则关注低廉的价格、良好的车辆质量性能和较高的轨道交通服务水平。

第四章 城市轨道交通 PPP 项目利益相关者满意度评价指标研究

在第三章分析得出城市轨道交通 PPP 项目核心利益相关者基本利益诉求的基础上，本章拟建立利益相关者满意度的评价指标体系。一方面，通过专家评分采用 AHP 层次分析法确定利益相关者满意度评价指标的权重；另一方面，构建隶属度函数对每个满意度评价指标进行量化。评价指标体系的建立将为第五章构建基于系统动力学的城市轨道交通 PPP 项目利益相关者满意度动态仿真奠定基础。

第一节 PPP 项目利益相关者满意度分析框架

PPP 项目利益相关者满意度是各利益主体利益诉求的满足程度，是实际取得的利益与期望获得的利益对比后的心理感知。利益诉求被满足的程度越高，满意度也就越高，反之，满意度则越低。因此，各利益主体的利益诉求与其满意度都存在着一一对应的关系。例如，政府（G）基本利益诉求中较少的政府补贴（G1）被满足的程度越高，政府对补贴的满意度（S_{G1}）就越高，即 G1 与 S_{G1} 存在对应关系。同理，利益诉求 G2、G3、S1、P1、P2 和 P3 都分别与满意度 S_{G2}、S_{G3}、S_E、S_{P1}、S_{P2} 和 S_{P3} 存在一一对应的关系。城市轨道交通 PPP 项目利益相关者满意度的分析框架如表 4-1 所示。

表 4-1 中，β_1、β_2、β_3 分别为政府维度下政府对补贴满意度、政府对社会效益满意度及乘客满意度的指标权重；β_4（$\beta_4=1$）为社会资本满意度指标权重；β_5、β_6、β_7 分别为乘客维度下乘客对价格满意度、乘客对车辆质量性能满意度

及乘客对服务水平满意度的指标权重。α_1、α_2、α_3 分别为 PPP 项目中政府满意度、社会资本满意度及乘客满意度的指标权重。

表 4-1　城市轨道交通 **PPP** 项目利益相关者满意度的分析框架

利益相关者基本利益诉求		利益相关者满意度指标			
利益相关者	基本利益诉求	二级满意度指标	二级指标权重	一级满意度指标	一级指标权重
政府（G）	G1 较少的政府补贴	S_{G1} 政府对补贴满意度	β_1	S_G 政府满意度	α_1
	G2 良好的社会效益	S_{G2} 政府对社会效益满意度	β_2		
	G3 满足乘客需求	S_{G3}（S_P）乘客满意度	β_3		
社会资本（S）	S1 预期的项目收益	S_E 社会资本满意度	β_4	S_E 社会资本满意度	α_2
乘客（P）	P1 低廉的价格	S_{P1} 乘客对价格满意度	β_5	S_P 乘客满意度	α_3
	P2 良好的车辆质量性能	S_{P2} 乘客对车辆质量性能满意度	β_6		
	P3 较高的轨道交通服务水平	S_{P3} 乘客对服务水平满意度	β_7		

资料来源：笔者整理。

（1）政府满意度。

政府满意度＝β_1×政府对补贴满意度＋β_2×政府对社会效益满意度＋β_3×乘客满意度 　　　　　　　　　　　　　　　　　　　　　　　　　　　　　（4-1）

（2）社会资本满意度。

社会资本满意度＝β_4×社会资本满意度 　　　　　　　　　　　　　　（4-2）

（3）乘客满意度。

乘客满意度＝β_5×乘客对价格满意度＋β_6×乘客对车辆质量性能满意度＋β_7×乘客对服务水平满意度 　　　　　　　　　　　　　　　　　　　　　　（4-3）

（4）项目综合满意度。

考虑到政府、社会资本和乘客的满意度之间可能存在偏差，为了衡量三方满意度的整体水平，引入综合满意度的概念。从项目利益调整角度看，与综合满意度偏差最大的一方应是 PPP 项目利益调整中重点关注的对象。综合满意度的表达式如下：

综合满意度＝α_1×政府满意度＋α_2×社会资本满意度＋α_3×乘客满意度 　　（4-4）

（5）满意度的度量。

运用隶属度函数计算政府满意度、社会资本满意度、乘客满意度及综合满意度时，计算出的满意度取值区间为 $[0, 1]$，在参考相关文献的基础上[①②]，采用如表4-2所示的五级度量表对满意度进行度量。

表4-2 满意度五级度量表

区间	满意度水平	解释
$[0, 0.4)$	十分不满意	实际利益同预期相比落差太大，感到十分不满意，产生不满甚至对抗情绪，严重影响 PPP 项目的持续合作的动力和意愿
$[0.4, 0.6)$	不太满意	实际利益与预期有一定差距，感到有些不满和抱怨，会动摇持续合作的意愿
$[0.6, 0.75)$	一般	实际利益与预期差不多，没有太多积极或消极情绪
$[0.75, 0.9)$	满意	实际利益超出预期，有较强的持续合作意愿
$[0.9, 1]$	十分满意	实际利益远超预期，感到十分满意，有强烈的持续合作的意愿

资料来源：笔者整理。

由表4-2可知，满意度共分为五个等级，当政府、社会资本、乘客及综合满意度的数值在区间 $[0, 0.4)$ 时，各主体满意度水平为"十分不满意"；当满意度值在区间 $[0.4, 0.6)$ 时，满意度水平为"不太满意"；当满意度值在区间 $[0.6, 0.75)$ 时，满意度水平为"一般"；当满意度值在区间 $[0.75, 0.9)$ 时，满意度水平为"满意"；当满意度值在区间 $[0.9, 1]$ 时，满意度水平为"十分满意"。

第二节 利益相关者满意度评价指标权重的确定

第一节满意度计算公式中的一级指标权重 $\alpha_1 \sim \alpha_3$ 和二级指标权重 $\beta_1 \sim \beta_7$ 的确定可邀请相关领域专家，用1~9标度方法（见表4-3）进行标度，依次对城

① 汪文雄，李启明，李静华，等. 大型建设工程项目满意度评价模型研究 [J]. 土木建筑与环境工程，2007（4）：125-128.

② 李娟芳，刘幸. 基于灰色聚类的工程项目满意度评价 [J]. 技术经济与管理研究，2011（7）：12-16.

市轨道交通 PPP 项目核心利益相关者满意度指标权重判断矩阵、政府满意度指标权重判断矩阵及乘客满意度指标权重判断矩阵两两比较打分，因社会资本满意度衡量指标为一维，故在调查问卷中不再列出。

表 4-3　判断矩阵九级标度含义

1~9 标度	标度含义
1	指标 i 与指标 j 同等重要
3	指标 i 比指标 j 稍微重要
5	指标 i 比指标 j 明显重要
7	指标 i 比指标 j 强烈重要
9	指标 i 比指标 j 极端重要
2、4、6、8	指标 i 和指标 j 相邻判断的折中值
倒数	指标 j 和指标 i 相比

资料来源：笔者整理。

本书邀请 10 位轨道交通领域的专家和学者按照 1~9 标度法分别对指标权重判断矩阵依次进行两两比较打分，通过计算最大特征值和一致性指标 CI，并且通过查阅事先给定的常数值 RI，最终确定随机一致性比值 CR（CR=CI/RI），各指标权重判断矩阵打分情况及 CR 计算过程分别如表 4-4、表 4-5 和表 4-6 所示。

表 4-4　城市轨道交通 PPP 项目核心利益相关者满意度指标权重判断矩阵

轨道交通 PPP 利益相关方	S_G	S_E	S_P	一致性检验
政府满意度 S_G	1.00	0.50	1.00	最大特征值：3.05
社会资本满意度 S_E	2.00	1.00	1.00	CI：0.03，RI：0.52
乘客满意度 S_P	1.00	1.00	1.00	CR：0.058<0.1
一级指标权重	0.26	0.41	0.33	通过一致性检验

资料来源：笔者整理。

表 4-5　政府满意度指标权重判断矩阵

政府满意度 S_G	S_{G1}	S_{G2}	S_P	一致性检验
政府对补贴满意度 S_{G1}	1.00	1.00	1.00	最大特征值：3.05

续表

政府满意度 S_G	S_{G1}	S_{G2}	S_P	一致性检验
政府对社会效益满意度 S_{G2}	1.00	1.00	2.00	CI：0.03，RI：0.52
乘客满意度 S_P	1.00	0.50	1.00	CR：0.058<0.1
二级指标权重	0.33	0.41	0.26	通过一致性检验

资料来源：笔者整理。

表4-6　乘客满意度指标权重判断矩阵

乘客满意度 S_P	S_{P1}	S_{P2}	S_{P3}	一致性检验
乘客对价格满意度 S_{P1}	1.00	0.50	0.50	最大特征值：3
乘客对车辆质量性能满意度 S_{P2}	2.00	1.00	1.00	CI：0，RI：0.52
乘客对服务水平满意度 S_{P3}	2.00	1.00	1.00	CR：0<0.1
二级指标权重	0.20	0.40	0.40	通过一致性检验

资料来源：笔者整理。

上述各表的随机一致性比值 CR 均小于 0.1，表明各判断矩阵都通过一致性检验。根据表 4-5 政府满意度二级指标权重和表 4-6 乘客满意度二级指标权重，结合表 4-4 核心利益相关者满意度一级指标权重确定最终满意度各指标综合权重，如表 4-7 所示。

表4-7　城市轨道交通 PPP 项目核心利益相关者满意度各指标权重

一级指标 二级指标	S_G 0.26	S_E 0.41	S_P 0.33	各因素权重
S_{G1}	0.33			0.086
S_{G2}	0.41			0.107
S_{G3}（S_P）	0.26			0.068
S_E		1.00		0.410
S_{P1}			0.20	0.066
S_{P2}			0.40	0.132
S_{P3}			0.40	0.132

资料来源：笔者整理。

第三节　政府满意度量化研究

由上文分析可知，城市轨道交通 PPP 项目政府满意度主要包括政府对补贴满意度、政府对社会效益满意度及政府对乘客满意度三个指标，现逐一分析这三个指标满意度的量化。

一、政府对补贴满意度量化分析

（一）城市轨道交通政府补贴

城市轨道交通作为一种准经营性公共产品，票价的制定带有较大的社会福利性，在整个特许期内，车票收入无法覆盖建设投资及运营成本，需要政府进行大量的补贴，这无疑对当地政府的财政支付能力是一个严峻的考验。

在城市轨道交通建设和运营中，政府提供的补贴形式较多，如建设阶段投资、运营期补贴、轨道交通沿线土地资源开发经营、电费优惠、税收减免、利息贴息、不计折旧等。归纳起来主要包括以下三种：①建设期资本性补贴。在城市轨道交通 "A+B" 模式中，政府主要承担轨道交通车站、洞体、轨道等公益性较强的土建部分投入[①]，以减轻社会资本的融资压力。若是整体 BOT 模式，由于整个项目的投资和运营都由社会资本负责，政府仅在运营阶段提供补贴，建设期资本性补贴此时不计。②运营期运营补贴。其分为票价补贴和客流量补贴。前者是由于实际票价低于按社会资本预期回报测算出来的计算票价，从而需要对这部分票价差额进行补偿[②]；后者是由于实际客流量与预测客流量不一致，小于客流量担保下限而由政府给予补偿的部分。③由于汇率、利率及通货膨胀等成本超支风险的发生（见前文城市轨道交通 PPP 项目收益风险），政府需要共担这部分风险从而引起政府补贴的增加。

政府提供的财政补贴主要有两个来源：轨道交通发展专项资金和沿线途经

---

① 李沐萱，张佳仪. 北京地铁四号线的产权关系及其经营模式分析 [J]. 北京交通大学学报（社会科学版），2010（2）：58-61.

② 张智慧，张剑寒. 城市轨道交通 PPP 项目运营补贴测算 [J]. 清华大学学报（自然科学版），2016（12）：1327-1332.

市、区（县）财政出资。当前，很多城市都设立了轨道交通发展专项资金以确保轨道交通项目能够按期建设，其资金来源主要由以下部分组成：①当地政府财政预算安排的专项资金；②轨道交通沿线土地出让金收入；③城市基础设施配套费；④防空地下室易地建设费；⑤国家、上级政府主管部门的专项拨款；⑥轨道交通发展专项资金专用账户的银行结息；⑦其他可用资金。在城市轨道交通项目的可行性研究阶段，政府应该根据上述资金来源估算出项目每年最大的支付能力，以此作为政府补贴的上限。

（二）政府补贴满意度函数

政府补贴满意度是政府对轨道交通项目补贴的满意程度，是政府对轨道交通实际补贴额与期望补贴额对比后的主观感知。当政府对补贴满意程度较高时，对轨道交通增加补贴的意愿也就较强；当对补贴满意程度较低时，对增加补贴意愿就会变弱甚至产生抵制。它反映的是有限理性政府从自身利益角度考虑，对城市轨道交通项目补贴的主观评价。

政府补贴满意度是一个负向指标，受补贴金额的影响，补贴越多，政府的补贴满意度就越低；补贴越少，政府的补贴满意度就越高。因此，可以用半降梯形隶属度来定义政府的补贴满意度。

若以 x_1 表示城市轨道交通项目年度补贴，以 $f_G(x_1)$ 表示政府的补贴满意度，则补贴满意度是年度补贴的函数。对于 x_1，可以认为其最小值为 0，即政府不需要提供补贴；最大值为政府最大的补贴能力，用 B_{max} 表示。即 x_1 的取值范围为 $[0, B_{max}]$。

对政府来讲，最好的效果就是不用给轨道交通项目补贴，这个目前只有中国香港和少数几个国家的部分城市的地铁运营能做到，它们都无一例外地在建设初期就采用了以公共交通为导向的开发模式（Transit-Oriented Development，TOD），把地铁和沿线物业进行良好的捆绑，实行"以地养铁"的模式。该模式下轨道交通项目能实现良好的"造血功能"，可以不用政府补贴，此时政府对补贴是完全满意的，满意度为 1，即当 $x_1 \leq 0$ 时，$f_G(x_1) = 1$。

政府补贴的最大值不能超过政府财政的承受能力，即不能超过当年政府一般公共预算支出的 10% 或政府轨道交通发展专项资金的某一个比例，由于无法确切知道政府每年安排的其他 PPP 项目的数量和金额，因此需用其他方法来测定城市轨道交通 PPP 项目财政补贴的上限值。实际上政府采用 PPP 模式进行城市轨道交通建设虽然是为了解决资金缺口的问题，但更重要的是采用社会资本先进的技术和管理经验，以较低的运营成本取得良好的运营效益。采用 PPP 模式能够节约政府资金，即物有所值。例如，国家发展改革委对北京地铁 4 号线 PPP 模式组织了一次后评估，表明该模式产生了良好的经济效益和社会效益，与传统政府主导下的负债式融资模式相比，在整个特许经营期内为政府节约了财政支出98.8 亿元。从这个意义上讲，政府用 PPP 模式建设轨道交通项目，所发生的年度财政补贴上限不应超过传统模式下其他轨道交通线路年度财政补贴的平均值。当财政补贴超过该平均值时，政府对补贴感到十分不满意，此时政府补贴的满意度为 0，即当 $x_1 \geq B_{max}$ 时，$f_G(x_1) = 0$。

下面以北京市为例说明 B_{max} 的确定方法。北京市财政局负责人在 2014 年召开的北京公共交通价格调整听证会上表示：地铁涨价前，人均运营成本约 8.56元（人均 15 千米），乘客乘坐一千米地铁，财政需要补贴 0.45 元，调价后人均票价大体在 4.4 元左右，按照人均 15 千米计算，每千米财政仍需补贴约 0.28 元。本书以调价前的人均每千米补贴 0.45 元作为城市轨道交通 PPP 项目每千米补贴的最大值，调价前北京地铁 4 号线最大客流量为 4.45 亿人，当时平均运营距离为 7.9千米，由此可计算出在北京地铁 4 号线最大补贴额 B_{max} 为 15.82 亿元。

由前文分析可知，政府满意度函数可表示为：

$$S_{G1} = f_G(x_1) = \begin{cases} 1, & x_1 \leq 0 \\ \dfrac{B_{max} - x_1}{B_{max} - 0}, & 0 < x_1 < B_{max} \\ 0, & x_1 \geq B_{max} \end{cases} \tag{4-5}$$

图 4-1 中，当政府补贴为 0 时，表明不用政府提供财政补贴，此时政府补贴满意度为 1；B_{max} 为轨道交通 PPP 项目的年度补贴最大值，当超过该值时，政府补贴满意度为 0。

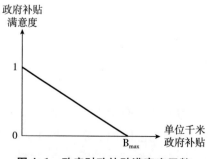

图 4-1 政府财政补贴满意度函数

（三）年度补贴 x_1 的确定

计算政府补贴满意度，除了要确定轨道交通 PPP 项目财政补贴的最小值和最大值外，还得计算财政补贴实际发生额。财政补贴发生额的计算如下：

在 PPP 项目中，政府补贴可分为建设期资本性补贴、运营期运营补贴及风险引起政府补贴的增加。其中，建设期资本性补贴比较容易确定，即整个项目的建设投资总额与政府建设投资比例的乘积。另外，风险引起的政府补贴增加在本书第五章可通过系统动力学模型中的风险模拟得到。在这里，重点分析运营期运营补贴的计算方法。

目前，城市轨道交通 PPP 项目的补贴方式主要有影子票价补贴（也称"客流量"补贴）、"车公里"补贴和"现金流"补贴三种模式。在我国已运营的城市轨道交通 PPP 项目中，采用"客流量"补贴模式的项目最多，因此本书以该模式作为城市轨道交通 PPP 项目补贴的计算依据。

该模式下，政府主要承受票价风险和客流量风险，因此补贴计算也分为两步，即计算票价差额补贴（B_1）和客流量补贴（B_2）。

第一步，计算票价差额补贴（B_1）。

因为城市轨道交通是一种准经营性公共产品，完全由市场定价，超出了公众的承受能力，所以按照社会资本预期回报率折算出来的计算票价往往会高出最终的实际票价，这两个票价间的差额由政府进行补贴。

设项目固定成本为 C_F、单位车公里可变成本为 C_V、年车公里数为 K_V；建设项目总投资为 I，其中社会资本投资比例为 λ、银行贷款偿还采用等额还本付息方式；其他业务收入占票务收入的比例为 γ、项目实际平均票价为 P_0、客流量补贴单价为 P_B、投资预期收益率为 r、预测客流量为 $\overline{Q}_t$（也称期望客流量）、建设期为 T_c、特许经营期为 T。在不考虑所得税的情况下，由工程经济学知识，项目净现值可表达为：

$$NPV_E = -\lambda I + \sum_{t=1}^{T} \frac{\left[(P_0 + P_B)\overline{Q}_t(1+\gamma) \right] - (C_F + K_V C_V)}{(1+r)^t} \tag{4-6}$$

令 $NPV_E = 0$，反算得出补贴单价 P_B，即为"客流量"补贴单价。

需要说明的是，P_B 是按照预测客流量计算出的补贴单价，而政府提供的票价差额补贴是补贴单价 P_B 与实际客流量的乘积。因此，当存在客流量风险时，政府往往会以预测客流量 $\overline{Q}_t$ 为基础规定一个范围 $\left[(1-\omega)\overline{Q}_t, (1+\omega)\overline{Q}_t \right]$，当

实际客流量 Q_t 在上述范围内时，票价差额补贴可表示为 $B_1 = P_B Q_t$，当实际客流量 Q_t 超出上述范围时，则需计算"客流量"补贴 B_2。

第二步，计算"客流量"补贴（B_2）。

由于客流量风险的存在，会导致实际客流量和预测客流量不一致，政府和社会资本一般都会共同分担这部分风险。假设第 t 年实际客流量服从正态分布 $Q_t \sim N(\bar{Q}_t, \delta^2)$、客流量担保水平为 $1-\omega \in [0, 1]$，客流量下限为 Q_t^L、客流量担保上限为 Q_t^U。基于政府社会资本的风险中立偏好假设，可设：

$$Q_t^L = (1-\omega)\bar{Q}_t \tag{4-7}$$

$$Q_t^U = (1+\omega)\bar{Q}_t \tag{4-8}$$

当客流量风险发生时，政府补贴按以下三种情况计算：

（1）当实际客流量 $Q_t < Q_t^L$ 时，"客流量"补贴按 Q_t^L 计算，此时政府补贴为 $Q_t^L P_B$；

（2）当实际客流量 $Q_t \in [Q_t^L, Q_t^U]$ 时，"客流量"补贴按 Q_t 计算，此时政府补贴为 $Q_t P_B$；

（3）当实际客流量 $Q_t > Q_t^U$ 时，"客流量"补贴按 Q_t^U 计算，同时政府需分享超出 Q_t^U 的票务收入。假设分享比例为 θ，则政府补贴为 $Q_t^U P_B - \theta P_0 (Q_t - Q_t^U)$。

综合以上情况，可知第 t 年政府补贴额 B 为：

$$B = P_B \text{MIN}(\text{MAX}(Q_t^L, Q_t), Q_t^U) - \theta P_0 \text{MAX}(Q_t - Q_t^U, 0) \tag{4-9}$$

式（4-9）可表述为政府对城市轨道交通运营期的补贴为补贴票价与"客流量"补贴的乘积减去政府收益分享额的差值。

因此，将式（4-9）的计算结果代入式（4-5）中，就可以计算出政府补贴满意度。这里需要说明的是，由于每年政府补贴的额度都会不一样，因此政府补贴满意度是一个动态变化值。

二、政府对社会效益满意度量化分析

（一）城市轨道交通社会效益

城市轨道交通的建设能带来巨大的社会效益，这也是各地政府都热衷于城市轨道交通建设的主要原因。以美国为例，城市轨道交通的建设每年给政府节约了 19 亿美元的交通拥堵费用，减少了约 17 亿美元与交通有关的伤亡；节省了 2.63 亿美元的环境恶化成本，同时带动了 44.3 万人的就业，并且促进了沿线区域商业和房地产开发。① 目前，国内外学者针对城市轨道交通建设的各类社会效益的评估进行了大量研究。陈世勋和陶小马（2004）按照"有无对比法"对上海市城市轨道交通的社会效益进行了量化评估和非量化说明。佟琼和张晶（2011）建立了外部效益评价指标体系，并且对可量化的社会效益进行了计量。陆明（2012）从系统的角度对城市轨道交通的综合效益进行界定，将其分为交通效益、经济效益和社会效益三个部分，并且以此构建了较完整的城市轨道交通综合效益评价指标体系。张剑寒（2017）采用数据包络分析法对社会效益进行了测算。概括起来，城市轨道交通社会效益分为可量化和不可量化两个部分。前者主要包括缓解城市道路拥堵、减少乘客交通疲劳、节省出行时间、节约能源消耗及减少交通事故、降低噪声和空气污染所产生的效益（见表4-8）；后者主要表现为促进区域经济的发展、居民就业的改善、产业结构的优化及城市功能的提升等方面，对于这部分效益往往需要进行非量化说明。

表 4-8　城市轨道交通 **PPP** 项目社会效益测算模型

序号	社会效益	测算模型	参数含义
1	缓解城市道路拥堵产生的效益 F_1	$F_1=(Q/q)\times(r_1+r_2+r_3)$	Q 为城市轨道交通替代的公交车年客流量，q 为每辆公交车的年均客流量，Q/q 为城市轨道交通替代的公交车运营数，r_1 为公交车购置费用，r_2 为每新增一辆公交车带来的道路增加及维修费用，r_3 为每新增一辆公交车带来的停车场配套设施费用
2	减少乘客交通疲劳产生的效益 F_2	$F_2=(Q/n)\times\tau\times\omega\times\xi$	n 为工作客流量往返系数，τ 为总客流量中工作客流量的比例，ω 为人均国民生产总值，ξ 为乘坐轨道交通效率的增加，$\xi=(1-1.4\%)/(1-7\%)-1$
3	节省出行时间产生的效益 F_3	$F_4=Q\cdot\left(\dfrac{1}{V_b}-\dfrac{1}{V_s}\right)\cdot l\cdot G\cdot 50\%$	V_b 为地面公交路网平均速度，V_s 为城市轨道交通平均速度，G 为人均小时国民收入，l 为轨道交通平均运距
4	节约能源消耗产生的效益 F_4	$F_4=Q\cdot(E_i-E_s)\cdot l\cdot P_g$	E_i 为公交车和出租车能耗，E_s 为城市轨道交通能耗，P_g 为汽油价格
5	减少交通事故产生的效益 F_5	$F_5=(C_{b1}-C_{s1})\cdot Q\cdot l$	C_{b1} 为地面公交交通事故成本，C_{s1} 为城市轨道交通事故成本
6	降低噪声和空气污染产生的效益 F_6	$F_5=(C_{b2}-C_{s2})\cdot Q\cdot l$	C_{b2} 为地面公交噪声和空气污染成本，C_{s2} 为城市轨道交通噪声和空气污染成本

---

① 王欣，左忠义.基于系统动力学的高铁安全管理研究 ［J］.中国安全科学学报，2013（10）：158-163.

表4-8中的城市轨道交通社会效益测算模型应用较为广泛，在城市轨道交通项目可行性研究及重大项目论证中，也基本是按照上述模型进行社会效益的计算。在上述社会效益中，政府最关注的是城市轨道交通的建设带来的缓解道路拥堵、减少能源消耗、降低噪声和空气污染及减少交通事故所产生的社会效益。例如，吕俊娜等（2015，2016）、李文兴和尹帅（2012）、周翊民（2001）、高咏玲（2008）等在建立政府决策目标模型时考虑了城市轨道交通在节约能源、减少交通事故及降低噪声和空气污染方面产生的社会效益。

从表4-8中还可以看出，在 F_1、F_2 这两项社会效益测算模型中，社会效益与轨道交通客流量 Q 成正比。在 $F_3 \sim F_6$ 这四项社会效益测算模型中，社会效益与轨道交通客流量 Q 和平均运距 l 成正比。一般情况下，平均运距相对固定，市区线路平均运距约为线路全长的 1/4～1/3，郊区线路平均运距约为线路全长的 1/2，在平均运距相对固定的情况下，$F_3 \sim F_6$ 的社会效益也取决于客流量。因此，实际社会效益与预期社会效益的比值可以用实际客流量与预期客流量的比值替代。政府的社会效益满意度可以表示为城市轨道交通项目实际客流量与预期客流量的比值，该比值越大，政府的社会效益满意度就越高。

（二）政府社会效益满意度函数

政府社会效益满意度是政府对轨道交通建设带来的促进区域经济、缓解城市道路拥堵、节约能源消耗、降低环境污染及减少交通事故等效益的满意程度，是政府对城市轨道交通实际产生的社会效益与预期的社会效益对比后的主观感知。当政府对社会效益满意度较高时，对轨道交通建设的意愿就强；当政府对社会效益满意度较低时，对轨道交通建设的意愿就弱。

若以 x_2 表示城市轨道交通线路实际客流量，用 $f_G(x_2)$ 表示政府对社会效益满意度，则 $f_G(x_2)$ 是客流量的函数。对于 x_2，可以认为其最小值为 0，当然这是一种极端情况；x_2 最大值用 Q_{max} 表示，则 x_2 的取值范围为 $[0, Q_{max}]$。若用 Q_E 表示项目可行性研究报告中的预测客流量，Q_{max} 一般为 Q_E 的 1.3～1.5 倍。[①]

社会效益满意度是一个正向指标，即项目的客流量越大，项目的社会效益也就越显著，政府也就越满意，不妨采用上升半折线隶属度函数来定义政府的社会

---

① 项玉娇. 风险分担视角下的我国城市轨道交通 PPP 项目投资决策研究 ［D］. 天津：天津理工大学硕士学位论文，2013.

效益满意度。政府对社会效益满意度函数如式（4-10）所示，社会效益满意度曲线如图 4-2 所示。

$$S_{G2}=f_G(x_2)=\begin{cases} 0, & x_2\leqslant 0 \\[2mm] \dfrac{0.6}{Q_E-0}(x_2-0), & 0<x_2<Q_E \\[3mm] \dfrac{0.4x_2+0.6Q_{max}-Q_E}{Q_{max}-Q_E}, & Q_E\leqslant x_2<Q_{max} \\[2mm] 1, & x_2\geqslant Q_{max} \end{cases} \quad (4-10)$$

如图 4-2 所示，横轴表示城市轨道交通 PPP 项目实际客流量。当项目实际客流量趋近于 0 时，政府对社会效益满意度也为 0；当实际客流量逐步增加达到预期客流量 Q_E 时，此时政府满意度水平为"一般"，满意度值为 0.6；当项目的实际客流量继续增加达到 Q_{max} 时，此时项目的实际社会效益已达到最大值，政府感到十分满意，满意度值为 1。

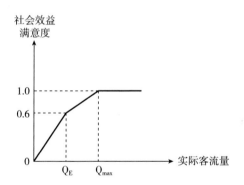

图 4-2 社会效益满意隶属度函数

三、政府对乘客满意度量化分析

在这里，乘客满意度作为政府满意度的一部分，其含义同下文乘客满意度是一致的，其量化函数见下文乘客满意度部分。

第四节　社会资本满意度量化研究

社会资本满意度主要取决于项目给社会资本带来的实际收益与预期收益对比后的感知，项目给社会资本带来的净收益越多，社会资本满意度就越高。

一、社会资本满意度函数

项目净收益一般用净现值这个指标来表示，由于净现值是一个绝对数，当项目的投资额不同时，不能用来直接进行比较。因此，可以用项目的内部收益率与行业平均内部收益率进行对比，以判断社会资本满意度。

由于内部收益率是一个正向指标，即内部收益率越大，社会资本满意度就越高，可以选择折线隶属度函数来构建。由于我国 PPP 项目平均内部收益率大多为 6%~8%①，可以把它用作参考的标准。此时，社会资本满意隶属度函数如图 4-3 所示。

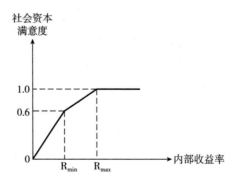

图 4-3　社会资本满意隶属度函数

若以 x_3 表示轨道交通 PPP 项目的内部收益率，以 $f_E(x_3)$ 表示社会资本满意度函数，则社会资本满意度是内部收益率的函数。假设社会资本能接受的内部

---

① 吴亚平. 尽快设定 PPP 项目的合理投资回报率［J］. 中国公路，2016（19）：46-48.

收益率最小值为 R_{min}，不妨把财政部公布的我国 PPP 项目平均内部收益率的下限 6% 作为 R_{min} 的取值；设政府认可的内部收益率上限为 R_{max}，R_{max} 一般根据加权平均资本成本公式并考虑一定的风险来确定，x_3 的取值范围为 $[R_{min}，R_{max}]$。

当内部收益率接近极限状态 0 时，此时社会资本满意度为 0；当内部收益率达到 6%，即合理报酬率的下限值时，社会资本对项目的投资回报感到基本满意，此时社会资本满意度为 0.6；当内部收益率达到 10%，即合理报酬率的上限值时，此时社会资本满意度达到最高，满意度为 1；当内部收益率继续增加超过 10% 时，社会资本将会获得更多的超额收益，但此时满意度已经达到极大值不再增加，表现为一条纵坐标为 1 的水平直线，如图 4-3 所示。

$$S_E = f_E(x_3) = \begin{cases} 0, & x_3 \leq 0 \\ \dfrac{0.6}{R_{min}-0}(x_3-0), & 0 < x_3 \leq R_{min} \\ \dfrac{0.4x_3 + 0.6R_{max} - R_{min}}{R_{max} - R_{min}}, & R_{min} < x_3 \leq R_{max} \\ 1, & x_3 > R_{max} \end{cases} \qquad (4-11)$$

二、项目净收益构成分析

要分析得出轨道交通 PPP 项目的内部收益率，需要对轨道交通 PPP 项目的收益系统进行分析。由工程经济学知识可知，轨道交通项目收益由现金流入和现金流出两部分构成，可表示为两者之差，如图 4-4 所示。

（一）城市轨道交通 PPP 项目的现金流入分析

车票收入、其他业务收入和政府补贴共同构成了城市轨道交通 PPP 项目现金流入。①车票收入是城市轨道交通 PPP 项目收入的主要来源。由于轨道交通项目大多实行按里程计价票制，在计算车票收入时，可依据客流量与人均实际票价进行计算。②其他业务收入主要包括广告、电信设施资源租赁、车站零售、上盖物业及其他收入。当实行"轨道交通+物业"的开发模式时，轨道交通被授予了项目沿线土地开发权，其他业务收入还包括土地开发收入。③政府补贴包括建设期资本性补贴和运营期运营补贴。"客流量"补贴模式下，补贴金额的具体计算见上文政府补贴部分。

（二）城市轨道交通 PPP 项目的现金流出分析

建设成本、运营成本和贷款本金偿还共同构成了城市轨道交通 PPP 项目的现

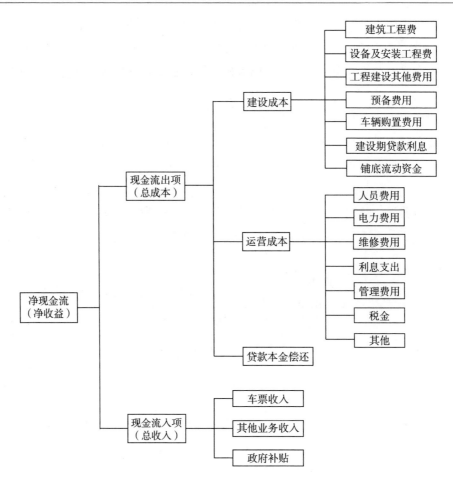

图 4-4 城市轨道交通 PPP 项目净现金流（净收益）分析框架

金流出。①建设成本也称建设投资，是社会资本在建设期的投入部分。例如，北京地铁 4 号线 PPP 项目，社会资本承担了机电部分的投资，包括车辆通信、通信、空调、通风、消防、自动售检票系统等，约占项目总投资的 30%。②运营成本通常包括人员工资、能源消耗费用、设备维护修理费用、车辆运营费用、管理费用、车辆保洁费用等其他费用。按运营成本是否随着车公里数变化而变化将其划分为固定成本和变动成本。其中，固定成本是不随车公里数变化而变化的费用，主要包括管理人员工资，车站、区间照明费用，企业管理费用等；变动成本是随着车公里数变化而变化的费用，主要包括机车动力牵引用电费用、司乘人员工资、车辆维修成本及车辆保洁费等。③贷款本金偿还是建设阶段其银行贷款在运营期的还本付息部分，可采用资本回收系数进行计算。

本书中，先确定城市轨道交通发车间隔，再计算城市轨道交通年度行车公里数，继而在单位车公里成本一定的情况下，可以得到城市轨道交通年可变成本。

三、城市轨道交通 PPP 项目合理内部收益率范围的确定

关于城市轨道交通 PPP 项目社会资本方的合理投资报酬率，目前并没有统一规定。国家发展改革委发布的《建设项目经济评价方法与参数（第三版）》中规定，铁路网新建项目的基准收益率为 3%，铁路既有线路改造的基准收益率为 6%。财政部政府和社会资本合作中心统计的污水处理类基础设施 PPP 项目平均投资回报率为 6%~8%。本书整理出财政部 PPP 项目管理库执行阶段的部分城市轨道交通 PPP 项目信息，如表 4-9 所示。

表 4-9　财政部 PPP 项目管理库执行阶段部分城市轨道交通 PPP 项目信息

项目名称	成都地铁 17 号线	成都地铁 18 号线	西安地铁 9 号线	芜湖地铁 1、2 号线	大连地铁 5 号线
投资回报率（%）	项目资本金内部收益率 8.07	项目投资财务内部收益率 5.99	项目资本金内部收益率 7.06（中标）	项目资本金内部收益率 6.00（中标）	资本金内部收益率 8.00
项目总投资（亿元）	171.50	347.00	144.28	148.92	188.45
资本金比例（%）	20	20	30	30	40
项目资本金（亿元）	34.30	69.40	43.28	44.68	75.38
股权比例	3∶7	3∶7	4∶6	3∶7	15∶85
融资利率（%）	4.90	4.90	4.90	4.65	4.90
中标时间（年份）	2017	2017	2016	2016	2016

资料来源：笔者整理。

从表 4-9 中可以看出，现阶段我国签约的城市轨道交通 PPP 项目资本金内部收益率最低为 5.99%，最高为 8.07%，和同时期的财政部 PPP 项目管理库中其他类型的基础设施 PPP 项目的回报率大致相同，即普遍回报率（资本金内部收益率）为 6%~8%。另外，我国第一条轨道交通 PPP 项目，北京地铁 4 号线 2004 年协议书签约阶段测算的项目全投资内部收益率（IRR）为 7%~8%，资本金内部收益率约为 10%，投资回收期为 16 年。[①] 本书参照财政部基础设施类 PPP

---

① 王灏. 城市轨道交通投融资问题研究：政府民间合作（PPP）模式的创新与实践 [M]. 北京：中国金融出版社，2006.

项目的平均投资回报率，考虑到城市轨道交通项目施工复杂程度及风险难度系数，并且结合早期北京地铁 4 号线 PPP 项目内部收益率约 10% 的实际情况，将城市轨道交通 PPP 项目的内部收益率下限设为 6%，内部收益率上限设为 10%，即本书认为城市轨道交通 PPP 项目的合理内部收益率为 6%~10%。

第五节　乘客满意度量化研究

乘客是轨道交通服务的最终体验者，会对所接收到的轨道交通服务进行综合评价形成感知并与预期进行对比，从而形成自己的主观满意度。由前文分析可知，乘客满意度由乘客对价格满意度、对车辆质量性能满意度及对轨道交通服务水平满意度共同构成。乘客满意度与车辆质量性能及轨道交通服务水平呈正相关关系，与车票价格呈负相关关系。

一、乘客对轨道交通价格满意度分析

（一）城市轨道交通票价概述

当前，我国城市轨道交通大多实行的是按里程或按区间计费，表 4-10 为我国主要的大中城市轨道交通票价表。

从表 4-10 中可以看出，平均出行距离为 10 千米左右的，这些城市的轨道交通票价基本上维持在 4 元左右，各城市制定的票价水平较为统一。

表 4-10　我国主要大中城市轨道交通票价

城市	票制	票价
北京	按里程分段计价	6 千米内为 3 元，6~12 千米为 4 元，12~22 千米为 5 元，22~32 千米为 6 元，32~52 千米为 7 元，52~72 千米为 8 元，32 千米以上每增加 1 元可乘坐 20 千米
上海	按里程分段计价	起步价为 3 元，起步里程为 6 千米，之后每隔 10 千米增加 1 元
广州	按里程分段计价	起步价为 2 元，起步里程为 4 千米；4~12 千米内每 4 千米增加 1 元；12~24 千米内每 6 千米增加 1 元；超出 24 千米后每 8 千米增加 1 元
深圳	按里程分段计价	起步价为 2 元，起步里程为 4 千米；4~12 千米内每 4 千米增加 1 元；12~24 千米内每 6 千米增加 1 元；超出 24 千米后每 8 千米增加 1 元

城市	票制	票价
天津	按区段分段计价	乘坐 5 站（4 区间）以内时，票价为 2 元；乘坐 5~10 站（4~9 区间）票价为 3 元；10~16 站（9~15 区间）票价为 4 元；乘坐 16 站以上（15 区间）票价为 5 元
香港	按区段分段计价	单程票价 3~12 元

资料来源：笔者整理。

在采用影子票价（客流量）补贴方式的城市轨道交通 PPP 模式中，需要明确两个票价：实际票价和计算票价。实际票价为当前乘客实际支付的人次票价，计算票价是按社会资本预期回报率反算出来的价格，一般会高于实际票价，两者间的差额由政府给予补贴，以保证社会资本运营的可持续。

（二）乘客价格满意度函数

若以 x_4 表示轨道交通 PPP 项目的实际人均票价，用 $f_p(x_4)$ 表示乘客对价格的满意度，则 $f_p(x_4)$ 是车票价格的函数。对于 x_4，其最小值用 p_{min} 表示，一般取当地相同运距的公交车车票价格；x_4 最大值用 p_{max} 表示，即 x_4 的取值范围为 $[p_{min}, p_{max}]$。

上述票价极大值和极小值确定方法如下：城市轨道交通作为城市公共交通体系的一部分，决定了其定价必须考虑广大市民的经济承受能力。世界银行相关资料指出，发展中国家居民交通费支出占人均可支配收入的 5%~10% 是比较适宜的[1]，该结论是基于假定一个人平均每月出行 60 次和每人平均出行距离为 10 千米确定的，票价水平的制定需要参考该数据确定大致范围。因此，可以取城市轨道交通所在城市的居民可支配收入的 10% 作为城市轨道交通票价的上限。在票价下限的选取上，鉴于公共汽车往往是城市轨道交通的竞争出行方式，并且往往要比相同运距的城市轨道交通票价便宜，因此选取与城市轨道交通同向且运距相似的公共汽车票价作为城市轨道交通票价的下限值。

以北京市为例，2013~2017 年居民人均可支配收入分别是 40830 元、44488 元、48458 元、52530 元和 57230 元，则人均可支配收入的平均值为 48707 元，根据北京地铁 4 号线平均运距为 9.1 千米[2]，可以得出平均票价的上限是 5.34 元/

---

① World Bank. Affordability of Public Transport in Developing Countries [R]. 2014.
② 北京交通发展研究院. 2017 年北京市交通发展年度报告 [R]. 2017.

人次。如果使用公共汽车票价平均每人次 2 元作为下限，则人均票价的范围为 [2，5.34]。

价格与财政补贴一样，都属于负向指标，即票价越高，乘客的满意度就越低；票价越低，乘客的满意度就越高。价格满意隶属度函数如式（4-12）、图 4-5 所示。

$$S_{P1} = f_P(x_4) = \begin{cases} 1, & x_4 < p_{min} \\ \dfrac{p_{max} - x_4}{p_{max} - p_{min}}, & p_{min} \leqslant x_4 < p_{max} \\ 0, & x_4 \geqslant p_{max} \end{cases} \quad (4-12)$$

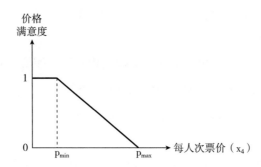

图 4-5　价格满意隶属度函数

在图 4-5 中，p_{min}、p_{max} 分别表示每人次票价的最小值和最大值。当每人次票价小于等于 p_{min} 时，乘客对城市轨道交通票价感到十分满意，此时乘客对价格满意度为 1。当每人次票价高于 p_{max} 时，票价超过了乘客的支付承受能力，此时乘客对票价非常不满意，乘客的价格满意度为 0。

（三）实际票价的确定

计算乘客的价格满意度，除了要确定每人次票价的最小值和最大值外，还得计算当前轨道交通 PPP 项目线路的实际票价。由于票价一经制定在一定年度内会保持不变，其测算方法主要有两种：比值法和内插法。在运用比值法计算时，城市轨道交通实际每人次票价应为当年累计车票收入与当年累计客流量的比值；当测算年度为多个年度时，可以用上述年度的实际每人次票价的平均值来计算。内插法是另外一种实际票价的近似计算方法，在城市轨道交通平均运距及所对应的乘车区间临界票价已知的情况下，可以用内插法计算出平均运距所对应的票价。

现以北京地铁 4 号线为例说明实际票价的两种测算方法：①比值法测算。北京地铁 4 号线 2015 年、2016 年的实际客流量分别为 4.15 亿人次和 4.26 亿人次，所对应的票价收入分别为 76772 万元和 74768 万元，则实际票价为 1.81 元/人次。②内插法测算。北京地铁 4 号线平均运距为 9.1 千米，所对应的计费区间票价临界值为（6，3）和（12，4），括号中前者为里程数，后者为所对应的票价临界值，用内插法可以测算出实际票价为 3.52 元/人次。考虑票价清分率 0.52 的因素（因为 4 号线与其他线路分属北京京港地铁有限公司和北京地铁两家不同的运营公司，所以 4 号线票价收入需要与其他线路分账），因此最终实际票价为 1.83 元/人次，两种计算方式测算结果非常接近。在后面的实证章节中，北京地铁 4 号线的实际票价取 1.83 元/人次。

另外，北京地铁 4 号线当初按照社会资本预期回报率 10% 测算出来的计算票价为 3.34 元/人次；考虑人工、物价等上涨因素，计算得出票价为 3.91 元/人次。在后面的实证章节中，北京地铁 4 号线的计算票价取 3.91 元/人次。

二、乘客对车辆质量性能满意度分析

（一）车辆质量性能变化规律分析

车辆投入运营以后，随着车辆运行时间的增加和运营里程的积累，车辆在自然力的作用下其性能有逐渐老化磨损的趋势，如车体变得陈旧、噪声变大、车辆加减速动力延迟、转向架出现故障等。另外，车辆上的空调、照明、通信、广播等设备都有一定的使用寿命，也需要定期维修或更换，否则会影响乘客的乘车体验，降低乘客的满意度，有些关键部位的质量性能衰减还会影响列车的运行安全。

我国推行轨道交通车辆定期维修制度，依次分为双日检、双周检、季检、年检（定修）、架修、大修（厂修）。各地城市轨道交通检修周期略有不同，但区别不大。其中，上海执行的轨道交通检修计划周期如表 4-11 所示。

表 4-11　上海轨道交通计划检修周期

维修类别	维修级别	停修时间（月）	检修周期
大修更新	大修（厂修）	40.0	12 年
	架修	25.0	6 年

续表

维修类别	维修级别	停修时间（月）	检修周期
日常维修	定修	10.0	1 年
	双月检	2.0	2 月
	双周检	0.5	2 周
	列检	—	每天

资料来源：笔者整理。

从表 4-11 中可以看出，列检、双周检、双月检及定修都属于日常维修，停修时间较短，这些措施在一定程度上能延缓车辆质量性能的衰减速度，但改变不了衰减的趋势。因此，到了一定的年限，通常是 5~6 年，列车的质量性能已接近乘客所要求的车辆性能下限，若再不集中进行大修更新，势必会影响车辆的安全性和稳定性。车辆质量性能评价等级划分如表 4-12 所示。

表 4-12　车辆质量性能评价等级

车辆质量性能	优	良	中	次	差
分值	85~100	70~85	60~70	40~60	0~40

在这里，假定车辆质量性能从 100 分开始衰减，衰减的速度先慢后快，当衰减到乘客所要求的最低质量性能或到了固定的大修更新时（如每 6 年架修，每 12 年厂修），以前一个时间点为准，就需进行相应的大修更新。大修更新后，车辆质量性能又重新恢复到较高的水平，随着车辆的继续使用，新的一轮车辆质量性能衰减又再次开始，直到达到乘客要求的最低质量性能或第二次大修更新的时点，此时又将启动第二轮车辆大修更新，车辆质量性能会再次恢复到较高的水平。城市轨道交通车辆质量性能在整个 PPP 项目特许期内这一循环规律会一直持续到特许期结束为止。

在车辆质量性能循环过程中，有两个因素起着重要作用，一个是车辆质量性能衰减率，另一个是车辆维修质量性能提升率。需要说明的是，更新大修分为架修和厂修两种，一般来说，架修是对车辆重要部件，特别是转向架、电机、电器、空调机组、车钩缓冲装置、制动系统进行分解、清洗、检查、探伤和更新等；厂修是对包括车体在内的各部件和系统进行全面的分解、检查和整修。架修的目的是恢复车辆的性能，而厂修的目的是实现地铁在特许周期内保持性能稳定。因此，厂修比架修使车体性能提升的水平更高。架修和厂修对车辆质量性能的影响如图 4-6 所示。当不采取架修和厂修措施时，车辆质量性能的衰减规律如图 4-6 中曲线 1 所示。从 t_0 时刻开始，车辆质量性能会加速衰减直到 t_1 时刻达到最低车辆性能要求。若在 t_0 时刻采取架修措施，车辆性能变化规律如图 4-6 中曲线 2 所示，衰减至最低车辆性能要求的时间从 t_1 延长到 t_2，即采取架修措施明显延长了车辆性能衰减时间，并且降低了车辆质量性能的衰减率。若在 t_0 时刻采取厂修措施，车辆性能变化规律如图 4-6 中曲线 3 所示，衰减至最低车辆性能要求的时间从 t_1 延长到 t_3，即厂修比架修更加延缓了车辆性能衰减时间，并且降低了衰减率。

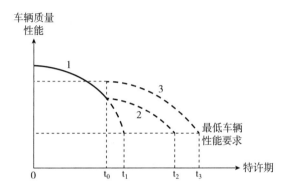

图 4-6　不同修理措施对车辆质量性能的影响

在城市轨道交通车辆全生命周期内，循环交替使用架修和厂修措施，车辆质量性能变化趋势如图 4-7 所示。全新车辆投入使用后，随着自然力的作用，车辆质量性能逐步衰减，当达到修复点 1 时采取架修措施后，能恢复到一个较高的性能水平。随着车辆的继续使用，车辆质量性能会继续衰减，当持续下降到修复点 2 时采取厂修措施，车辆质量性能会重新恢复到一个更高的水平。在整个城市轨道交通 PPP 项目运营期内不断交替使用架修和厂修措施，直到 PPP 项目运营期结束移交给政府为止。

（二）车辆质量性能满意度的确定

乘客对车辆质量性能满意度是乘客对轨道交通车辆的整体性能状况（乘坐舒适、维修保养、安全性能等）的综合评价，是乘客对车辆当前实际性能与期望的车况质量性能对比后的主观感受和判断。

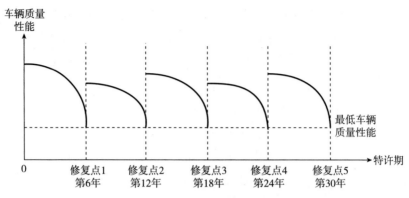

图4-7　特许期内车辆质量性能变化趋势

车辆的质量性能（m_R）主要受两个因素的影响，一个是车辆质量性能衰减率（m_D），另一个是车辆维修质量性能提升率（m_U）。前者降低车辆的质量性能，而后者可以提升车辆的质量性能，设轨道交通车辆的初始质量性能为 m_0（初始车辆质量性能一般设为100），则轨道交通车辆质量性能表达式为：

$$m_R = m_0 - m_D + m_U \tag{4-13}$$

由于车辆维修的时点取决于乘客对车辆性能的最低要求和固定的大修更新时间（每6年架修，每12年厂修），以最先发生的时间为准。不妨以6年架修为例进行说明，当第6年末的车辆质量性能 m_R 大于乘客要求的最低车辆质量性能时，此时即使满足乘客的车辆性能要求，也应该在第6年末启动架修措施；若 m_R 早于6年就衰减到乘客要求的最低车辆质量性能，则应立即启动架修措施，很明显此时的车辆性能恢复时点要早于第一种情况。

乘客对车辆质量性能满意度表达式[①]为：

乘客对车辆质量性能满意度=INTEG（IF THEN ELSE（车辆质量性能≤对车辆质量性能的最低要求，对车辆质量性能的最低要求-车辆质量性能满意度，车辆质量性能-车辆质量性能满意度），100） (4-14)

三、乘客对轨道交通服务水平满意度分析

（一）轨道交通服务水平概述

由前文分析可知，衡量轨道交通服务水平的重要指标是车辆拥挤程度，一般

---

① 胡云鹏，王建平 . 基于多方满意的城市轨道交通 PPP 项目收益调节模型研究［J］. 湘潭大学自然科学学报，2018（5）：95-100.

用满载率来表示。满载率又称"满载系数"，是一定时间内车辆实际乘车人数与车辆额定人数的比值，是反映城市轨道交通服务质量和水平的重要指标。满载率是一个与发车间隔和客流量都密切相关的指标，并且随着时间（运营年度）呈波动变化。由轨道交通运营组织计划理论可知，满载率计算式如下：

$$\eta_t = \frac{Q_t l_t}{F_t bqL} \tag{4-15}$$

其中，η_t 为第 t 年平均满载率，F_t 为第 t 年累计发车次数，与第 t 年平均发车间隔 h_t 成反比；b 为列车编组，q 为每节车厢的列车定员，B 型车列车定员为 240 人，L 为轨道交通线路全长，l_t 为第 t 年平均运距，Q_t 为第 t 年项目的客流量。

由式（4-15）可以看出，满载率与客流量和发车间隔高度有关。在发车间隔不变的情况下，客流量越大，满载率也就越高；在客流量不变的情况下，发车间隔越长，满载率就越高。在轨道交通 PPP 项目漫长的运营期内，由于每一年的客流量和发车间隔都不尽相同，因此每年的满载率也是不同的，随时间呈动态变化。

满载率是一个与列车立席密度紧密联系的指标，当前国内普遍接受的还是《地铁设计规范》（GB50157—2013）中的评价标准，该标准规定，车辆立席按 6 人/平方米、超员按 9 人/平方米考虑。由于不同的车型，其长度、宽度、座席的设置均不同，在这里参考《地铁设计规范》（GB50157—2013），以最常见的 B 型车为例，列表说明站立密度与满载率和列车定员之间的关系，如表 4-13 所示。

表 4-13　B 型车乘客站立密度与满载率的关系

车辆乘员		立席密度和立席定员						
		6 人/平方米	5 人/平方米	4 人/平方米	3 人/平方米	2 人/平方米	1 人/平方米	0 人/平方米
驾驶室车厢	立席/人	194	162	129	97	64	32	0
	合计/人	230	198	165	133	100	68	36
中间车厢	立席/人	204	170	136	102	68	34	0
	合计/人	250	216	182	148	114	0	46
6 辆编组	座席/人	256	256	256	256	256	256	256
	立席/人	1204	1004	802	602	400	200	0
	载客/人	1460	1260	1058	858	656	456	256

续表

车辆乘员	立席密度和立席定员						
	6 人/平方米	5 人/平方米	4 人/平方米	3 人/平方米	2 人/平方米	1 人/平方米	0 人/平方米
座位率（%）	17.5	20.3	24.2	29.8	39.0	56.1	100.0
满载率（%）	100.0	86.3	72.5	58.8	44.9	31.2	17.5

资料来源：《地铁设计规范》。

从表 4-13 中可知，在该 B 型车 6 辆编组的情况下，总座席为 256 人，若乘客恰好都有座位且没有人站立时，所对应的满载率为 17.5%。随着站立的乘客从 0 人逐步增加到 1204 人时（此时每平方米站立的乘客为 6 人），满载率从 17.5% 增加到 100%，这时乘客已经觉得非常拥挤了。

（二）轨道交通服务水平满意度函数

乘客对轨道交通服务水平满意度是乘客对轨道交通服务水平（主要是车辆的满载状况）的综合评价，是乘客对车辆当前实际满载状况与期望的满载状况对比后的主观感受和判断。

随着满载率的提高，站立的人越来越多，乘客也就越感到拥挤。当乘客数量小于车厢座位数时，乘客都有座位，没有乘客站立，此时乘客感到满意，满意度为 1，其所对应的值为满载率的极小值（若为 B 型车，乘客都有座位时所对应的满载率为 17.5%）；当满载率超过一定数值时，车厢将变得过度拥挤，乘客就会感到非常不舒适，此时所对应的满载率为极大值，一般认为满载率的警戒值为 120%[1][2]，超过此值时，乘客感觉非常不满意，满意度为 0。

若以 x_5 表示轨道交通的满载率，用 $f_p(x_5)$ 表示乘客对轨道交通服务水平的满意度，则 $f_p(x_5)$ 是满载率的函数。对于 x_5，可以认为其最小值为 η_{min}，一般取乘客恰好都有座位时的满载率；x_5 最大值用 η_{max} 表示，即 x_5 的取值范围为 $[\eta_{min}, \eta_{max}]$。

城市轨道交通服务水平用满载率来表示，它是一个负向指标，即满载率越高，服务水平越低，可以采用降半梯形分布函数来表示，如图 4-8 所示。

---

① 许得杰，曾俊伟，麻存瑞，等. 考虑满载率均衡性的大小交路列车开行方案优化研究［J］. 交通运输系统工程与信息，2017（6）：185-192.

② 张琛，韩宝明，张琦. 轨道交通机场线快慢车停站方案优化方法［J］. 都市快轨交通，2015（5）：67-70.

$$S_{P3} = f_P(x_5) = \begin{cases} 1, & x_5 < \eta_{min} \\ \dfrac{\eta_{max} - x_5}{\eta_{max} - \eta_{min}}, & \eta_{min} \leqslant x_5 < \eta_{max} \\ 0, & x_5 \geqslant \eta_{max} \end{cases} \quad (4-16)$$

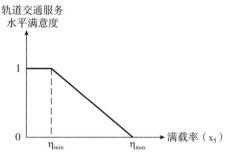

图 4-8　乘客对轨道交通服务水平满意度函数

如图 4-8 所示，η_{min}、η_{max} 分别表示满载率的最小值和最大值。当平均满载率小于等于 η_{min} 时，乘客上车都有座位，感到十分满意，此时乘客对服务水平的满意度为 1。当平均满载率大于 η_{max} 时，超过了乘客忍受拥挤的极限，此时乘客对轨道交通服务水平非常不满意，满意度为 0。

要计算乘客对服务水平满意度，除了需确定满载率的极小值和极大值外，还需计算出城市轨道交通的年平均满载率。如前文所述，满载率主要受客流量及发车间隔的影响，在客流量一定的情况，满载率主要取决于发车间隔。因此，确定满载率的过程就是计算发车间隔的过程。发车间隔的确定，实质上就是一个社会资本方和乘客博弈的过程。社会资本方希望发车间隔长一些，这样就可以减少发车频率，降低运营成本，实现利润最大化；乘客希望发车间隔短一些，从而能缩短等车时间且乘车不那么拥挤。因此，在社会资本和乘客利益间必须寻找一个平衡点，能使双方达成利益一致，这个平衡点即所求的最佳发车间隔。

第六节　基于发车间隔的城市轨道交通服务水平研究

发车间隔对三方满意度至关重要，这是因为：一方面，发车间隔影响轨道交通满载率，从而影响乘客对服务水平的满意度，继而间接影响到政府的满意度；

另一方面，发车间隔影响社会资本的车公里成本和内部收益率，进而影响社会资本的满意度。因此，发车间隔的确定对计算城市轨道交通 PPP 项目三方满意度至关重要。

最佳发车间隔的求解过程其实就是一个多目标优化的问题。这一节主要是通过构建社会资本和乘客的多目标模型求解年均最优发车间隔（该发车间隔在特许运营期内每年都不尽相同，整体上随着客流量的增加呈变短的趋势）。下面主要从发车间隔的多目标优化模型的构建思路及假设、模型的建立、模型的粒子群算法求解三个方面来阐述。

一、模型的构建思路及假设

尽管学者们对发车间隔优化进行了大量的研究[1][2][3][4]，但一般都是在某一个特定年度内，假定年客流量不变的情况下，通过构建多目标优化模型求解发车间隔的最优值。本书将突破这个限制，将整个轨道交通 PPP 项目运营期作为研究对象，假定运营期内每一年都有一个最佳发车间隔，并且这些最佳发车间隔都不尽相等，但整体上呈逐步递减的趋势。本书力求通过在乘客广义出行成本最小和社会资本运营期内总成本最小之间寻求最优发车间隔。

轨道交通在实际运行中，外部环境较为复杂，乘客的乘车行为也较为随机。因此，在构建发车间隔的多目标优化模型时，需对实际情况适当简化处理，本模型做以下假设：

（1）假定实际客流量在整个运营期内能较好地被预测，并且客流量的变化趋势在整个运营期内呈现三个明显特征，即客流快速增长期、客流慢速增长期和客流平稳期，这个假设也符合交通类基础设施客流量增长规律。

（2）运营期内每一个年度都有一个最佳发车间隔，该发车间隔是所属年度发车间隔的平均值，同一个年度内的发车间隔相等，不同年度的发车间隔不尽相等，随着客流量的增加，发车间隔整体上呈逐步变短趋势。

① 林震，杨浩.城市轨道交通发车间距优化模型探讨 [J].土木工程学报，2003（1）：1-5.

② 王雪梅.城市轨道交通列车发车间隔优化研究 [J].公路交通科技（应用技术版），2015（4）：273-275.

③ 刘涛，徐瑞华.基于行车间隔协调调整的换乘站大客流处置 [J].城市轨道交通研究，2014（2）：50-53.

④ 朱宇婷，郭继孚，余柳，等.考虑拥挤的轨道交通网络时刻表协调优化建模 [J].交通运输系统工程与信息，2017（6）：171-177.

（3）轨道交通每天运营时间为 05：30~22：30，共 17 个小时。

（4）轨道交通车辆匀速行驶，运行速度为平均值，已考虑停站加减速因素。

（5）轨道交通线路配车数量能满足发车的需要。

（6）轨道交通客流量的平均运距在特许期内保持不变。

（7）假定客流量在每个年度内分布较均匀。

二、模型的建立

（一）社会资本决策目标

社会资本决策目标是整个特许期内总成本最小。对于社会资本而言，其参与 PPP 项目主要是为了获得持续而稳定的长期收益，并且尽可能使利润最大。在轨道交通项目运营收入既定的情况下，其利润最大化可以转化为运营期内总成本最小化的问题，社会资本的目标如下：

$$\min Z_E = \sum_{t=1}^{T} \frac{C_F + F_t bLC_V}{(1+r)^t} \qquad (4-17)$$

式（4-17）中，Z_E 为社会资本在特许期的总成本；C_F 为固定成本，C_V 为车公里变动成本，F_t 为第 t 年累计发车次数，b 为列车编组，L 为轨道交通线路全长，单位为千米；$F_t bL$ 为列车年累计车公里数；T 为特许经营期，单位为年；r 为项目基准折现率。

（二）乘客决策目标

乘客决策目标是整个特许期内广义出行成本最小。由广义出行成本[1][2][3][4]可知，乘客的广义出行成本除了票价外，还包括候车时间成本、换乘时间成本及列车拥挤成本。由于本书仅以单条线路的运营为研究对象，不考虑线路间的换乘。因此，在本书乘客广义出行成本构建中，仅考虑乘客的候车时间成本和拥挤感知成本。乘客的目标函数是广义出行成本最小，公式如下：

$$\min Z_P = (\omega_1 \mu W_t + \omega_2 \delta) Q_t \qquad (4-18)$$

[1] 吴奇兵，陈峰，高永鑫，等．城市轨道交通车厢立席密度计算模型［J］．交通运输工程学报，2015（4）：101-109.

[2] 陈胜波，何世伟，何必胜．客流波动条件下城市轨道交通列车开行方案研究［J］．城市轨道交通研究，2013（10）：53-58.

[3] 伍拾煤，裴玉龙，程国柱．基于动态广义费用的轨道交通客流划分模型研究［J］．城市轨道交通研究，2014（4）：23-27.

[4] 杨超，杨耀．城市轨道交通诱增客流量预测分析［J］．城市轨道交通研究，2006（4）：31-33.

式（4-18）中，Z_P 表示乘客的广义出行成本；μ 为乘客单位候车时间价值，单位为元/时；W_t 为第 t 年乘客候车时间，单位为小时；δ 为拥挤度惩罚系数；ω_1、ω_2 为候车时间成本与车辆拥挤成本的权重；Q_t 为第 t 年轨道交通的客流量。

在上述社会资本和乘客的目标函数中，为了使公式简化，有些表达式没有展开。其中，F_t 和 W_t 展开后的表达式如下：

$$F_t = 2 \times 365 \times H \times \frac{60}{h_t} \tag{4-19}$$

式（4-19）中，F_t 为第 t 年累计发车次数；H 为每天列车的运营时间，一般取 17 个小时，即运营时间为 05：30~22：30；h_t 为第 t 年平均发车间隔，单位为分钟。

$$W_t = \frac{h_t}{2 \times 60} \tag{4-20}$$

式（4-20）中，W_t 为第 t 年乘客候车时间，$t \in [1, T]$；h_t 为第 t 年平均发车间隔，单位为分钟；候车时间一般为平均发车间隔的 1/2。

（三）模型约束条件

实质上，满载率属于一个区间型指标，较低的满载率可以使乘客舒适度变高，但若太低又会导致列车运能的浪费，因此需要在乘客出行成本和列车运能间寻求平衡。式（4-21）中设置了一个惩罚系数 δ，使 δ 足够大，以充分反映不同的满载率给乘客出行成本带来的影响，其表达式如下：

$$\eta_t = \frac{Q_t l_t}{F_t b q L} \tag{4-15}$$

$$\delta = \begin{cases} \delta_1, & 0.5 < \eta_t \leqslant 0.7 \\ \delta_2, & 0.7 < \eta_t \leqslant 1.0 \\ \delta_3, & 1.0 < \eta_t \leqslant 1.2 \end{cases} \tag{4-21}$$

式（4-15）和式（4-21）中，η_t 为第 t 年平均满载率，δ 为拥挤度惩罚系数，δ_1、δ_2、δ_3 为 η_t 处于不同区间而给予不同的拥挤度惩罚系数。

除了有惩罚系数的约束外，满载率和发车间隔也有相应的约束，如下：

$$0.5 \leqslant \eta_t \leqslant 1.2 \tag{4-22}$$

式（4-22）中，一般认为满载率 η_t 最大不能超过 1.2①，此时每平方米站立

---

① 谢英豪，江志彬，徐瑞华. 城市轨道交通断面客流数据可视化分析及优化 [J]. 城市轨道交通研究，2017（1）：69-74.

8~9 人，乘客会明显感觉到非常拥挤且不舒服。

$$h_{min} \leqslant h_t \leqslant h_{max} \tag{4-23}$$

$$h_t \geqslant h_{t+1} \tag{4-24}$$

式（4-23）表示发车间隔的约束；式（4-24）表示每年的发车间隔不尽相同，整体上呈逐年变短的趋势。

（四）最终模型的确定

对社会资本的总成本和乘客的广义出行成本分别赋权重 ρ_1 和 ρ_2，这样就将社会资本总成本最小和乘客广义出行成本最小加权平均得到一个总的关于发车间隔的函数，最终的模型如下：

$$minZ = \rho_1 Z_E + \rho_2 Z_P = \rho_1 \sum_{t=1}^{T} \frac{C_F + F_t bLC_V}{(1+r)^t} + \rho_2(\omega_1 \mu W_t + \omega_2 \delta)Q_t \tag{4-25}$$

$$s.t. \begin{cases} \eta_t = \dfrac{Q_t l_t}{F_t bqL} \\ \begin{cases} \delta_1 & 0.5 < \eta_t \leqslant 0.7 \\ \delta_2 & 0.7 < \eta_t \leqslant 1.0 \\ \delta_3 & 1.0 < \eta_t \leqslant 1.2 \end{cases} \\ 0.5 \leqslant \eta_t \leqslant 1.2 \\ h_{min} \leqslant h_t \leqslant h_{max} \\ h_t \geqslant h_{t+1} \end{cases} \tag{4-26}$$

三、模型的求解

（一）粒子群算法的基本原理

本模型中发车间隔优化是一个非线性规划求解问题，需用智能算法求解。由于粒子群算法有着启发性强、收敛速度快、编程易于实现的特点，应用较为广泛，本书采用粒子群算法对上述模型求解。

粒子群算法主要是受鸟群觅食的启发，将每只鸟看成一个粒子，它们都会根据自己的觅食经验和同伴的觅食信息不断地调整自己的飞行方向和速度，以确保调整后都能正确地向"食物"的位置飞行，从而使自己每次调整后都会离食物的位置越来越近，直到找到食物。

在轨道交通 PPP 项目发车间隔优化中，每一个发车间隔可看作是一个个粒子，粒子群算法是通过设置发车间隔迭代的次数和步长实现的。每个发车间隔寻优的过程都会追随两个学习样本来不断更新自己：一个学习样本是自身，即当前最优发车间隔；另一个学习样本是群体样本，即所有可行的发车间隔的最优解。发车间隔寻优追随学习样本的过程为：

$$v_i = wv_{i-1} + c_1 r_1 (p_i - x_i) + c_2 r_2 (p_g - x_i) \qquad (4-27)$$

$$x_i = x_{i-1} + v_i \qquad (4-28)$$

v_i 为本次发车间隔寻优的迭代步长；v_{i-1} 为前一次发车间隔寻优的迭代步长；r_1、$r_2 \in [0, 1]$，为随机数；c_1、c_2 为发车间隔寻优学习样本的因子，一般都为 2；p_i 为单个粒子搜索到的最优位置；p_g 为整个粒子群搜索到的最优位置；x_i 为发车间隔；w 为前后两次发车间隔迭代步长的惯性权重，即 w 值越大，发车间隔全局寻优能力越强，w 值越小，发车间隔局部寻优能力越弱。w 的取值[①]如下：

$$w = w_{max} - \frac{(w_{max} - w_{min}) \times d}{D} \qquad (4-29)$$

式（4-29）中 w_{max}、w_{min} 为最大、最小惯性权重，一般 $w_{max} = 0.9$，$w_{min} = 0.4$；d 为当前寻优迭代次数，D 为最大寻优迭代次数。

（二）粒子群算法运行步骤

发车间隔的粒子群算法运行步骤如下：

（1）初始化操作。为了得到更好的寻优结果，尽可能设置较大的迭代次数，本书将迭代次数设置为4000。在模型求解初始，需设置发车间隔的初始解和迭代步长等一系列参数，并且将初始解作为局部最优解。根据目标函数计算每个发车间隔的适应度函数值，将最小的那个作为全局的最优解。

（2）更新。根据式（4-27）和式（4-28），不断对发车间隔当前解及迭代步长进行更新。

（3）判断。对第二步更新后的发车间隔适应度函数值进行判断，一般来说，适应度函数值小的发车间隔更优。将当前发车间隔的适应度函数值与局部最优解的适应度函数值进行比较，如果当前解的适应度值小，则用当前发车间隔替代局部最优解；然后将局部最优解与整体最优解进行比较，如果有比整体最优解更小的极值存在，则将该局部最优解作为最新的全局最优解。

---

① 陈贵敏，贾建援，韩琪. 粒子群优化算法的惯性权值递减策略研究 [J]. 西安交通大学学报，2006（1）：53-56.

（4）检查收敛条件。重复步骤二和步骤三，检查迭代次数是否达到最大值，如果是就输出结果，若不是继续循环步骤二和步骤三，直至达到最大迭代次数为止。

（5）结果输出。将最佳适应度值所对应的发车间隔作为全局最优解，粒子群算法流程如图 4-9 所示。

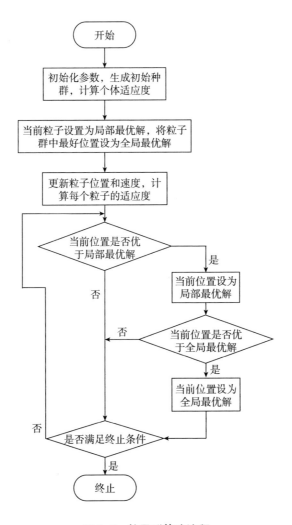

图 4-9　粒子群算法流程

本书采用 Matlab 2016a 软件进行求解，得到的年均发车间隔是一个随运营年度（时间）变化的动态值，在系统动力学建模中用表函数来表示发车间隔和运营年度的关系。发车间隔是一个非常重要的变量，这是因为一方面通过发车间隔可以计算满载率，继而可以确定乘客对轨道交通服务水平的满意度；另一方面通过发车间隔可以计算车公里数，从而可以确定城市轨道交通项目的年运营成本。

第七节　本章小结

以城市轨道交通 PPP 项目利益相关者的基本利益诉求为基础，构建了利益相关者满意度评价指标体系。通过专家打分，采用 1~9 标度的 AHP 层次分析法确定满意度评价指标的权重；在满意度评价指标量化方面，用补贴、实际客流量与预期客流量的比值分别表示政府对补贴及对社会效益的满意度；用内部收益率表示社会资本满意度；用票价、车辆质量性能和满载率分别表示乘客对价格、车辆质量性能及轨道交通服务水平的满意度，并且以各测度的最大值和最小值为基准，构建梯形隶属度函数对各评价指标进行量化。利益相关者满意度评价指标体系的建立为满意度的定量评价提供了理论依据，也为构建基于系统动力学的利益相关者满意度动态仿真与评价奠定了基础。

第五章　基于系统动力学的城市轨道交通 PPP 项目利益相关者满意度仿真研究

第四章建立了满意度评价指标体系，并且分别对三方满意度指标进行了量化。然而，该满意度量化模型只是一个静态的分析工具，各利益相关者满意度间尚未建立彼此的联系。因此，本章首先分析城市轨道交通 PPP 项目利益相关者满意度与利益诉求之间及不同利益相关者满意度间的因果关系，并且将风险和利益调整机制引入模型中，探寻利益相关者、满意度、风险和利益调整机制之间的有机联系。在分析得到利益相关者满意度流图的基础上，通过确定各变量间的数学函数关系，构建基于系统动力学的利益相关者满意度仿真模型，实现对利益相关者满意度的动态模拟与评价。

第一节　PPP 项目利益相关者满意度因果关系分析

一、利益相关者满意度子系统因果关系分析

下面分别从政府、社会资本和乘客三个子系统分析满意度与利益诉求的关系。

（一）政府满意度子系统因果关系分析

由第四章利益相关者满意度分析框架可知，政府的基本利益诉求是较少的政府补贴和良好的社会效益，并且要求城市轨道交通 PPP 项目能满足乘客的需求。

其中，政府补贴与政府满意度之间存在负相关关系，而社会效益和乘客满意度都与政府满意度之间存在正相关关系。政府提供给城市轨道交通 PPP 项目的补贴越多，政府的财政压力就越大，政府的满意度也就越低；城市轨道交通 PPP 项目的社会效益越显著，乘客就越满意，政府的满意度也就越高。政府的子系统满意度因果关系如图 5-1 所示。

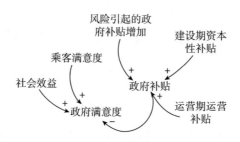

图 5-1　政府子系统满意度因果关系

另外，在城市轨道交通 PPP 项目中，政府补贴可分为建设期资本性补贴和运营期运营补贴。其中，建设期资本性补贴指对项目建设阶段投资的补贴，运营补贴指对项目运营期运营亏损的补贴。[①] 例如，北京地铁 4 号线，政府提供了建设期资本性补贴，约占项目总投资的 70%[②]；政府为了弥补政策性定价与根据社会资本回报率测算的计算票价间的差额，提供了每年 4 亿~6 亿元运营期运营补贴。除了这两部分补贴外，由于人工、燃料动力成本的上涨及利率、汇率的变动引起的整个运营成本上涨的风险也会使政府提高相应的补贴（归纳为风险引起的政府补贴增加，下同）。

（二）社会资本满意度子系统因果关系分析

由第四章利益相关者满意度分析框架可知，社会资本的基本利益诉求是获得预期的项目收益。由第四章项目净收益的构成可知，项目净收益为项目总收入和项目总成本之间的差额，并且项目的净收益与社会资本满意度呈正相关关系。

社会资本的项目总成本由建设投资自筹部分、运营成本及还本付息三部分费

---

　　① 　张智慧，张剑寒 . 城市轨道交通 PPP 项目运营补贴测算［J］. 清华大学学报（自然科学版），2016（12）：1327-1332.

　　② 　李沫萱，张佳仪 . 北京地铁四号线的产权关系及其经营模式分析［J］. 北京交通大学学报（社会科学版），2010（2）：58-61.

用构成。在考虑风险因素的作用下，运营成本又可以细分为因社会资本分担的风险费用引起的运营成本增加及提升轨道交通服务水平导致车公里数增加而产生的运营成本增加。从因果关系来看，建设投资自筹部分、社会资本承担的风险费用、轨道交通服务水平及还本付息都与社会资本满意度呈负相关关系；政府补贴和运营收入都与社会资本满意度呈正相关关系。需要说明的是，轨道交通服务水平的提高，意味着车公里数的增加，从而增加了项目总成本，但是成本的增加会使政府提高补贴，降低了政府满意度。由此构建的社会资本满意度因果关系如图5-2所示。

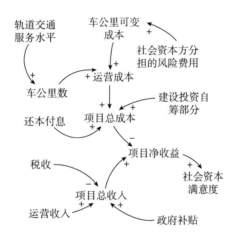

图5-2 社会资本子系统满意度因果关系

（二）乘客满意度子系统因果关系分析

由第四章利益相关者满意度分析框架可知，乘客满意度主要受车票价格、车辆质量性能和轨道交通服务水平的影响。其中，车票价格与乘客满意度呈负相关关系，而车辆质量性能和轨道交通服务水平与乘客满意度呈正相关关系。车票价格越高，乘客满意度就越低；车辆质量性能越好、服务水平越高，乘客满意度就越高。另外，乘客满意度的提高会使其更加倾向于选择乘坐城市轨道交通出行，因而客流量会增加，即乘客满意度与客流量呈正相关关系。乘客满意度与其利益诉求间的关系如图5-3所示。另外，由第四章相关内容可知，轨道交通服务水平主要表现在满载率指标方面。发车间隔越短，在客流量不变的情况下，车辆的满载率会越低，乘客的乘车环境越舒适，轨道交通服务水平就越高，乘客的满意度也就越高。

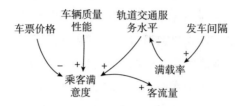

图 5-3　乘客子系统满意度因果关系

二、城市轨道交通 PPP 项目利益相关者利益冲突分析

在逐个分析政府、社会资本及乘客满意度子系统内部利益诉求之间因果关系的基础上，现将上述三个子系统满意度的因果关系图整合成整个利益相关者满意度的因果关系图，如图 5-4 所示。

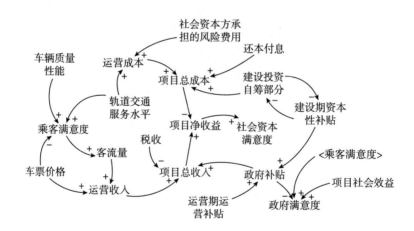

图 5-4　利益相关者满意度因果关系

（一）政府和社会资本之间的利益冲突分析

（1）政府期望能减少财政补贴，减轻政府财政压力，具体到城市轨道交通 PPP 项目中表现为两个方面：一是期望能减少建设期资本性补贴，二是尽可能减少运营期运营补贴。前者会增加社会资本建设投资自筹资金的投入，后者会减少项目总收入，两者都会降低社会资本满意度。

（2）由前文城市轨道交通 PPP 项目收益风险可知，通货膨胀、利率、汇率、客流量等风险一般由政府和社会资本共同来分担。政府希望承担较小的风险比例，而将大部分风险转移给社会资本方来承担，使社会资本方承担的风险费用增加，提高了项目总成本，减少了项目净收益，从而降低了社会资本满意度。

（3）政府作为公共利益的维护者，会要求社会资本方将城市轨道交通服务水平维持在一个较高的水平上，如规定合适的发车间隔，甚至要求进一步缩短发车间隔，提高服务水平，增加了项目总成本，减少了项目净收益，从而降低了社会资本满意度。

（二）社会资本和乘客之间的利益冲突

分析社会资本满意度和乘客满意度的关系，发现它们之间的因果关系如图 5-5 所示。

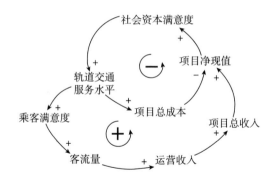

图 5-5 以轨道交通服务水平为中心的反馈回路

（1）负反馈回路：轨道交通服务水平（+）——→项目总成本（+）——→项目净现值（-）——→社会资本满意度（+）——→轨道交通服务水平（+）。

（2）正反馈回路：轨道交通服务水平（+）——→乘客满意度（+）——→客流量（+）——→运营收入（+）——→项目总收入（+）——→项目净现值（+）——→社会资本满意度（+）——→轨道交通服务水平（+）。

在上述两条反馈回路中，轨道交通服务水平的提高带来的项目总成本的增加要比其带来的乘客满意度提高继而项目总收入的增加更直接也更明显。因此，轨道交通服务水平的提高会提升乘客满意度，但同时会降低社会资本满意度，需要寻找一个轨道交通服务水平使乘客和社会资本满意度达到均衡。

同理，从图 5-4 中可以看出，提高车票价格会降低乘客的满意度，但同时会增加项目的总收入，继而增加项目的净收益，从而提高社会资本满意度。

（三）政府和乘客间的利益冲突

由第四章 PPP 项目利益相关者满意度的分析框架可知，乘客满意度是政府满意度的一部分，原则上，两者之间的利益是一致的。但也存在一种情形，即客流量的增加，会增加项目的社会效益从而提高政府满意度，在轨道交通服务水平不变的情况下，客流量的增加会提高车辆的满载率，使乘客觉得拥挤，从而降低乘客满意度，不过这种情形会随着发车间隔的调整和服务水平的提高得到改善。因此，总体来说，政府和乘客的利益是一致的。

从以上分析可知城市轨道交通 PPP 项目各个利益相关者之间的利益诉求既相互联系又相互冲突，存在着紧密的联系。

三、考虑风险的利益相关者满意度因果关系

根据城市轨道交通收益风险理论，城市轨道交通 PPP 项目运营阶段风险发生的后果大致可以划分为两大类：一类是风险的发生导致项目成本增加，如通货膨胀导致人工成本的上涨，汇率变动造成进口设备价款的提高，利率的变动导致还款付息的增多，政府要求提高轨道交通服务水平导致运营成本的增加；另一类是风险的发生会导致收益的减少，如实际客流量达不到预期客流量、票价过低或调价不及时、竞争性项目的出现等，都会导致项目收益的下降。

运营期主要风险的发生都会不同程度地降低各方的满意度，并且使整个 PPP 项目合作关系变得不稳定。例如，通货膨胀等成本超支风险的发生，在政府和社会资本按比例共担风险的情况下，一方面，增加社会资本方承担的风险费用，继而增加项目的总成本减少项目的净收益，从而使社会资本满意度降低；另一方面，该风险的发生也会增加政府方承担的风险费用，引起政府补贴的增加，使政府满意度降低。再如，客流量不足风险的发生，一方面，引起政府补贴的增加；另一方面，降低项目的社会效益，这些都会降低政府满意度；同时该风险若得不到政府及时的补贴，会进一步减少项目的净收益，降低社会资本满意度。因此，在利益得不到及时调整的情况下，社会资本为了弥补收益的不足可能会选择降低轨道交通服务水平，这无疑会进一步导致政府和乘客的不满，从而使整个系统的满意度水平持续降低，进一步恶化利益相关者的关系，降低城市轨道交通 PPP 项目的合作质量。

因此，在图5-4利益相关者满意度因果关系的基础上考虑客流量风险和通货膨胀等成本超支风险后的利益相关者满意度因果关系如图5-6所示。

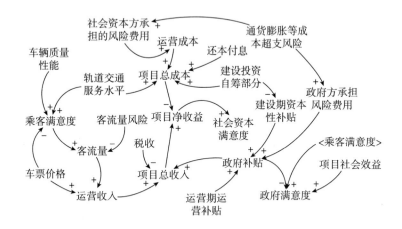

图5-6　考虑风险的利益相关者满意度因果关系

四、考虑利益调整的利益相关者满意度的因果关系

现在考虑将利益调整机制引入系统，当利益相关者之间的满意度处于不均衡或持续降低的状态时，就需要采取适当的利益调整机制改善各方满意度水平，从而提高城市轨道交通PPP项目合作质量。本书主要分析采取调价和补贴两个利益调整机制来改善风险给系统造成的不均衡状态。当社会资本满意度较低时，可通过调高价格增加项目的收入从而达到增加社会资本满意度的目的，但同时调高价格会降低乘客满意度；社会资本满意度较低时，还可通过调整（增加）补贴来提高项目收益从而增加社会资本满意度，但同时会直接降低政府满意度，如图5-7所示。

观察图5-7可以发现，当加入调价和补贴措施后，系统分别以调价和补贴为中心形成了两个反馈回路，分别如图5-8和图5-9所示。

图5-8展示了一个以调价为中心的反馈系统，该反馈系统中存在一正一负两个反馈回路。

（1）负反馈回路：社会资本满意度（+）——→车票价格（+）——→乘客满意度（-）——→客流量（+）——→运营收入（+）——→项目总收入（+）——→项目净

收益（+）——社会资本满意度（+）。由负反馈回路可知，当社会资本满意度降低时，选择调价提高车票价格会进一步导致社会资本满意度的降低，这是一个不稳定的系统。

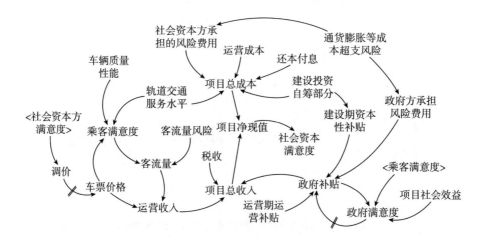

图 5-7　引入调整机制的利益相关者满意度因果关系

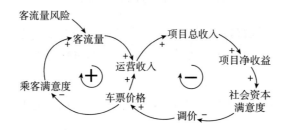

图 5-8　以调价为中心的反馈回路

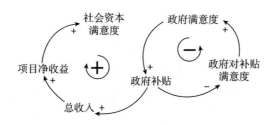

图 5-9　以补贴为中心的反馈回路

· 136 ·

（2）正反馈回路：社会资本满意度（-）——车票价格（+）——运营收入（+）——项目总收入（+）——项目净收益（+）——社会资本满意度（+）。该反馈回路是一个稳定的系统。

图 5-9 展示了一个以补贴调整为中心的反馈回路，该反馈回路为一个负反馈回路和一个正反馈回路，正反馈回路：政府满意度（+）——政府补贴（+）——总收入（+）——项目净收益（+）——社会资本满意度（+）。该调整路径显示，当政府满意度较高而社会资本满意度较低时，增加对 PPP 项目的政府补贴，可以增加项目的总收入继而增加项目的净收益，提高社会资本满意度。同时由于负反馈回路的存在，即政府满意度（+）——政府补贴（+）——政府对补贴满意度（-）——政府满意度（+），使政府自身满意度降低，这样就在政府和社会资本之间达到了均衡。

第二节　PPP 项目核心利益相关者满意度流图构建

因果关系图是一种定性的描述方式，仅反映了系统内各变量间的相互关系，但还不能准确地表达变量间相互作用的机制。为了进一步明确系统内各变量间的数量关系，需引入水平变量、速率变量及辅助变量等因素，构建系统动力学流图，探寻变量间的函数关系，以期能完整地描述系统中各元素相互作用的机制。

另外，前文为了分析的方便，在构建因果关系图时只选择了一些关键性变量，为了更清楚地展示系统的全貌，在构建系统动力学流图时需增加一些辅助变量加以完善。

一、政府满意度流图

（一）政府满意度原因树分析及流图绘制

政府满意度主要受政府对补贴满意度、政府对社会效益满意度及乘客满意度三个因素的影响，其原因树分析如图 5-10 所示。

其中，政府对补贴满意度取决于政府在城市轨道交通 PPP 项目中期望的补贴和实际发生的补贴相比较的结果，可用政府补贴实际值与补贴的最大值和最小值的隶属度函数进行计算。政府补贴实际发生值包括建设期资本性补贴、运营期运营补贴和因风险引起的政府补贴。政府对补贴满意度原因树分析如图 5-11 所示。

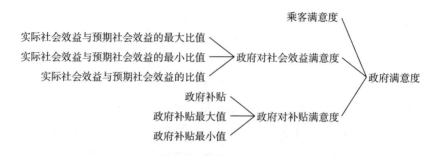

图 5-10   政府满意度原因树分析

图 5-11   政府对补贴满意度原因树分析

政府对社会效益满意度取决于项目实际社会效益与预期社会效益的比值与其相应的最大比值和最小比值相比较的结果，政府对社会效益满意度原因树分析如图 5-12 所示。

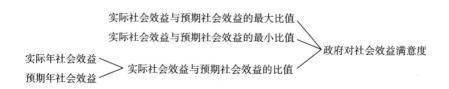

图 5-12   政府对社会效益满意度原因树分析

（二）政府满意度流图绘制

综合以上政府满意度原因树的分析构建政府满意度流图，如图 5-13 所示。

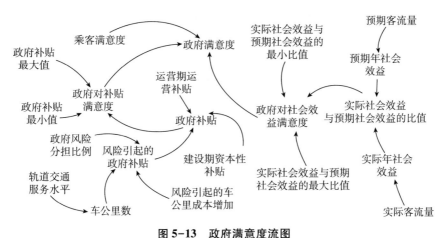

图 5-13　政府满意度流图

二、社会资本满意度流图

社会资本满意度取决于社会资本实际的收益水平（内部收益率）和项目合理回报率的上限与下限相比较的感知，社会资本满意度原因树分析如图 5-14 所示。

图 5-14　社会资本满意度原因树分析

如前义所述，城市轨道交通 PPP 项目社会资本利益诉求为预期的项目收益，一般用内部收益率来表示。可将社会资本的实际内部收益率与合理的回报率的上下限比较后，用隶属度函数进行计算，见上文社会资本满意度的确定。社会资本满意度流图由项目收入系统动力学流图和项目支出系统动力学流图两个子系统构成，如图 5-15、图 5-16 所示。整个社会资本满意度流图如图 5-17 所示。

三、乘客满意度流图

乘客满意度主要受价格满意度、车辆质量性能满意度和服务水平满意度三个因素的影响，其原因树分析如图 5-18 所示，乘客满意度系统动力学流图如图 5-19 所示。

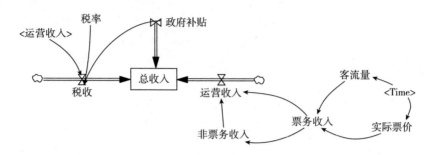

图 5-15　项目收入系统动力学流图

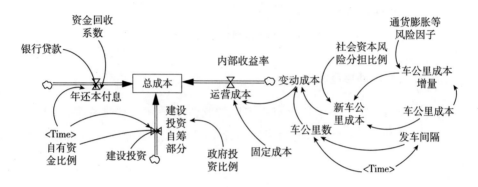

图 5-16　项目支出系统动力学流图

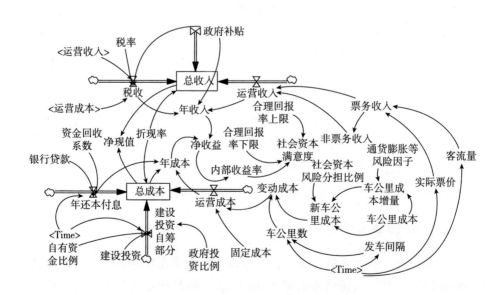

图 5-17　社会资本满意度系统动力学流图

图 5-18　乘客满意度原因树分析

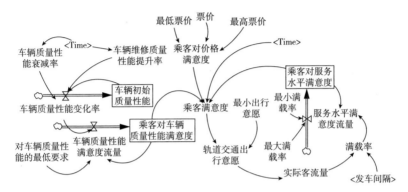

图 5-19　乘客满意度系统动力学流图

四、城市轨道交通 PPP 项目系统满意度流图

在分析城市轨道交通 PPP 项目政府、社会资本和乘客的原因树及流图后，可以将上述各个子系统的流图加以整合，形成包括政府、社会资本及乘客的整个城市轨道交通 PPP 项目系统动力学流图，如图 5-20 所示。

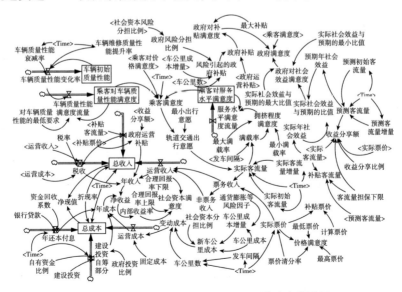

图 5-20　城市轨道交通 PPP 项目系统动力学流图

第三节　系统动力学模型构建

一、系统动力学建模步骤

系统动力学建模的过程实质是人们观察世界、认识世界，从现实世界中获取反馈信息，在头脑中经过科学加工并借助仿真软件运行模拟得到新的政策方案，从而用来解决实际问题的过程。具体的系统动力学建模步骤可分为五个部分：

（1）明确建模目的。系统动力学建模应以问题为导向，在建模前，首先要明确拟解决的科学问题，该问题受哪些因素或变量的影响，这些因素间的关系如何，并且明确系统的边界。

（2）结构分析。分析系统的内部结构，划分系统内部模块，确定各个因素间的内生互动关系，分析因素间的反馈回路及耦合关系，明确系统中哪些是水平变量，哪些是速率变量，哪些是辅助变量，并且构建整个系统的流图。

（3）模型构建。这一过程主要是确定模型参数，明确函数类型，并且构建变量间函数方程式，从而建立起变量和变量间的数学联系，为系统动力学的仿真模拟奠定基础。

（4）模型模拟与改进。系统动力学模型建好后，需要对模型进行相关测试检验。系统动力学的测试类型很多，量纲一致性测试、极端性测试及敏感性分析是常见的测试类型。如果测试效果不太理想，需要重新返回到上一步修改变量间函数关系并再次进行测试直到通过测试检验。

（5）模型评估检验。系统动力学模型经测试检验通过后，可以改变模型中的参数、灵敏度及初始化条件等，重新运行系统动力学模型，对比分析模拟的结果，并且对相应的调整措施进行政策性评估，为管理者制定措施、进行科学决策提供依据。这一过程就如同对飞行器进行各种平衡、碰撞检测一样，被称为社会科学决策中的"政策实验室"。

上述系统动力学建模步骤如图5-21所示。

需要明确的是，系统动力学模型只是在预设的研究条件下，运用一定的知识和方法，对现实世界进行一次仿真模拟。然而任何模型都不是完美的，都不可避免地带有对现实系统的简化和抽象。因此，系统动力学模型与其他任何模型一样，只能较为有效地解决所研究的问题。系统动力学仿真效果与实际系统的关系如图 5-22 所示。

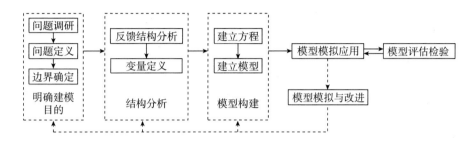

图 5-21　系统动力学建模步骤

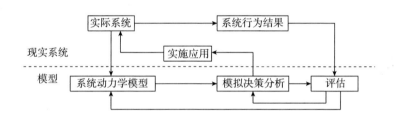

图 5-22　系统动力学仿真效果与实际系统的关系

二、系统变量定义

考虑到构建数学方程式的需要，本书基于城市轨道交通 PPP 项目核心利益相关者满意度因果关系图和流图的基础上，根据各个因素在系统内的影响途径和作用特点，明确各个变量的类型，构建城市轨道交通 PPP 项目满意度系统动力学模型变量集。

本书构建的城市轨道交通 PPP 项目满意度的模型变量主要包括：①存量，也称状态变量，表示系统积累的变量，是某个时间段内输入与输出流速之差与时间间隔的乘积；②流量，也称速率变量，用来描述系统内积累效应变化快慢的变量；③辅助变量，是状态变量和速率变量之间传递信息的中间变量；④常量，是研究过程中变化甚微或相对不变的量。本书构建的城市轨道交通 PPP 项目满意度系统动力学模型中共有 71 个变量，其中 5 个状态变量，9 个速率变量，33 个辅助变量及 24 个常量，如表 5-1 所示。

表 5-1　轨道交通 PPP 项目利益相关者满意度系统动力学模型变量集

变量	变量代码	变量名称	变量含义
状态变量	TR	总收入	由票务收入、非票务收入和补贴三者之和构成
	TC	总成本	由建设成本、运营成本及税金构成
	m_0	车辆初始质量性能	每一年度年初的车辆质量性能值
	S_{P3}	乘客对服务水平满意度	乘客对服务水平的感知
	S_{P2}	乘客对车辆质量性能满意度	乘客对车辆质量性能的预期和实际乘车体验对比后的感受
速率变量	R_O	运营收入	由车票收入和非票务收入两部分构成
	B	政府补贴	由票价补贴和客流量补贴两部分构成
	T_{ax}	税收	对轨道交通征收的营业税和所得税
	C_O	运营成本	由固定成本和车公里成本构成
	C_R	年还本付息	建设期贷款在运营期内等额还本付息
	I_O	建设投资中自筹部分	社会资本建设阶段投入的自有资金
	m_R	车辆质量性能变化率	车辆质量维修提升率与车辆质量衰减率之差
	FS_{P2}	车辆质量性能满意度流量	前后年度车辆质量性能的增加量或减少量
	FS_{P3}	服务水平满意度流量	前后年度服务水平的增加量或减少量
辅助变量	h_t	发车间隔	前后两次列车驶离同一站点的时间差
	K_V	车公里数（年）	一个年度内列车行驶的公里数之和，与发车间隔、运营时间及线路长度有关
	C_v	单位车公里可变成本	列车行驶一公里的单位变动成本
	P_0	实际票价	实际向乘客收取的票价
	R_1	票务收入	累计客流量和实际票价的乘积
	R_2	非票务收入	沿线广告、物业、通信等非票务收入
	ΔQ_t^R	实际客流量增量	实际客流量随年度的变化值
	Q_t^R	实际客流量	与项目可行性研究报告中预测客流量相对的一个概念，是实际客流量
	ΔQ_t^E	预测客流量增量	项目可行性研究报告中预测的客流量随年度的变化值
	Q_t^E	预测客流量	项目可行性研究报告中预测的客流量
	P_B	补贴票价	计算票价与实际票价两者之差
	E_{DL}	经济发展水平	用可支配收入中交通费用增长速度来反映

续表

变量	变量代码	变量名称	变量含义
辅助变量	Q_B	补贴客流量	实际客流量达不到预期客流量担保下限给予的补偿
	B_Q	客流量补贴额	补贴客流量与实际票价的乘积
	R_3	收益分享额	政府因客流量超过担保上限而分享的部分超额收益
	R_s^R	实际年社会效益	城市轨道交通 PPP 项目投入运营后实际社会效益值
	R_s^E	预期年社会效益	原项目可行性研究报告中预测的社会效益值
	τ_0	最小出行意愿	乘客出行中选择乘坐轨道交通的最小比例
	τ	轨道交通出行意愿	乘客出行中选择乘坐轨道交通的比例
	η	满载率	列车实际载客量与列车定员的比值
	m_U	车辆维修质量性能提升率	维修后质量性能的提升比例
	m_D	车辆质量性能衰减率	车辆质量性能随运营年度的减少比例
	S_{P1}	乘客对价格满意度	乘客对实际车票价格与心理预期车票价格进行对比后的感受
	S_{G1}	政府对补贴满意度	政府实际补贴值与期望值的对比感知
	S_{G2}	政府对社会效益满意度	城市轨道交通 PPP 项目实际社会效益与期望值对比后的心理感受
	S_G	政府满意度	由政府对补贴满意度、政府对社会效益满意度及乘客满意度三者之和构成
	S_P	乘客满意度	由乘客对价格满意度、车辆质量性能满意度和服务水平满意度三者之和构成
	S_E	社会资本满意度	社会资本实际回报与期望回报对比后的感知
	IRR	内部收益率	净现值为零时的折现率
	NPV	净现值	城市轨道交通 PPP 项目运营期内净现金流量之和
	AR	年收入	年度收入之和
	AC	年成本	年度成本之和
	NR	净收益	年收入与年成本之差，为净现金流量
常量	I	建设投资	城市轨道交通 PPP 项目建设投资总额
	λ_g	政府投资比例	建设投资中政府投资额所占比例
	λ_e	自有资金比例	社会资本投资额中自有资金所占比例
	L_B	银行贷款	社会资本投资额中向银行贷款的部分
	R_{tax}	税率	企业所得税、营业税税率
	k_r	资金回收系数	一定量货币现值，按复利计算未来每期支付或者收取的等额货币

续表

变量	变量代码	变量名称	变量含义
常量	C_F	固定成本	不随列车行驶里程变化而变化的成本
	ϕ	票价清分率	乘客在不同轨道交通运营公司线路间换乘所引起的线路里程的分担比例
	P_c	计算票价	根据社会资本预期回报率反推的车票价格
	Q_0^R	实际初始客流量	与原项目可行性研究报告中预测客流量相对的一个概念，是实际客流量
	Q_0^E	预测初始客流量	预测客流量的初始值
	φ	客流量担保比例	当实际客流量低于这一担保比例时，两者间的差额由政府来补贴
	θ	收益分享比例	对客流量超过上限的超额收益部分的分享比例
	m_L	对车辆质量性能的最低要求	乘客对车辆质量性能的最低要求值
	r	折现率	特定条件下的收益率
	R_{smax}	实际社会效益与预期的最大比值	可用实际客流量与预期客流量的比值来替代，最大值一般取 1.5
	R_{smin}	实际社会效益与预期的最小比值	可用实际客流量与预期客流量的比值来替代，极限值为 0
	B_{max}	最大补贴	城市轨道交通 PPP 项目中政府最大的补贴能力
	R_{min}	合理回报率下限	内部收益率的最小值
	R_{max}	合理回报率上限	内部收益率的最大值
	P_{min}	最低票价	取与城市轨道交通同向且平均运距相同的公交价格
	P_{max}	最高票价	当地居民人均可支配收入的10%
	η_{min}	最小满载率	乘客恰好都有座位，无人站立的满载率
	η_{max}	最大满载率	乘客所能容忍的满载率上限，一般取120%

资料来源：笔者整理。

第四节　系统变量方程建立

一、政府满意度子系统

（一）政府满意度

政府满意度主要受政府对补贴满意度、政府对社会效益满意度及乘客满意度这三个因素的影响，政府满意度的计算公式为：

政府满意度 = β_1×政府对补贴满意度+β_2×政府对社会效益满意度+β_3×乘客满意度 　　　　　　　　　　　　　　　　　　　　　　　　　　　　(5-1)

β_1、β_2、β_3 分别为政府对补贴满意度、政府对社会效益满意度和乘客满意度的权重，可通过专家对判断矩阵打分得到。

（二）政府对补贴满意度

政府对补贴满意度 = IF THEN ELSE（政府补贴<政府补贴最大值，（政府补贴最大值-政府补贴）/政府补贴最大值，0） 　　　　　　　　　(5-2)

当不考虑运营期通货膨胀、汇率和利率等风险时，运营期补贴即为城市轨道交通 PPP 项目政府财政补贴。

当考虑运营期通货膨胀、利率和汇率等风险时，政府补贴除了运营期的客流量补贴和票价补贴外，还包括因分担部分运营风险引起的政府补贴，此时有：

政府补贴 = 政府运营补贴+车公里成本增量×车公里数×政府分担比例 　(5-3)

式（5-3）中，车公里成本增量是因通货膨胀、利率和汇率等风险的发生引起的车公里成本的增加值。

由第四章分析可知：

政府运营补贴 = 补贴票价×补贴客流量-收益分享额 　　　　　　　(5-4)

补贴票价 = 计算票价-实际票价 　　　　　　　　　　　　　　　(5-5)

补贴客流量 = MIN（MAX（实际客流量，（1-ω）×预测客流量），（1+ω）×预测客流量） 　　　　　　　　　　　　　　　　　　　　　　　　(5-6)

收益分享额 = 收益分享比例×实际票价×MAX（实际客流量-（1+ω）×预测客流量，0） 　　　　　　　　　　　　　　　　　　　　　　　　(5-7)

式（5-7）中，（1-ω）为客流量担保水平，政府补贴最大值取当地城市轨道交通线路财政补贴的平均值。

（三）政府对社会效益满意度

城市轨道交通作为一种绿色交通方式，具有快捷、安全、环保、节能等特征，发展城市轨道交通能够缓解城市道路拥堵、减少乘客交通疲劳、节省出行时间、节约能源消耗及减少交通事故、降低噪声和空气污染，有利于社会、经济与环境的协调发展。在这里用 R_s 来表示城市轨道交通带来的社会效益。根据已有的研究成果，用 $\sum C_i$ 表示第四章中表 4-8 所列的城市轨道交通 PPP 项目社会效益测算模型中与客流量成正比的系数之和，Q_t 表示第 t 年的客流量，T 表示整个特许期，则有：

$$R_s = \sum_{t=1}^{T} \sum C_i Q_t \tag{5-8}$$

$$\text{实际社会效益} = \sum C_i \times \text{实际客流量} \tag{5-9}$$

$$\text{预期社会效益} = \sum C_i \times \text{预期客流量} \tag{5-10}$$

由第四章第三节政府对社会效益满意度量化研究可知，政府对社会效益满意度主要取决于实际社会效益与预期社会效益的比值，当比值趋于 0 时，满意度为0；当比值趋于 1 时，满意度为 0.6，当比值趋于 1.5 时，满意度为 1，因此政府对社会效益满意度为：

政府对社会效益满意度 = IF THEN ELSE（Time≥1，IF THEN ELSE（实际社会效益/预期年社会效益≥1.5，1，IF THEN ELSE（实际社会效益/预期年社会效益≥1，（实际社会效益/预期年社会效益 - 1）×0.4/（1.5 - 1）+0.6，实际社会效益/预期年社会效益×0.6）），0）[①] (5-11)

（四）乘客满意度

乘客满意度作为政府满意度中的一部分，其变量方程式的建立见下文乘客满意度子系统相应表述。

二、社会资本满意度子系统

（一）社会资本满意度

由第四章社会资本满意度量化研究可知，社会资本满意度函数关系为：

社会资本满意度 = IF THEN ELSE（内部收益率 < 合理报酬率下限值，0.6×内部收益率/合理报酬率下限值，IF THEN ELSE（内部收益率 ≤ 合理报酬率上限，0.4×（内部收益利率 - 合理报酬率下限值）/（合理报酬率上限 - 合理报酬率下限值）+0.6，1）） (5-12)

（二）状态变量

在社会资本子系统中，总成本与总收入为特许期内各个年份的现金流出和现金流入的总和，可用表示积累变化的 INTEG 函数来计算，收益净现值为最终输出量。[②]

————————
　　①②　胡云鹏，王建平．基于多方满意的城市轨道交通 PPP 项目收益调节模型研究［J］．湘潭大学自然科学学报，2018（5）：95-100.

净现值＝总收入−总成本　　　　　　　　　　　　　　　　　　　　（5−13）

城市轨道交通 PPP 项目的现金流入系统主要包括运营收入、政府补贴以及应当从收入中扣减的所得税、营业税等税收。

总收入＝INTEG（（运营收入+政府补贴−税收）/（1+折现率）^Time，0）

$$（5−14）$$

城市轨道交通 PPP 项目现金流出系统主要包括建设期社会资本投入的资本金、建设期银行借款按照投资回收系数折算的年还本付息及在运营期发生的运营成本。

总成本＝INTEG（（建设投资自筹部分+年还本付息+运营成本）/（1+折现率）^Time，0）　　　　　　　　　　　　　　　　　　　　　　　　　　　　（5−15）

（三）辅助变量

在计算净现值的同时，为了衡量社会资本满意度，引入年收入和年成本两个变量计算项目年净收益，从而求解内部收益率。

同总收入与总成本函数关系式不同的是，年收入和年成本是折现前的净现金流量，它们之差为年净收益。

净收益＝年收入−年成本　　　　　　　　　　　　　　　　　　　　（5−16）

年收入＝运营收入+政府补贴−税收　　　　　　　　　　　　　　　　（5−17）

年成本＝建设投资自筹部分+年还本付息+运营成本　　　　　　　　　　（5−18）

城市轨道交通 PPP 项目运营收入主要包括票务收入和非票务收入两部分。非票务收入主要包括广告、电信设施资源租赁、车站零售、上盖物业及其他收入，计算时可以按票务收入的一定比例计入：

运营收入＝票务收入+非票务收入　　　　　　　　　　　　　　　　　（5−19）

在城市轨道交通 PPP 项目"客流量"补贴模式中，实际票价是区别于计算票价的一个概念。实际票价是乘客在运营当年实际支付的车票价格，计算票价是按照社会资本预期回报折算出来的票价，计算票价与实际票价之差即为补贴票价：

票务收入＝实际票价×实际客流量　　　　　　　　　　　　　　　　　（5−20）

非票务收入＝票务收入×（1+非票务收入比例）　　　　　　　　　　　（5−21）

这里需要说明的是，客流量除受初始客流量和客流量增长率等内在因素影响外，还受车票价格、乘客支付意愿、城市规划布局、社会经济发展程度等外在因素影响。考虑到客流量预测的不确定性和不同阶段客流量增长速度不同的特性，不妨用随机分布和选择函数来分别定义初始客流量和客流量增长率。初始客流量一般服从正态分布，用 RANDOM NORMAL 函数来表示。[①]

初始客流量=RANDOM NORMAL (min, max, mean, stdev, seed)　　　(5-22)

客流量增长率=IF THEN ELSE(Time $\leq T_1$, k_1), IF THEN ELSE(Time $\leq T_2$,

k_2, 0)　　　(5-23)

在初始客流量函数中，min、max、mean、stdev 和 seed 分别表示初始客流量的最小值、最大值、均值、标准差和种子，一般由历史客流量数据或参考同类型其他轨道线路的数据确定。客流量增长率函数中，考虑到客流量增长的一般规律，按照轨道交通近期、中期和远期规划理论，将特许经营期 T 分成三个阶段 $(0 \sim T_1$, $T_1 \sim T_2$ 和 $T_2 \sim T_3$)。当 Time $\leq T_1$ 时，为客流量快速增长阶段，增长速度为 k_1；当 $T_1 <$ Time $\leq T_2$ 时，为客流量慢速增长阶段，此时增长速度为 k_2；当 $T_2 <$ Time $\leq T_3$ 时，客流量基本上保持稳定，增长速度为 0。[②]

客流量=IF THEN ELSE(Time $\leq T_1$, 初始客流量 $\times (1+k_1)^\wedge$(Time-1), IF THEN ELSE(Time $\leq T_2$, 初始客流量 $\times (1+k_1)^\wedge(T_1-1) \times (1+k_2)^\wedge$(Time-$T_1$), 初始交通量 $\times (1+k_1)^\wedge(T_1-1) \times (1+k_2)^\wedge(T_2-T_1)))\times$轨道交通出行意愿　　　(5-24)

为了体现乘客满意度对客流量的影响关系，引入最小出行意愿这个变量反映乘客对城市轨道交通出行的需求大小。该值越小，说明乘客对城市轨道交通出行的需求弹性越大；该值越大，说明乘客对城市轨道交通出行的需求弹性越小。不同地区乘客的城市轨道交通出行意愿可根据实际情况做相应的调整。城市轨道交通出行意愿如下所示：

轨道交通出行意愿=乘客满意度 $\times$(1-最小出行意愿)+最小出行意愿

(5-25)

现金流入除了票务收入和非票务收入外，还有政府的补贴收入。目前，基于城市轨道交通"客流量"补贴模式运用得较多，该模式下财政补贴的计算公式如下：

政府补贴=补贴票价 $\times$ 补贴客流量-收益分享额　　　(5-26)

建设投资自筹部分=建设投资 $\times$(1-政府投资比例) $\times$ 自有资金比例　　　(5-27)

年还本付息额=银行贷款 $\times$ 资金回收系数　　　(5-28)

本书将车公里作为运营成本的主要驱动因素，其中运营成本中的变动成本是

　　[①②]　胡云鹏，王建平. 基于多方满意的城市轨道交通 PPP 项目收益调节模型研究 [J]. 湘潭大学自然科学学报，2018（5）：95-100.

一个与车公里高度相关的量,是车公里与单位变动成本的乘积,单位变动成本是一个相对固定的值,不同的轨道交通线路间会有差异,可由实际案例确定。[①]

运营成本=固定成本+车公里数×单位车公里成本　　　　　　　　　（5-29）

年车公里数=60/发车间隔×2×365×17×b×L　　　　　　　　　　（5-30）

在式（5-30）中,年均发车间隔按照城市轨道交通行车组织计划优化得到,随着客流量的增长,发车间隔是一个逐步变短的过程,可以由表函数来设定。b 代表车辆编组数,如北京地铁 4 号线列车是 6 组 B 型车；L 代表线路全长,城市轨道交通运营时间为 5：30 至 22：30,共 17 个小时。其他参数就不再一一赘述。[②]

运营收入由票价收入和沿途广告、通信、上盖物业出租等非票务收入构成,后者一般按照票价收入的一定比例计入；城市轨道交通 PPP 项目政府补贴主要由"票价"补贴和"客流量"补贴两部分构成,前者主要是政府对按照社会资本期望回报率计算的票价和考虑公众实际支付能力的最终定价两者间差额的补偿,后者主要是考虑客流量的风险,对客流量的担保。在总成本费用构成中,建设投资自筹部分在建设期内（假定为一年）一次性投入,银行贷款部分在运营期内按等额还本付息方式支付,运营成本由固定成本和按车公里计算的变动成本构成,发生在整个运营期内。[③]

三、乘客满意度子系统

乘客满意度主要由车票价格、服务水平及车辆质量性能综合反映。

（一）乘客满意度

乘客满意度=β_5×乘客对价格满意度+β_6×乘客对车辆质量性能满意度+β_7×乘客对服务水平满意度　　　　　　　　　　　　　　　　　　　　　　　（5-31）

β_5、β_6、β_7 分别为乘客对价格满意度、车辆质量性能满意度及服务水平满意度的权重,可由专家通过对判断矩阵打分得到。

（二）乘客对价格满意度

由第四章价格满意隶属度函数可知:

乘客对价格满意度=1-（实际票价/票价清分率-价格下限）/（价格上限-价格下限）　　　　　　　　　　　　　　　　　　　　　　　　　　　　　　　（5-32）

---

①②③　胡云鹏,王建平.基于多方满意的城市轨道交通 PPP 项目收益调节模型研究［J］.湘潭大学自然科学学报,2018（5）：95-100.

式（5-32）中，票价清分率为客流量在 PPP 项目线路与隶属于其他运营公司的非 PPP 项目线路间的票务收入线路分账比例。例如，北京地铁 4 号线从 2.00 元票价中获得的实际份额为 1.04 元，票价清分率为 0.52。票价清分率可根据项目的实际情况进行确定。

（三）乘客对服务水平满意度

乘客对服务水平满意度=INTEG（服务水平满意度流量，0）   (5-33)

服务水平满意度流量=IF THEN ELSE（满载率≤最大满载率，（最大满载率-满载率）/（最大满载率-最小满载率），0）-服务水平满意度   (5-34)

式（5-34）中，最大满载率取 1.2，最小满载率是当乘客乘坐某一型号列车时（地铁车厢通常分为 A、B、C 三类型号），恰好都有座位时对应的满载率。

满载率=客流量×平均运距/（线路长度×列车开行对数×列车定员），按一年 365 天，一天运营 17 个小时，满载率可以转化为：

满载率=实际客流量×发车间隔×平均运距/（2×365×17×60×列车编组×列车定员×线路长度）   (5-35)

（四）乘客对车辆质量性能满意度

车辆的质量性能（m_R）主要受两个因素的影响，一个是质量性能衰减率（m_D），另一个是车辆维修质量性能提升率（m_U）。前者降低车辆的质量性能，而后者可以提升车辆的质量性能，设城市轨道交通车辆的初始质量性能为 m_0，其关系式为：

$$m_R = m_0 - m_D + m_U$$ (5-36)

乘客对车辆质量性能满意度=INTEG（车辆质量性能满意度流量，1） (5-37)

车辆质量性能满意度流量=IF THEN ELSE（车辆质量性能变化≤对车辆质量性能的最低要求，对车辆质量性能的最低要求-车辆质量性能满意度，车辆质量性能变化-车辆质量性能满意度）   (5-38)

车辆初始质量性能设为 1，车辆质量性能衰减率和维修质量性能提升率可依据维修时间及维修级别来确定，本书通过咨询轨道交通公司专家和技术人员，在系统动力学中设置表函数来反映车辆质量性能随时间变化的质量性能衰减率和维修后的质量性能提升率。①

---

① 胡云鹏，王建平．基于多方满意的城市轨道交通 PPP 项目收益调节模型研究［J］．湘潭大学自然科学学报，2018（5）：95-100.

第五节　基于利益相关者满意度的
系统动力学仿真模拟

　　基于利益相关者满意度的动态仿真模型构建完成并通过检验后，就可以对模型进行系统仿真，得到利益相关者满意度随时间变化的动态趋势。仿真模拟除了能对系统中重要变量进行仿真外，还能实现三方满意度的动态模拟。通过仿真模拟，可清晰地看出三方满意度受哪些因素的影响和驱动，以及这些因素中哪个驱动程度较强，哪个驱动程度较弱。特别是当风险的发生导致利益相关者满意度失衡时，可通过调整价格、补贴、收益分享比例和特许期对利益相关者满意度进行仿真测试，并且将测试结果作为利益调整措施优选的依据。

一、实现对运营成本、政府补贴等重要变量的仿真模拟

　　设置完模型的初始参数后，就可以运用系统动力学软件进行仿真模拟，得到运营成本、政府补贴等重要变量的仿真结果。

　　图 5-23 为运营成本模拟值变动情况，项目第一年即 2010 年，运营成本为 4.47 亿元，随着客流量的剧增、车公里数的增加，运营成本也快速攀升至 2015 年的 6.28 亿元。此后客流量进入慢速增长阶段，车公里数缓慢增加，运营成本从 2015 年的 6.28 亿元上升至 2024 年的 7.37 亿元。随后客流量几乎维持不变，随着运营条件的改善，发车间隔进一步缩短，运营成本从 2024 年的 7.37 亿元攀升到运营期末的 8.74 亿元。

　　图 5-24 为政府补贴模拟值变动情况。2014 年末以前，北京地铁实行 2 元通票制，车票价格低，政府补贴压力较大。从项目第一年即 2010 年，政府补贴为 6.18 亿元，随着客流量的大幅度增加，政府支付的实际票价与计算票价间的差额也大幅度增加，政府补贴快速增长到 2014 年末的 7.71 亿元，补贴涨幅为 24.76%。随后随着轨道交通票价的改革，实行按里程计费，2015 年政府补贴有了较大幅度的下降，降至该年末的 5.12 亿元，此后政府补贴维持在 4.72 亿元左右。

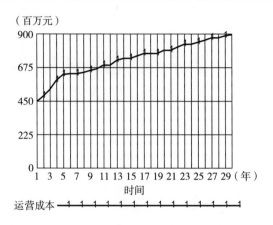

图 5-23　运营成本仿真值

注：横坐标中"1"代表特许经营期第 1 年，即 2010 年，"3"代表特许经营期第 3 年，即 2012 年，以此类推。

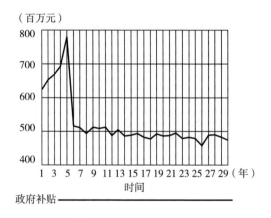

图 5-24　政府补贴仿真值

注：横坐标中"1"代表特许经营期第 1 年，即 2010 年，"3"代表特许经营期第 3 年，即 2012 年，以此类推。

二、实现 PPP 项目利益相关者满意度的仿真模拟

以政府、社会资本和乘客的满意度为输出变量，通过对城市轨道交通当前的运营状况进行仿真模拟，可以得到三方满意度随时间变化的趋势。图 5-25 是模拟得到的乘客满意度随时间变化的趋势图，从图中可以看出，乘客对车辆质量性

能满意度呈周期性的下降和上升趋势。乘客对服务水平满意度主要取决于乘客对拥挤的感知，在城市轨道交通 PPP 项目的中后期，随着发车间隔的缩短和客流量逐渐趋于稳定，乘客对服务水平满意度有小幅度的提高，乘客对价格满意度主要取决于实际票价与预期票价或其他交通方式票价的对比。从图中可以看出，在项目运营的第 5 年，随着车票制度的改革，票价有了较大幅度的提高，乘客对价格满意度出现了急剧下降。

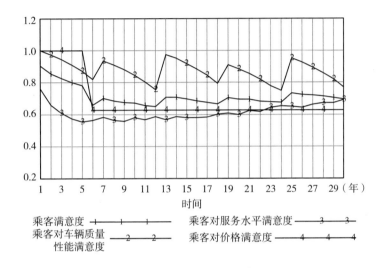

乘客满意度　————1————1————　　乘客对服务水平满意度 ————3————3————
乘客对车辆质量　————2————2————　　乘客对价格满意度 ————4————4————4————
性能满意度

图 5-25　乘客满意度变化趋势

注：横坐标中"1"代表特许经营期第 1 年，即 2010 年，"3"代表特许经营期第 3 年，即 2012 年，以此类推。

三、实现诸如风险、价格、补贴等关键调整因素对三方满意度的仿真模拟

以风险、价格、补贴、收益分享比例及服务水平等单一因素和上述多因素同时变动为输入参数，可实现对三方满意度的模拟，得到三方满意度随时间变化的趋势图。图 5-26 是模拟通货膨胀等市场风险的变动对政府满意度的影响，从图中可以看出，由于通货膨胀等市场风险的发生，从而导致了政府对补贴额的增加，降低了政府对补贴满意度。在政府对社会效益满意度不变的情况下，整个政府满意度也呈现下降趋势。

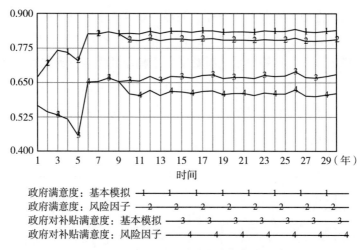

图 5-26 市场风险对政府满意度的影响

注：横坐标中"1"代表特许经营期第 1 年，即 2010 年，"3"代表特许经营期第 3 年，即 2012 年，以此类推。

四、实现极端情况测试检验

极端情况测试是假设变量取极端值（0 或无穷大）时，用来测试模型在极端条件下模拟结果能否符合现实中的规律，从而用来验证模型的可靠性。

以车票价格为例进行极端性测试，运行结果如图 5-27、图 5-28 所示。图 5-27

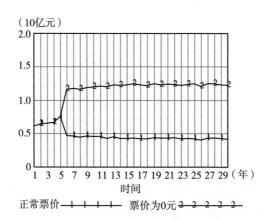

图 5-27 票价极端条件下的政府补贴测试

注：横坐标中"1"代表特许经营期第 1 年，即 2010 年，"3"代表特许经营期第 3 年，即 2012 年，以此类推。

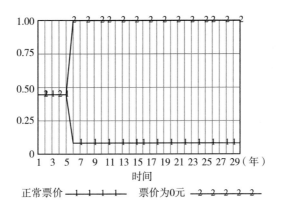

图 5-28　票价极端条件下的乘客价格满意度测试

注：横坐标中"1"代表特许经营期第 1 年，即 2010 年，"3"代表特许经营期第 3 年，即 2012 年，以此类推。

表明项目第 6 年，即 2015 年把车票价格降为 0 元时，政府的补贴从 7.6 亿元猛增至 11.8 亿元，此后上升至 12.4 亿元附近小幅度波动，造成这种情况的原因是：当车票价格降为 0 元时，为了维持企业的正常运转，政府需要支付本应由乘客支付的票价，故补贴大幅度上升。图 5-28 表明当项目第 6 年把车票价格降为 0 元时，乘客不用支付车票费用，故对免票行为十分满意，乘客对价格满意度为 1。

第六节　本章小结

本章分析了城市轨道交通 PPP 项目利益相关者满意度与利益诉求之间及不同利益相关者满意度间的因果关系，探寻了它们之间的反馈回路，在此基础上引入风险因素，分析风险的发生在利益相关者间的传递路径及对利益相关者满意度的影响；引入价格和补贴的利益调整机制，可实现对风险引起的满意度偏差的修正。

在完成系统因果关系图和流图的基础上，建立了各变量间的数学函数关系，构建了城市轨道交通 PPP 项目利益相关者满意度系统动力学仿真模型。利用建立的系统动力学模型进行仿真，可得到运营成本、政府补贴等重要变量及各方满意度随时间变化的动态趋势，同时通过改变价格、补贴、收益分享比例及服务水平等关键因素，模拟了上述因素的变动对三方满意度的影响。

第六章 基于多目标决策的城市轨道交通PPP项目利益调整方法研究

第一节 城市轨道交通PPP项目利益调整概述

基于系统动力学的满意度仿真模型构建好后，可以把它作为调整机制从而平衡城市轨道交通PPP项目相关方利益的"政策实验室"。本书关于"政策调整"的含义，是改变一些输入参数，如改变特许协议中有关价格、特许期、补贴和超额收益分配比例等参数，通过重新运行城市轨道交通PPP项目的系统动力学模型，观测输出变量利益相关者满意度的变化特点及趋势，以此作为确定城市轨道交通PPP项目利益调整方法的依据。

本章的研究目的就是在已建立的城市轨道交通PPP项目利益相关者满意度动态模拟的系统动力学模型基础上，对关键变量，如票价、补贴及特许期限设定不同的参数，在保证各方满意度水平的基础上，模拟城市轨道交通PPP项目未来的运营状况，观察利益主体满意度的变化特点及趋势，并且以此为基础，对上述调整措施的不同组合进行多目标决策，选出最能满足目标的最优方案。

一、城市轨道交通PPP项目利益调整的原因分析

(一)客流量预测不准

客流量是决定交通类PPP项目成败的关键因素，社会资本方暴利或亏损在很大程度上都是由客流量的不确定带来的。这种不确定性带来的客流量风险非常

大，使得按照原有客流量和预期投资回报率测算的财务指标失去了应有的意义。

例如，泰国曼谷 Skytrain 轻轨开通 5 年后日均客流量为 17 万人次，远低于盈亏平衡所需要的 40 万人次，运营收入严重不足。在我国，轨道交通实际客流量严重低于预测客流量的案例也很多，如宁波轨道交通 1 号线一期预测 2017 年日均客流量将达到 28.8 万人次，但实际日均客流量仅为 11 万人次，还不到预测客流量的 40%。运营收益的严重不足需要政府进行大量补贴以维持轨道交通运营的可持续。

相反，有些项目的实际客流量远超预期，如北京地铁 4 号线开通的第三年（2012 年），其实际客流量已达 3.5 亿人次，远超 2017 年预测的客流量 0.73 亿人次（2017 年预测客流量为 2.77 亿人次）和 2032 年预测的客流量 0.23 亿人次（2032 年预测客流量为 3.27 亿人次），再加上北京京港地铁有限公司高效的运营与管理，实际收益水平远超预期。因此，政府需要分享部分超额收益，以控制社会资本方的投资回报率。

对交通类 PPP 项目来说，客流量预测不准几乎是必然结果。这种情况下，明确风险因素，做好客流量风险的分担与调整，使 PPP 项目各相关方满意就显得格外重要。

（二）定价不合理

定价过高或过低都是导致城市轨道交通 PPP 项目利益调整的重要原因。北京 2007 年开始实行地铁票价 2 元一票制，由此出现了大面积巨额亏损，给政府造成了巨大的财政压力，后来北京市政府在 2014 年实行了按里程收费的票价制度，地铁收益出现了好转，但财政补贴压力依然较大。相反，定价过高也会造成使用者的强烈反对。

（三）市场风险因素

市场经济因素（利率、汇率和通货膨胀）是引起城市轨道交通 PPP 项目价格变化的直接因素，这些因素对项目净收益的影响主要体现在运营成本上。原料、燃料、动力及人工成本变动对城市轨道交通 PPP 项目的影响最主要体现在通货膨胀上，有时也可用生产者价格指数（PPI）和消费者价格指数（CPI）来表示。北京轨道交通年度调价公式主要考虑轨道交通企业人工成本、动力成本和其他可变成本的变动情况，分别按其权重 50%、20% 和 30% 进行加权求和。若调价幅度大于 0.1 元，可开启调价窗口。

（四）财政承受能力

政府财政承受能力主要表现在地方政府的财政收入是否能满足城市轨道交通 PPP 项目对补贴的需求。城市轨道交通 PPP 项目投资额常常达到数百亿元，尤其是项目初期资金需求量巨大，如果地方政府的财政收入难以支撑资本金需求，将会影响项目经营的可持续发展。由于地方财政预算的限制，政府必须合理地确定对企业的补贴额度和实施的优惠政策。北京地铁 4 号线由于政府限价为 2 元，大大低于预先的测算票价，造成实际收益远低于预期收益，从而使政府财政补贴的负担过大，因此北京市政府在 2014 年末举行公共交通价格调整听证会，决定取消 2 元通票制，按里程收费。

（五）乘客支付能力

城市轨道交通作为城市公共交通体系的一部分，决定了其定价与调价必须考虑广大市民的经济承受能力。乘客支付能力是轨道交通出行支出占居民可支配收入的比重。据世界银行统计，发展中国家居民交通费支出占居民人均可支配收入的 5%～10%是比较适宜的，该结论是基于假定一个人平均每月出行 60 次和每人平均出行距离为 10 千米确定的，若票价水平突破了乘客支付能力的上限，政府应调低价格，并且适当增加政府补贴。

二、城市轨道交通 PPP 项目利益调整措施分析

城市轨道交通 PPP 项目履约的长期性、利益主体的多样性及风险的复杂多变性，决定了在招标阶段所签订的合同协议不能完全预料到运营阶段发生的所有风险。因此，在特许协议中应设置一些开放性条款以增加合同的柔性，应对合同条件的变化，即 PPP 项目协议要包括具有应对风险的可以调整的柔性条款。总体来说，当城市轨道交通 PPP 项目各利益相关方利益失衡时，采用的利益调整措施主要有以下四种。

（一）价格调整机制

价格调整机制主要是因人员工资、燃料动力成本及汇率利率等因素的变化造成项目运营成本发生变化，需相应调整价格的机制。当因工资增加、燃料动力成本上涨、利率上涨及通货膨胀等因素使项目收益无法满足项目公司正常运营时，需适当上调收费价格，反之当运营成本下降时应相应调低收费价格。价格调整机制的设计对分担风险、保护社会资本方合理收益是非常必要的。一般来说，乘客对价格较为敏感，政府对价格的调整比较慎重，有一套严格的价格调整听证程

序，并且价格调整还得考虑乘客的支付能力。所以，政府可考虑联合调价和其他方式对项目的利益进行调整。

（二）特许期调整机制

特许期调整机制主要是城市轨道交通 PPP 项目特许期的调整方式和触发条件等机制。城市轨道交通 PPP 项目合同中可以通过设置弹性特许期的条款来对特许期进行调整。当项目收益达不到预期时，可通过延长特许期的方式对社会资本方进行补偿；当项目收益超过预期时，则通过缩短特许期将社会资本收益控制在合理范围内。然而，调整特许期的方法虽然较容易被各方所接受，但也存在特许期不可以无限期地延长、延长时间越多项目可能越亏损的问题，因此可考虑采用调整特许期和其他措施联合的方式对项目的利益进行调整。

（三）政府补贴调整机制

政府补贴调整机制主要是城市轨道交通 PPP 项目因政策性原因导致的运营亏损，需要政府对其进行补贴的机制。城市轨道交通 PPP 项目属于盈利性较差的 PPP 基础设施项目，虽有一定的运营收入，但不足以覆盖投入的成本及期望的收益，需要政府对其进行补贴以维持项目的可持续经营。由于定价过低、政策性经营、客流量远低于预期及人工、燃料、动力等成本上涨超过一定幅度等导致项目收益达不到预期收益，在调整票价较为困难时，需要政府给予相应的补贴。

（四）收益分配机制

收益分配机制主要是城市轨道交通 PPP 项目因需求量增加、成本大幅降低等原因使项目的收益超过预期时，按约定需要对项目形成的超额利润进行分配的机制。[①] 收益分配机制的设置初衷是为了防止社会资本方获得暴利，而使政府和公众利益受损，该机制能有效保障政府和社会资本之间的利益均衡。在北京地铁 4 号线 PPP 项目中，线路开通第三年（2012 年）实际客流量已达 3.5 亿人次，远超 2017 年预测的客流量 0.73 亿人次（2017 年预测客流量为 2.77 亿人次）和 2032 年预测的客流量 0.23 亿人次（2032 年预测客流量为 3.27 亿人次），再加上北京京港地铁有限公司高效的运营与管理，该项目实际收益水平远超预期。此时政府及时启动了超额收益分配机制，分享超过预测客流量 10%以上收入的 60%，防止客流量的大幅增加给社会资本带来的超额收益。

---

① 赵立力，游琦. 高速公路 BOT 项目调节基金决策机制研究［J］. 管理工程学报，2013（27）：81-86.

以上利益调整措施具体内容如表6-1所示。

表6-1　城市轨道交通PPP项目利益调整措施

序号	调整机制	触发条件	调整方法
1	价格调整机制	运营成本增加使项目收益明显低于预期	调高价格
2		通货膨胀等风险导致项目运营困难	调高价格
3		运营成本大幅降低使收益超过预期	调低价格
4		政府补贴过多	调低价格
5		项目定价超出公众支付能力	调低价格
6	政府补贴调整机制	定价过低导致收益低于预期	增加补贴
7		执行政府优惠性政策导致运营亏损	增加补贴
8		市场需求不足，低于预期	增加补贴
9	特许期调整机制	项目收益不足，低于预期	延长特许期
10		项目收益大幅度超过预期	缩短特许期
11		调高收费价格遭到公众反对	延长特许期
12		可原谅的项目进度延误	延长特许期
13	收益分配机制	因市场需求大幅增加或运营成本大幅降低产生超额收益	收益再分配

第二节　我国现有城市轨道交通PPP项目协议调整条款分析

一、城市轨道交通PPP项目案例描述

（一）案例一：深圳地铁4号线二期PPP项目

深圳地铁4号线是一条南北向贯穿深圳市主城区的轨道交通主干线路，整个建设项目分为一期工程和二期工程。其中，一期工程投资约300亿元，由深圳市政府采取传统的融资模式建设而成；二期工程路线长度约15.8千米，项目投资约60亿元，以香港铁路有限公司作为合作方采用PPP模式投资建设，并于2011

年 6 月正式运营。深圳地铁 4 号线二期工程创新性地采用了"地铁加物业"的轨道交通 BOT 运营模式，按最初协议约定，深圳市政府将向香港铁路有限公司提供深圳地铁 4 号线沿线 290 万平方米的物业开发权，预计总开发收益会超过 15 亿元，基本上不需要政府再额外提供运营补贴。但后来由于"轨道加物业"的开发模式与《招标拍卖挂牌出让国有土地使用权规定》中的"经营性用地必须采用招拍挂的方式出让"相冲突，最终未能获得国家发展改革委的批准，而变为由政府每年提供 6.2 亿元的运营补贴，以连续补贴 10 年的方式弥补项目的资金缺口。

（二）案例二：北京地铁 4 号线 PPP 项目

北京地铁 4 号线将整个项目分为两个相对独立的部分，即 A 部分和 B 部分。A 部分主要为地铁的土建投资部分，包括地铁车站、隧道洞体、轨道铺设等，投资额约 107 亿元，占整个项目总投资 153 亿元的 70% 左右，由政府出资设立的北京地铁 4 号线投资有限责任公司负责投资建设；B 部分是地铁的机电设备部分，包括车辆、通信和信号、空调和通风、消防给水系统、自动售检票系统、供电设施等机电设备，投资额约 46 亿元（其中银行贷款 30.8 亿元，贷款期 25 年，等额还本付息，利率 5.76%），占整个项目总投资的 30% 左右，由香港铁路有限公司、北京市基础设施投资有限公司和北京首都创业集团有限公司联合出资设立的北京京港地铁有限公司负责投资建设。北京地铁 4 号线被看作是我国（不包括港澳台地区）第一个按照市场化运作的城市轨道交通 PPP 项目的成功案例，开启了我国采用 PPP 模式建设城市轨道交通的先河。

（三）案例三：杭州地铁 1 号线 PPP 项目

杭州地铁 1 号线由杭州市政府与香港铁路有限公司共同建设而成。整条线路全长 47.97 千米，共设车站 34 座，于 2012 年 11 月正式运营，整个项目投资约 220 亿元。仿照北京地铁 4 号线的运作模式，将整个项目分为 A 和 B 两部分。其中，A 部分为地铁的土建投资部分，约占总投资的 63%，由杭州市政府所属的杭州市地铁集团有限责任公司负责投资建设；B 部分为车辆、通风、通信、供电、电梯、自动售检票等机电设备投资部分，约占整个项目投资总额的 37%，由杭州市政府和香港铁路有限公司共同投资设立的杭州杭港地铁有限公司负责投资建设。整个 PPP 项目约定特许期为 25 年，合同期满后由杭州杭港地铁有限公司将 B 部分按协议约定的质量移交给杭州市政府。

上述案例中有关 PPP 项目特许协议调整条款如表 6-2 所示。

表 6-2　城市轨道交通 PPP 项目特许协议项目利益调整条款分析

项目名称	深圳地铁 4 号线	北京地铁 4 号线	杭州地铁 1 号线
项目投融资结构	深圳地铁 4 号线分为一期工程和二期工程，其中一期工程由深圳市政府投资建设，二期工程建设则由注册资本约 24 亿元的港铁轨道交通（深圳）有限公司负责建设	整个项目划分为 A、B 两部分。A 为土建、隧道投资，约占总投资额的 70%；B 为机电设备部分，约占总投资的 30%。分别由北京地铁 4 号线投资有限责任公司和特许公司负责投资建设	整个项目划分为相对独立的 A、B 两部分：A 为土建、隧道投资，约占总投资的 63%，由杭州市地铁集团有限责任公司负责建设
补贴机制	原方案提供沿线上盖 290 万平方米物业开发权，预计收益超过 15 亿元，但因未获国家批准，最终以政府每年贴补 6.2 亿元、补贴 10 年的方式解决资金缺口问题	①建设期资本性补贴 107 亿元；②运营期可获得资金缺口补贴，如"票价"补贴和"客流量"补贴	①地铁项目站内商业经营；②地铁沿线物业开发
票价机制	因成本中已考虑了物价上涨等因素，特许价格一般不再调整	按人员工资、电价及 CPI 价格指数等因素周期性调整票价	按人员工资、电价及 CPI 价格指数等因素周期性调整票价
客流风险分担机制	政府部门将土建投资部分租赁给项目公司，并且通过调整租赁租金对 PPP 项目公司的收益进行适当调节	①实际客流量连续 3 年低于预测的 80%，社会资本可申请补偿或放弃项目；②当实际客流量超出预测客流量 10% 以内和以上时，政府分别分享超额收益的 50% 和 60%	实际客流量低于预测客流量一定比例时，政府给予客流量补偿；当高于预测客流量一定比例时，政府将分享超额收益
特许期限	特许期满后视情况决定由项目公司继续运营还是移交给其他轨道交通公司运营	若发生不可抗力，则项目公司有权根据协议条款申请延长运营期	若发生不可抗力，则项目公司有权根据协议条款申请延长运营期

资料来源：笔者整理。

二、我国城市轨道交通 PPP 项目特许协议调整问题分析

通过分析我国现有城市轨道交通特许协议调整条款，可发现在城市轨道交通 PPP 项目利益调整中主要存在以下问题。

（一）缺乏必要的调整原则

目前，我国还没有关于社会资本参与 PPP 基础设施建设的合同指南，缺乏相应的示范性合同文本为基础设施项目利益调整提供指导。在现有的《基础设施和公用事业特许经营管理办法》中，也只是粗略地提到了因通货膨胀、物价上涨等因素应对基础设施 PPP 项目的价格做出调整，但只给出了调整程序，没有给

出具体的调整方法。

现有的利益调整做法都是有利于社会资本方的，并且调整的边界模糊不清，对调整的触发条件也缺乏明确的约定。缺乏调整原则的结果必然会带来 PPP 项目的实施缺乏效率和公平。政府运用 PPP 模式本是为了追求效率，但如果由于特许协议设置存在缺陷，而使社会资本方获取了超额收益，则严重违背了采用 PPP 项目合同的初衷；反之，造成社会资本方严重亏损，也违背了 PPP 项目合同的公平原则。这就要求在城市轨道交通 PPP 项目中，政府既要保护乘客的利益，也要维护社会资本方的权益，使各方达到满意。

（二）缺乏对城市轨道交通使用者利益的有效保护

在城市轨道交通项目运营中，乘客支付了费用，就应该获得较高水平的服务。但由于 PPP 项目合同中往往缺乏对满载率、车厢拥挤程度等城市轨道交通服务水平的约定，当城市轨道交通的服务水平出现较大幅度降低时，乘客仍然按照原价付费，容易引发乘客对特许公司运营服务的不满。

因此，在利益调整的过程中除了要考虑社会资本方的利益诉求之外，还得兼顾其他利益主体的诉求，应该注重乘客对服务水平的评价，从而能兼顾多方面的利益，达到多方共赢的目的，这与以往的调整模式有很大的不同。

（三）调整内容较模糊

调整内容较模糊，表现在缺乏对调整边界和调整方法的明确界定方面。这实际上是对风险发生后启动利益调整机制的时机、幅度和方法规定的不明确，仅用模糊语句来表述。在价格的调整上，虽然考虑了利率、汇率及通货膨胀等因素的影响，但大多是模糊的泛泛表述，缺乏必要的调整公式；关于特许期调整的表述也是如此，无论是特许的终止条款还是延长条款，调整条件大多为"若发生严重的"或"一定程度上"等模糊表述，缺乏可执行性。

第三节 城市轨道交通 PPP 项目利益调整框架

一、调整策略

城市轨道交通 PPP 项目在实施的过程中，由于外在环境的复杂性和风险的多样性，会使项目的合作偏离原来既定目标，利益相关者满意度也呈现出一定的波动性，当波动程度超过一定范围时，会引起利益相关者满意度失衡，使其中的一方或多方不满，进而影响了城市轨道交通 PPP 项目的可持续性。因此，将城市轨道交通 PPP 项目利益相关者满意度偏差控制在一定范围内是非常必要的。

在对各参与主体的利益进行调整的过程中，使政府、社会资本和乘客达到满意是利益调整策略需要把握的首要原则。在这里，引入综合满意度 $\bar{S}$ 这一概念。利益调整的原则可以表示为：当 PPP 项目出现满意度不均衡时，应选择距离综合满意度 $\bar{S}$ 最远的利益相关者作为主要的调整对象，即采取措施调整满足 max $(\bar{S}-S_G, \bar{S}-S_E, \bar{S}-S_P)$ 条件的那一方的满意度。

针对城市轨道交通 PPP 项目实施过程中出现的满意度偏差情况，相应的调整策略如下：

（1）$\bar{S}-S_P>0$：若 $\bar{S}-S_G<0$，$\bar{S}-S_E<0$，此时乘客的满意度较低，而政府和社会资本方的满意度较高，因此需要提高乘客满意度，降低政府和社会资本方满意度。可以通过调低票价或提高轨道交通服务水平来提高乘客满意度，同时可以缩短特许期。票价的降低在一定程度上减少了社会资本方的收益并增加了政府的补贴，会使政府和社会资本满意度有所降低。若 $\bar{S}-S_G>0$，$\bar{S}-S_E<0$，需同时调高乘客和政府满意度，降低社会资本满意度，可以适当降低票价，提高轨道交通服务水平或适度降低政府补贴。若 $\bar{S}-S_G<0$，$\bar{S}-S_E>0$，则需要提高乘客和社会资本满意度，降低政府满意度，此时可以调低票价并增加政府的补贴以保证社会资本方的收益有所增加。

（2）$\bar{S}-S_E>0$：若 $\bar{S}-S_G<0$，$\bar{S}-S_P<0$，需提高企业满意度，调低政府和乘客满意度，可以适度提高票价，并且适度增加政府的补贴，提高 PPP 项目的收益，提高社会资本满意度。若 $\bar{S}-S_G>0$，$\bar{S}-S_P<0$，需同时调高社会资本和政府满意度，降低乘客满意度，这时可以通过提高票价来降低政府的补贴压力。若 $\bar{S}-S_G<0$，$\bar{S}-S_P>0$，需同时调高社会资本和乘客满意度，降低政府满意度，此时可以适当降低价格，增加政府的补贴，保证社会资本方的收益有所增加。

（3）$\bar{S}-S_G>0$：若 $\bar{S}-S_E<0$，$\bar{S}-S_P<0$，需提高政府满意度，降低社会资本和乘客满意度，可以减少政府补贴或提高收益分享比例，又或者适度调高票价。若 $\bar{S}-S_E>0$，$\bar{S}-S_P<0$，需同时提高政府和社会资本满意度，降低乘客满意度，可通过提高票价来增加社会资本方的收入并降低政府的补贴。若 $\bar{S}-S_E<0$，$\bar{S}-S_P>0$，需同时提高政府和乘客满意度，降低社会资本满意度，可适当降低票价并确保政府补贴不增加，或适度缩短项目特许期。

以上利益调整策略是一个动态的过程，需要结合城市轨道交通 PPP 项目实施过程中可能出现的满意度偏差的具体情况加以选择。

二、城市轨道交通 PPP 项目利益的调整原则

城市轨道交通 PPP 项目利益调整的原则是效率、公平并使利益相关者满意，针对我国城市轨道交通 PPP 项目的实践和特许协议中存在的问题，本书将城市轨道交通 PPP 项目的利益调整原则设定为四项。

（一）设定社会资本满意度的调整边界

从社会资本方的角度看，应设定项目收益的上下限。设立项目收益的上限是为了避免社会资本方获得超额利润，若定价过高或补贴过多又或远超预期的客流量使社会资本方的利润过多，是不利于地区经济增长的，也使得社会资本方失去了提高管理水平、降低成本的动力。出于提高效率的要求，应该设置社会资本方的交通收入上限。但同时也应看到，城市轨道交通 PPP 项目是基础设施项目，具有一定的公益性。从保护社会资本方的利益和吸引社会资本投资的角度出发，应该设立项目收益的下限，一旦项目收益低于下限，则应采取一些保护措施，如延长特许期限、增加补贴、限制周边其他公共交通与城市轨道交通竞争等。

关于城市轨道交通 PPP 项目社会资本方的合理投资报酬率，目前并没有统一规定。国家发展改革委发布的《建设项目经济评价方法与参数（第三版）》中规定：铁路网新建项目的基准收益率为 3%，铁路既有线路改造的基准收益率为 6%。财政部 PPP 中心统计的基础设施类 PPP 项目平均回报率为 6%~8%。本书参照其他行业的基准收益率，考虑到城市轨道交通 PPP 项目的施工复杂程度及风险难度系数，结合早期的城市轨道交通 PPP 项目内部收益率多为 10%，将城市轨道交通 PPP 项目的内部收益率下限设为 6%，内部收益率上限设为 10%。

（二）兼顾其他利益相关者的利益诉求

在对城市轨道交通 PPP 项目利益进行调整时应平衡项目其他利益相关方的利益，要兼顾政府的财政承受能力、乘客的票价支付能力和对车辆服务水平的合理要求。

政府财政承受能力体现在地方政府财政是否能满足城市轨道交通补贴需求。城市轨道交通 PPP 项目对资金的依赖特别强，建设投资消耗巨大，每条线路的

投资动辄百亿元；特别是后期运营阶段消耗更大，政府面临着建设投资和运营补贴的双重财政负担。因此，项目利益调整不应突破地方政府合理的预算范围。

（三）体现出轨道交通的服务水平

城市轨道交通提供的最终产品从本质上讲是一种服务。服务水平的高低直接影响着乘客选择轨道交通出行的意愿，最终会反映在轨道交通客流量的增减变化上。以往的国内轨道交通 PPP 项目特许协议中很少涉及服务水平的明细条款，没有对服务水平做出详细的约定，也缺少相应的量化。城市轨道交通无论是采用影子价格付费还是车公里付费，其服务的内容应是一致的，即为乘客提供良好的服务水平。因此，在城市轨道交通 PPP 项目利益调整时，应将服务水平作为一个参考标准，确保调整时能维护好乘客的权益。

（四）利益调整应有合理间隔期

对城市轨道交通 PPP 项目利益的调整不宜频繁进行，应保持一定的稳定性。这样做，可以使 PPP 项目保持相对稳定的管理秩序，也可以使乘客有适应调整的时间，避免频繁调整带来的政策茫然感，从而增加 PPP 项目利益调整的社会适用性。

三、调整边界及检验变量

（一）城市轨道交通 PPP 项目利益调整边界

根据上述调整原则，比照第四章"满意度五级度量表"评价标准，基于满意度均衡的城市轨道交通 PPP 项目利益调整边界可界定如下：

（1）任意一方满意度处于"不太满意"及以下层次。

（2）三方满意度不处在同一满意度层次。

（3）项目利益调整后，三方满意度应达到"一般"及以上水平并处在同一满意度层次，并且对轨道交通服务水平的满意度应处于"一般"及以上水平。

（4）若调整前，三方满意度水平都处于"一般"及以上水平且处于同一满意度层次，可以不用改变当前状态，即不用对三方的满意度做出调整。

（二）检验变量

在对城市轨道交通 PPP 项目长期运营状况进行模拟计算后，应选取检验变量，对城市轨道交通 PPP 项目的运营状况做出评判，以确定是否需要对项目利益进行调整，若需调整则采取何种调整策略，调整后是否达到利益调整的目的，即调整后的三方满意度应是均衡的。本书选取的检验变量为：

（1）利益相关者的满意度水平。

（2）轨道交通的服务水平。

第四节　基于满意度均衡的利益调整方案集构建

一、城市轨道交通 PPP 项目利益调整方案组合

在城市轨道交通 PPP 项目的实施过程中，利益相关者满意度失衡是客观存在的。此时，需要对失衡的利益关系进行调整。工程实践中最常见的利益调整措施有特许价格调整、特许期调整、政府补贴调整和收益分配比例调整，其中政府补贴和收益分配分别是政府对社会资本未达到最小收益的补偿及对超额收益的分享，目的是将社会资本方的收益控制在一个合理的范围内。尽管这些措施都能较好地用来调整和平衡三方利益关系，但在具体运用时也会呈现出不同的政策效果。例如，乘客对价格的调整最为敏感，提高价格容易引起乘客的不满，因此政府对调价一般都比较谨慎且有严格的价格听证程序；调整项目的特许期虽然容易被政府部门、社会资本方和乘客接受，但也存在着特许期不能无限期延长，延长越久项目可能亏损越多的问题。另外，政府引入 PPP 模式主要目的是吸引社会资本投资，减轻政府财政负担，若大幅度增加财政补贴必然违背政府引入 PPP 模式的初衷。因此，大量的工程实践证明仅调整价格、特许期或补贴中的某一个，往往难以达到预期的结果，在这种情况下应综合采用特许价格、特许期和政府补贴调整方法。

根据上文有关调整策略的分析，城市轨道交通 PPP 项目满意度偏差的利益调整方案如表6-3所示。

表6-3　基于满意度偏差的利益调整方案

序号	满意度偏差情况		利益调整措施
1	$\bar{S}-S_P>0$	$\bar{S}-S_G<0$，$\bar{S}-S_E<0$	调低价格、提高服务水平、缩短特许期
2		$\bar{S}-S_G>0$，$\bar{S}-S_E<0$	调低价格、提高服务水平、适度降低补贴、缩短特许期
3		$\bar{S}-S_G<0$，$\bar{S}-S_E>0$	调低价格、增加补贴、延长特许期

续表

序号	满意度偏差情况		利益调整措施
4	$\overline{S}-S_E>0$	$\overline{S}-S_G<0,\ \overline{S}-S_P<0$	调高价格、增加补贴、延长特许期
5		$\overline{S}-S_G>0,\ \overline{S}-S_P<0$	调高价格、减少补贴、延长特许期
6		$\overline{S}-S_G<0,\ \overline{S}-S_P>0$	调低价格、增加补贴、延长特许期
7	$\overline{S}-S_G>0$	$\overline{S}-S_E<0,\ \overline{S}-S_P<0$	减少补贴、适度调高价格、缩短特许期
8		$\overline{S}-S_E>0,\ \overline{S}-S_P<0$	提高价格、减少补贴
9		$\overline{S}-S_E<0,\ \overline{S}-S_P>0$	调低价格、适当减少补贴

由表 6-3 中利益调整方案可以看出，针对某一特定的满意度偏差，存在多个特许期—特许价格—补贴的调整方案。例如，经过系统动力学模拟后发现满意度的状况符合表 6-3 中序号 7 的情形，即 $\overline{S}-S_G>0$，$\overline{S}-S_E<0$，$\overline{S}-S_P<0$，此时需提高政府满意度，并且降低社会资本和乘客满意度。调整措施有：①减少政府补贴；②适度调高票价；③缩短特许期。此时可以单独选择①~③中的某一类调整方案或选择上述方法的联合调整方案。即使在联合调整方案中，也可以有不同的组合。当政府补贴有减少 10%、20% 和 30% 三个方案，票价有调高 5%、10%、15% 和 20% 四个方案时，那么在特许期不变的情况下，就有 12 个可供选择的方案集。

在确定好可行的调整方案集后，紧接着就是要确定科学合理的目标集。城市轨道交通 PPP 项目涉及多个利益相关者，每个利益相关者关心的方面和焦点也各不相同，从而使得利益调整组合方案在决策时具有多个目标。

二、城市轨道交通 PPP 项目利益调整的多目标集

在城市轨道交通 PPP 项目中，对特许价格、特许期与补贴联合调整方案的选择，需要均衡考虑政府部门、社会资本方和乘客三个利益主体不同的目标要求，从而在众多方案集里选出最为合理的调整方案以达到"三赢"的目的。综合以上分析，政府部门、社会资本方和乘客三个主体不同视角下的城市轨道交通 PPP 项目利益调整的方案决策目标可以表示为：

$$\begin{cases} \max S_G \\ \max S_E \\ \max S_P \end{cases} \tag{6-1}$$

式（6-1）中，S_G、S_E 和 S_P 分别表示政府、社会资本和乘客的满意度。城市轨道交通 PPP 项目中政府、社会资本和乘客的决策目标都是使自身的满意度最大化，结合第四章各主体满意度及核心诉求的相关内容，三方的决策目标体系如图 6-1 所示。

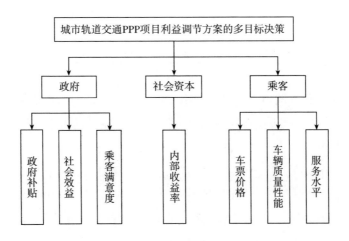

图 6-1　城市轨道交通 PPP 项目利益调整方案的多目标决策体系

对每一个可行的利益调整方案，都需从政府补贴、社会效益、乘客满意度、内部收益率、车票价格、车辆质量性能和服务水平这七个方面对利益调整的方案进行多目标决策。

当项目在运行过程中偏离预期使得某一方或某几方满意度过低或过高时，决策者可以在系统动力学模型中通过调整特许期、特许价格和补贴的输入值，以得到多组调整方案对应的三方满意度值及上述七个指标值，从多组调整方案中选择最能满足目标集合的方案，该方案为利益调整方案的满意解。

针对已构建的多个方案和多个目标，就形成了 m 个方案、n 个指标的决策矩阵 A，其中，a_{ij} 表示第 i 个方案的第 j 个指标。

$$A = \begin{bmatrix} a_{11} & a_{12} & \cdots & a_{1n} \\ a_{21} & a_{22} & \cdots & a_{2n} \\ \vdots & \vdots & & \vdots \\ a_{m1} & a_{m2} & \cdots & a_{mn} \end{bmatrix} \tag{6-2}$$

第五节　多目标决策方法

一、多目标决策方法概述

多目标决策主要是对方案进行排序和优选，一般要经历以下四个步骤。一是构建决策目标和决策方案的初始决策矩阵；二是对上述初始决策矩阵数据进行标准化处理；三是多目标权重的确定；四是多方案的排序。下面以一个简单的案例加以说明。

（一）构建初始决策矩阵

在城市轨道交通 PPP 项目利益调整的多方案评价中，设有 m 个可供选择的利益调整方案，n 个决策评价指标，这样就形成了原始决策矩阵 A＝（a_{ij}）$_{m×n}$，a_{ij} 表示第 i 个调整方案的第 j 个指标。

$$A = (a_{ij})_{m \times n} = \begin{bmatrix} a_{11} & a_{12} & \cdots & a_{1n} \\ a_{21} & a_{22} & \cdots & a_{2n} \\ \vdots & \vdots & & \vdots \\ a_{m1} & a_{m2} & \cdots & a_{mn} \end{bmatrix} \qquad (6-3)$$

例如，针对 $\bar{S}-S_E>0$，$\bar{S}-S_G<0$，$\bar{S}-S_P<0$ 的情况，此时社会资本满意度较低，而政府和乘客满意度较高，需提高社会资本满意度，降低政府和乘客满意度。此时可以适度提高票价，增加政府的补贴，使社会资本方的收益增加。假设特许价格、补贴和特许期都是按离散数调整的[1][2][3]，不妨构建特许价格分别上涨 5%、10%、15% 和 20% 四个档次；政府收益分享比例分别调低 10%、20% 和 30% 三个档次，在不考虑特许期变动的情况下，这样就有 4×3＝12 个项目利益调整方案。结合城市轨道交通 PPP 项目政府、社会资本和乘客满意度的决策目标（政府有 3 个决策目标：财政补贴、社会效益和乘客满意度；社会资本有 1 个决策目标：内

① 卢毅，陈强，邓小华．交通基础设施 PPP 项目特许期弹性调整机制研究［J］．价格理论与实践，2013（12）：93-94.

② 张文婷．收费公路通行费率调整模型的研究［D］．南京：南京林业大学硕士学位论文，2011.

③ 张丹青．PPP 项目价格调整机制研究［D］．南京：南京林业大学硕士学位论文，2015.

部收益率；乘客有 3 个决策目标：车票价格、车辆质量性能和服务水平），这样就形成了 12 个方案和 7 个决策目标的初始决策矩阵 A＝$(a_{ij})_{12\times7}$。

（二）对初始决策矩阵数据进行标准化处理

在上述城市轨道交通 PPP 项目利益调整的决策目标中，政府的社会效益目标、社会资本的内部收益率目标及乘客的服务水平目标和车辆质量性能目标都是正向指标，即指标值越大，利益主体满意度就越高。政府的政府补贴目标及乘客的价格目标都是负向指标，即指标值越大，利益主体的满意度就越低。另外，上述决策目标中，有的是绝对数，有的是相对数，为了消除城市轨道交通 PPP 项目利益调整各指标由于量纲、数量级不同对项目决策造成的影响，需要对决策矩阵 A 进行同向无量纲化。

决策矩阵数据标准化处理方法主要包括 0~1 标准化、向量归一化和线性变换等方法，常用的方法为 0~1 标准化。

对初始矩阵 A 中的指标进行标准化处理，当指标为正向指标时，如政府的社会效益指标、社会资本的内部收益率指标及乘客对车辆质量性能和服务水平的评价指标就为正向指标，对这类正向指标进行标准化，则有：

$$h_{ij} = \frac{a_{max}(j) - a_{ij}}{a_{max}(j) - a_{min}(j)} \tag{6-4}$$

当指标为负向指标时，如政府对补贴及乘客对乘车票价的评价指标就为负向指标，对这类负向指标进行标准化，则有：

$$h_{ij} = \frac{a_{ij} - a_{min}(j)}{a_{max}(j) - a_{min}(j)} \tag{6-5}$$

设 H 为原始矩阵 A 标准化后的矩阵，则有：

$$H = (h_{ij})_{m\times n} = \begin{bmatrix} h_{11} & h_{12} & \cdots & h_{1n} \\ h_{21} & h_{22} & \cdots & h_{2n} \\ \vdots & \vdots & & \vdots \\ h_{m1} & h_{m2} & \cdots & h_{mn} \end{bmatrix} \tag{6-6}$$

（三）权重

权重对方案的优化和选择非常关键。在多目标方案决策中，若对同一方案集赋权不同时，得到的最优方案也就可能不一样，因此赋权要尽量客观。

例如，在城市轨道交通 PPP 项目中包含政府、社会资本和乘客三方的利益，这三者的重要程度也各不相同。另外，同一利益主体内部各利益目标之间的权重也各不相同。针对具体项目来说，当社会资本满意度、乘客满意度和政府满意度的权重分别为 0.3、0.5 和 0.2 时，说明该项目希望优先考虑乘客的利益，使乘客满意度较高，社会资本方获得收益的意愿排在第二位，最后是政府部门的利益。

（四）方案排序

对方案进行排序的方法主要有理想点法（TOPSIS）、数据包络法（DEA）和层次分析法（AHP）。其中，TOPSIS 方法是根据方案目标值离最优解和最劣解的远近程度对方案进行排序；DEA 方法是根据方案的投入指标及产出指标的效率值对方案进行排序；AHP 方法作为一种系统性分析方法，所需要的定量信息数据少，依靠专家打分对方案进行排序。

二、多目标决策原则

城市轨道交通 PPP 项目利益调整方案的多目标决策应遵循以下三大原则。

（一）可行性原则

可行性原则要求决策的结果能较好地满足特定的社会目标和经济目标，能体现出较强的现实性，这样才能使每一次决策活动变得更有意义。可行性原则往往包含两层含义，既包括决策目标完成的可行性，也包括决策方案实施的可行性。

（二）满意原则

满意原则要求城市轨道交通 PPP 项目决策时，应兼顾多个决策主体的利益，并使他们满意。PPP 项目往往存在多个利益主体，他们的决策目标往往互相冲突，这给各主体间的利益协调带来了较大的困难，要想照顾到每个主体的利益目标，并使他们都达到最优是不现实的，往往只能使各方处于相对较优的状态。另外，满意往往意味着在多个方案中优选，只有多个方案才能分出优劣，选出较满意的方案。

（三）系统原则

系统原则要求对城市轨道交通 PPP 项目决策时，应该从整体角度出发分析问题，综合考虑系统内外部情况，而不是仅从单一的决策目标或从单一视角做出决策。因此，从这个意义上讲，PPP 项目的多目标决策是一个开放的系统，要尽量保证决策的长远性和全面性。

第六节　基于 AHP-熵权 TOPSIS 的
多目标决策模型设计

一、AHP-熵权 TOPSIS 方法介绍

（一）AHP 层次分析法

层次分析法通过将指标分解成递阶层次结构，通过两两比较判断因素的重要性从而对指标进行赋权。该方法是一种主观赋权方法，能较好地体现决策者的主观判断。在对城市轨道交通 PPP 项目利益调整方案进行评价时，应能较好地反映出政府、社会资本和乘客对各自利益目标的相对偏好，所以在对指标进行赋权的过程中不能失去决策者的参与。

根据第四章政府、社会资本和乘客的满意度评价指标体系，运用 AHP 层次分析法，可以分别求得一级指标权重 $\alpha_1 \sim \alpha_3$ 及二级指标权重 $\beta_1 \sim \beta_7$ 的值，分别用一级指标权重与对应的二级指标权重相乘，就得到了第 j（j=1，2，…，n）个指标的主观权重值。

（二）熵权法

熵权法属于客观赋权法，能尽量避免人为因素干扰，提高评价的客观科学性。根据信息熵理论，决策时所获得的信息的多少和质量是影响决策的因素。

如前文所述，经过标准化后的城市轨道交通 PPP 项目利益调整方案的决策矩阵为 H，h_{ij} 为目标矩阵 $H_{m \times n}$ 中第 i 个方案的第 j 个目标，其中 i=1，2，…，m；j=1，2，…，n。

$$H = (h_{ij})_{m \times n} = \begin{bmatrix} h_{11} & h_{12} & \cdots & h_{1n} \\ h_{21} & h_{22} & \cdots & h_{2n} \\ \vdots & \vdots & & \vdots \\ h_{m1} & h_{m2} & \cdots & h_{mn} \end{bmatrix} \qquad (6-7)$$

（1）对标准化后的目标矩阵 $H_{m \times n}$ 计算指标 j 的熵值 r_j。

$$r_j = -k \sum_{i=1}^{m} f_{ij} \cdot \ln f_{ij} \qquad (6-8)$$

式（6-8）中，k 为玻尔兹曼常数，取值为 1/lnm。为了便于计算熵值，需要对特征比重进行修正，有 $f_{ij} = \dfrac{h_{ij} + 1}{\sum\limits_{i=1}^{m} (h_{ij} + 1)}$ ，h_{ij} 为标准化后决策目标矩阵 $H_{m \times n}$ 中第 i 个方案的第 j 个目标，其中 i = 1，2，…，m；j = 1，2，…，n。

（2）根据熵值计算指标 j 的熵权 β'_j。定义差异系数 $1 - r_j$：对于给定第 j 个指标的熵值 r_j 越小，该指标评价值的差异性就越大，则该指标在综合评价中所起的作用就越大，相应的权值也就越高。第 j 个指标的熵权为：

$$\beta'_j = \frac{1 - r_j}{\sum\limits_{i=1}^{m} (1 - r_j)} \qquad (6-9)$$

其中，$0 \leqslant \beta'_j \leqslant 1$，$\sum\limits_{j=1}^{n} \beta'_j = 1$。$\beta'_j$ 就是用熵权法确定的评价指标 j 的客观权重。

需要说明的是，熵权的大小并不意味着该项决策指标在实际评价时的重要程度，而是在各个指标值已经确定的情况下，反映各个指标在竞争意义上的相对激烈程度。从信息学的角度考虑，它代表该指标提供有效信息量的多寡程度。

（三）依据最小鉴别信息原理的组合权重

本书采用主客观权重综合赋权的方法。依据最小鉴别信息原理[①]，构造极小值函数，如式（6-10）所示，使所求组合权重 β''_j 与 AHP（主观）权重 β_j 和熵权（客观）权重 β'_j 之间的距离最小。为了方便求解，可引入拉格朗日乘子算法，如式（6-12）所示。

$$\min F = \sum_{j=1}^{n} \beta''_j \left(\ln \frac{\beta''_j}{\beta_j} \right) + \sum_{j=1}^{n} \beta''_j \left(\ln \frac{\beta''_j}{\beta'_j} \right) \qquad (6-10)$$

$$\text{s. t.} \sum_{j=1}^{n} \beta''_j = 1, \quad \beta''_j \geqslant 0 \qquad (6-11)$$

$$\beta''_j = \frac{\sqrt{\beta_j \beta'_j}}{\sum\limits_{i=1}^{m} \sqrt{\beta_j \beta'_j}} \qquad (6-12)$$

β_j、β'_j、β''_j 分别表示城市轨道交通 PPP 项目利益调整方案中第 j（j = 1，

① Liu Y, Wang B. Variable Fuzzy Model Based on Combined Weights and Its Application to Risk Assessment for Flood Control Engineering ［J］. Journal of Dalian University of Technology, 2009, 49（2）: 272-275.

2，…，n）项指标主观权重、客观权重（熵权）和组合权重。主客观权重综合赋权既避免了主观赋权法未充分考虑客观规律的弊端，又避免了客观赋权法忽略了评价主体的意愿及指标在实际运用中的重要程度。主客观综合赋权保证了评价结果与实际情况更加吻合，更能反映 PPP 项目利益调整方案优选的合理性。

（四）TOPSIS 方法

Huang 和 Tzeng 于 1981 年提出了一种多目标决策方法：基于理想点的 TOP-SIS 方法，该方法是以多目标决策中各目标值的最优解和最劣解为参照点，通过计算各方案到最优（正）理想点和最劣（负）理想点的相对距离对方案进行排序，从而选择离正理想点最近同时离负理想点最远的方案。TOPSIS 方法经学者们不断改进后被应用在多目标决策领域中。

在确定了组合权重 β''_j 后，TOPSIS 方法的步骤如下：

（1）确定正向和负向理想点。对于标准化后的利益调整方案决策矩阵 $H = (h_{ij})_{m \times n}$，根据政府、社会资本和乘客的各项决策指标可能达到的取值确定各项方案的最优点和最劣点。

设正向理想点表示为 $H^+ = (h_1^+, h_2^+, \cdots, h_n^+)$，其中 h_i^+ 的取值根据指标性质不同而不同，对于正向指标：

$$h_n^+ = \max_i (h_{i1}^+, h_{i2}^+, \cdots, h_{in}^+) \tag{6-13}$$

对于负向指标：

$$h_n^+ = \min_i (h_{i1}^+, h_{i2}^+, \cdots, h_{in}^+) \tag{6-14}$$

设负向理想点表示为 $H^- = (h_1^-, h_2^-, \cdots, h_n^-)$，对于正向指标：

$$h_n^- = \min_i (h_{i1}^-, h_{i2}^-, \cdots, h_{in}^-) \tag{6-15}$$

对于负向指标：

$$h_n^- = \max_i (h_{i1}^-, h_{i2}^-, \cdots, h_{in}^-) \tag{6-16}$$

（2）求解各项利益调整方案到正负理想点的距离。利益调整方案 i 到正理想点的距离：

$$d_i^+ = \sqrt{\sum_{j=1}^{n} \beta''_j (h_{ij} - h_j^+)^2} \tag{6-17}$$

利益调整方案 i 到负理想点的距离：

$$d_i^- = \sqrt{\sum_{j=1}^{n} \beta''_j (h_{ij} - h_j^-)^2} \tag{6-18}$$

（3）计算各项利益调整方案 i 到理想方案的贴近度。

$$u = \frac{(d_i^-)^2}{(d_i^-)^2 + (d_i^+)^2} \tag{6-19}$$

贴近度 u 越大，表示该调整方案与理想方案越贴近。基于 AHP—熵权—TOPSIS 决策中，计算过程较复杂，特别当利益调整方案或指标较多时，常常涉及复杂的矩阵运算。本书在 Excel 2013 软件中编程实现各利益调整方案熵权、组合权重及贴近度的计算。

（五）AHP-熵权 TOPSIS 方法的应用

假如某城市轨道交通 PPP 项目通过对当前运营情况模拟后发现社会资本满意度较低，而政府和乘客的满意度较高，并且三者不处于同一满意度层次。此时需提高社会资本满意度，降低政府和乘客满意度，可采取适度提高票价、增加政府补贴的措施。假设特许价格包括调高 5%、10% 和 20% 三种情形；政府补贴包括调高 10% 和 20% 两种情形，在不考虑特许期变动的情况下，这样就有 3×2＝6 个项目利益调整方案。结合上文利益调整方案的多目标决策体系，就形成了 6 个方案和 7 个决策目标的初始决策矩阵 A＝（a$_{ij}$）$_{6×7}$。经系统动力学模拟的 6 个调整方案对应的 7 个决策目标值如表 6-4 所示。表 6-4 第一栏方案集括号中前一个数表示价格调增的幅度，后一个数表示补贴调增的幅度。

表 6-4　案例 PPP 项目利益调整方案决策目标值

方案集	政府			社会资本	乘客		
	补贴满意度	社会效益满意度	乘客满意度	内部收益率满意度	价格满意度	车辆质量性能满意度	服务水平满意度
F1（5%，10%）	0.667	0.836	0.761	0.814	0.790	0.850	0.657
F2（5%，20%）	0.638	0.847	0.763	0.832	0.790	0.850	0.663
F3（10%，10%）	0.691	0.815	0.751	0.847	0.750	0.850	0.652
F4（10%，20%）	0.643	0.826	0.752	0.856	0.750	0.850	0.656
F5（20%，10%）	0.712	0.808	0.740	0.864	0.710	0.850	0.646
F6（20%，20%）	0.672	0.814	0.743	0.889	0.710	0.850	0.651

资料来源：笔者整理。

（1）利益调整方案的原始决策矩阵。由于乘客对车辆质量性能满意度几乎不受方案的影响，因此将该指标剔除，最终形成了 6 个方案和 6 个指标构成的原始决策矩阵方案 A =（a_{ij}）$_{m \times n}$，a_{ij} 表示第 i 个调整方案的第 j 个指标，将表6-4 中的数据整理成 6×6 的初始决策矩阵 A，则有：

$$A = \begin{bmatrix} 0.667 & 0.836 & 0.761 & 0.814 & 0.790 & 0.657 \\ 0.638 & 0.847 & 0.763 & 0.832 & 0.790 & 0.663 \\ 0.691 & 0.815 & 0.751 & 0.847 & 0.750 & 0.652 \\ 0.643 & 0.826 & 0.752 & 0.856 & 0.750 & 0.656 \\ 0.712 & 0.808 & 0.740 & 0.864 & 0.710 & 0.646 \\ 0.672 & 0.814 & 0.743 & 0.889 & 0.710 & 0.651 \end{bmatrix} \quad (6\text{-}20)$$

（2）原始决策矩阵标准化。对上述初始矩阵进行标准化，标准化之后的决策矩阵 H 如下：

$$H = \begin{bmatrix} 0.392 & 0.718 & 0.913 & 0 & 1 & 0.647 \\ 0 & 1 & 1 & 0.24 & 1 & 1 \\ 0.716 & 0.179 & 0.478 & 0.44 & 0.5 & 0.353 \\ 0.067 & 0.462 & 0.522 & 0.51 & 0.5 & 0.588 \\ 1 & 0 & 0 & 0.667 & 0 & 0 \\ 0.459 & 0.154 & 0.130 & 1 & 0 & 0.294 \end{bmatrix} \quad (6\text{-}21)$$

（3）根据上述 AHP-熵权 TOPSIS 决策的计算步骤，计算出补贴满意度、社会效益满意度、乘客满意度、内部收益率满意度、价格满意度及服务水平满意度 6 个指标的熵权依次是（0.182，0.185，0.158，0.130，0.216，0.129）。由第四章表4-7 可知上述 6 个指标 AHP 法的主观权重依次为（0.086，0.107，0.067，0.410，0.110，0.220），依据最小鉴别信息原理的综合权重为（0.136，0.152，0.112，0.250，0.167，0.183）。

（4）确定理想点和距离。根据矩阵 H，正理想点 H^+ 和负理想点 H^- 分别有：

$$H^+ = (1, 1, 1, 1, 1, 1) \quad (6\text{-}22)$$

$$H^- = (0, 0, 0, 0, 0, 0) \quad (6\text{-}23)$$

各方案到正负理想点距离的计算结果分别有：

$$d^+ = (0.580, 0.529, 0.583, 0.556, 0.801, 0.701) \quad (6\text{-}24)$$

$$d^- = (0.660, 0.793, 0.462, 0.497, 0.497, 0.548) \quad (6\text{-}25)$$

根据理想点求得各方案与理想点的贴近度 u 如下：

$$u = (0.565, 0.691, 0.385, 0.444, 0.278, 0.379) \quad (6\text{-}26)$$

将上述 6 个方案的贴近度从大到小进行排序：

F2＝0.691＞F1＝0.565＞F4＝0.444＞F3＝0.385＞F6＝0.379＞F5＝0.278

因此，在上述 6 个价格和补贴联合调整方案的决策中，方案 F2 的贴近度最大，为最优方案，即将当前城市轨道交通 PPP 项目价格调高 5%，补贴调高 20% 的方案是满足政府、社会资本和乘客三方各自满意度最高目标的方案。

二、多目标决策程序

城市轨道交通 PPP 项目利益调整方案的多目标决策详细流程如下：

（1）判断满意度失衡的类别，即需明确满意度是否失衡，若失衡的话属于哪种满意度失衡。

（2）根据所属满意度失衡的类别，按照调整措施的离散数调整原则，构建特许期—特许价格—补贴的多项措施联合调整方案，形成初步的调整措施备选方案集。

（3）根据多目标决策指标体系中各指标的属性进行方案的初步筛选，将不受方案影响或影响较小的指标剔除，形成最终的调整方案集。

（4）构建基于最小鉴别信息原理的 AHP-熵权 TOPSIS 多目标决策模型，对上述方案集进行优选，选择最能符合项目利益主体的方案。

（5）方案在实施的过程中需要结合新出现的情况及时对 PPP 项目进行控制和调整。

第七节　本章小结

分析了影响城市轨道交通 PPP 项目利益调整的因素，认为由于客流量预测不准、定价调价不合理、市场风险因素、财政承受能力有限及乘客支付能力有限的原因，需定期对 PPP 项目进行利益调整以维持项目各主体间利益均衡。在分析了我国当前城市轨道交通 PPP 项目特许权合同调整条款中存在的不足后，建立了基于满意度均衡的城市轨道交通 PPP 项目利益调整框架，该框架包括利益调整的原则、策略、边界和检测变量。针对单一利益调整措施的弊端，提出了特许期—特许价格—补贴联合调整的组合方案，利用系统动力学模型对各方案利益相关者的决策目标值进行模拟，并且构建基于最小鉴别信息原理的 AHP-熵权 TOPSIS 方法，实现组合方案的优选，提出将离正理想点最近同时离负理想点最远的方案确定为最优调整方案，为城市轨道交通 PPP 项目利益调整提供了新的思路和方法。

第七章　基于满意度的城市轨道交通 PPP 项目利益仿真及调整实证研究

系统动力学强调实践，认为客观实际是检验模型的唯一标准。基于前文所建立的城市轨道交通 PPP 项目利益相关者满意度的仿真模型和基于满意度的利益调整多目标决策方法。在本章中结合我国第一条轨道交通 PPP 项目，即北京地铁 4 号线实例，将其数据代入上文构建的系统动力学模型，通过系统动力学的模拟仿真和敏感性分析为项目的运营提供决策参考。

第一节　北京地铁 4 号线基本情况

北京地铁 4 号线是一条南北向贯穿北京市主城区的轨道交通线路，由北京市政府与香港铁路有限公司共同投资建成。整条线路全长 50 千米，设站 35 座。作为一条北京市轨道交通网络的主干线路，为北京市城市轨道交通运输做出了巨大贡献。图 7-1 为北京地铁 4 号线的线路及车站图。

一、建设投资

北京地铁 4 号线将整个项目分为两个相对独立的部分：A 部分和 B 部分。A 部分主要为地铁的土建投资部分，包括地铁车站、隧道洞体、轨道铺设等，投资额约 107 亿元，占整个项目总投资 153 亿元的 70% 左右，由政府出资设立的北京地铁 4 号线投资有限责任公司负责投资建设；B 部分是地铁的机电设备部分，包括车辆、通信、空调和通风、消防给水系统、自动售检票系统、供电设施等机电

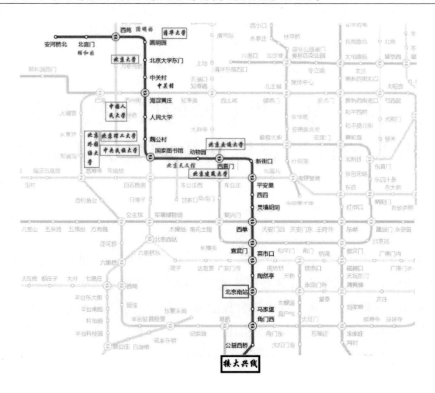

图 7-1　北京地铁 4 号线线路及车站分布情况

设备，投资额约 46 亿元（其中银行贷款 30.8 亿元，贷款期 25 年，等额还本付息，利率 5.76%），约占整个项目总投资的 30%，由香港铁路有限公司、北京市基础设施投资有限公司和北京首都创业集团有限公司联合出资设立的北京京港地铁有限公司负责投资建设。北京地铁 4 号线被看作是我国第一个按照市场化运作的轨道交通领域 PPP 项目成功案例，开创了我国采用 PPP 模式建设轨道交通的先河。

二、客流量

根据朱晶晶（2015）、阚敦慧（2017）及相关文献资料，北京地铁 4 号线 2010~2016 年实际客流量数据如表 7-1 所示。由于该项目 2009 年 9 月才开始运营，因此 2009 年不入选预测数据序列。

表 7-1　北京地铁 4 号线 2010~2016 年实际客流量

年份	2010	2011	2012	2013	2014	2015	2016
客流量（万人次）	25947	31647	35062	44507	44583	41508	42645
增长率（%）	—	21.97	10.79	26.94	0.17	-6.90	2.74

资料来源：笔者整理。

由表 7-1 分析可知，北京地铁 4 号线开通后的前 3 年客流量增长非常迅速，增长率一度高达 26.94%，从 2014 年以后客流量增长开始放缓，其间由于票价调整，客流量曾有小幅度回落，但由于地铁与其他公共交通方式相比具有更多的优势，客流量经小幅度回落后又开始缓慢增长。整体上看，2014 年以后客流量增长趋于平稳，不妨取 2016 年客流量增长率作为后面 9 年预测客流量增长率，并且假定从 2025 年开始客流量保持不变，客流量预测情况如表 7-2 所示。

表 7-2　北京地铁 4 号线客流量预测

年份	2010	2011	2012	2013	2014	2015	2016	2017	2018
客流量（万人次）	25947	31647	35062	44507	44583	41508	42645	43813	45014
增长率（%）	—	21.97	10.79	26.94	0.17	-6.90	2.74	2.74	2.74
年份	2019	2020	2021	2022	2023	2024	2025	2026~2039	
客流量（万人次）	46247	47515	48816	50154	51528	52940	54391	54391	
增长率（%）	2.74	2.74	2.74	2.74	2.74	2.74	2.74	0	

资料来源：笔者整理。

结合表 7 2 中有关数据，为了体现客流量的随机波动性，在系统动力学参数确定时，用 min、max、mean、stdev、seed 分别表示初始客流量的最小值、最大值、均值、标准差和种子，取值一般根据历史客流量数据或参考同类型其他轨道线路的数据确定。考虑到客流量增长的一般规律，客流增长率设置时分成三个阶段：快速增长阶段，即 time≤T_1，此时增长速度为 k_1；较慢增长阶段，即 T_1≤time≤T_2，增长速度为 k_2；当 time≥T_2 时，客流量基本上保持稳定，波动不大。

结合这个规律，将表 7-2 中北京地铁 4 号线客流量预测数据转化为如下形式：实际客流量第一年服从均值为 259（百万人次）、标准差为 2.5（百万人次）的正态分布；特许期 1~4 年内客流量增长率服从正态分布 N（21%，10%），5~

15 年增长率服从正态分布 N（2.74%，10%），16~30 年客流量基本保持不变。

同样，将原项目可行性研究报告中北京地铁 4 号线的预测客流量数据也转化成上述形式：预测客流量第一年服从均值为 205（百万人次）、标准差为 2.05（百万人次）的正态分布；特许期 1~4 年内客流量增长率服从正态分布 N（6.80%，0.68%），5~15 年增长率服从正态分布 N（0.80%，0.08%），16~30 年客流量基本保持不变。变换后的北京地铁 4 号线实际客流量和预测客流量的分布情况如表 7-3 所示。

表 7-3　实际客流量和原预测客流量对比

项目	初始客流量（亿人次）	1~4 年增长率（%）	5~15 年增长率（%）	16~30 年增长率（%）
实际客流量	2.51	21.0	2.0	0
可研报告预测客流量	2.05	6.8	0.8	0

资料来源：笔者整理。

三、运营成本

城市轨道交通运营成本通常包括人员工资、电能等能源消耗费用、设备维护修理费用、车辆运营费用、管理费用、车辆保洁费用等其他费用。在城市轨道交通 PPP 项目"A+B"模式中，运营成本还包括租金。本书按运营成本是否随着车公里数变化而变化将其划分为固定成本和变动成本，运营成本受驱动的因素可能为一个，也可能为多个①，本书假设车公里数是唯一的运营成本的驱动因素。由此，运营成本可以分解为固定成本和车公里成本两部分。

车公里成本为单位车公里成本和车公里数的乘积。田振清和任宇航（2011）、郝伟亚等（2012）对北京地铁 4 号线的评价研究结果表明，北京地铁 4 号线单位车公里成本为 13 元。考虑风险因素，假设单位车公里成本 C_v 服从均值为 13 的均匀分布，即 $C_v \in U$（12，14），单位为元/车公里。

参考《北京市公共交通价格成本监审报告》及北京市其他地铁公司运营成本，阚敦慧（2017）和向鹏成等（2019）对北京地铁 4 号线各年运营成本预测数据如表 7-4 所示。

---

① 皇甫小燕. 城市轨道交通车辆全寿命周期成本探讨［J］. 城市轨道交通研究，2012，15（5）：8-11.

表 7-4　北京地铁 4 号线成本预测值

年份	2010	2011	2012	2013	2014	2015
总成本费用（万元）	39371	46238	55838	56429	65009	85970
年份	2016	2020	2025	2030	2035	——
总成本费用（万元）	80680	81318	81765	83951	95143	——

资料来源：笔者整理。

第二节　模型参数的设定与检验

根据已构建的系统动力学模型，需要对模型的参数进行设定，并且进行有效性检验，这样才能作为满意度仿真模拟和利益调整的政策实验工具。

一、模型参数的确定

（一）模型参数确定的方法

系统动力学中参数的确定通常包括以下四种方法。

（1）查阅相关文献或历史数据可直接确定的参数。这类参数主要包括建设投资、政府资本性补贴比例、社会资本自有资金比例、资金回收系数、利率、税率、收益分享比例、最小客流量担保下限、票价清分率、预测初始客流量和实际初始客流量等。

（2）根据历史数据和相关文献，需经过统计、运算和推理确定的参数。这类参数主要包括实际票价、计算票价、预测客流量增量、实际客流量增量、补贴票价、补贴客流量、最低票价、最高票价、最低满载率、最高满载率、合理报酬上限、合理报酬下限等。

（3）根据回归分析和数学建模确定的参数。这类参数主要包括发车间隔、满载率等。

（4）根据所研究问题通过咨询相关专家或对企业进行调研获得的数据，这类参数主要包括车辆维修质量性能提升率、车辆质量性能衰减率、轨道交通最小出行意愿等。

在对基于系统动力学的城市轨道交通 PPP 项目满意度模型参数确定时，充分考虑上述各种方法，经过反复测试，并且结合案例城市轨道交通 PPP 项目的实际数据综合确定参数的合理取值。

（二）城市轨道交通 PPP 项目案例模型参数的确定

（1）查阅相关文献或历史数据，通过统计、推理及运算就能确定的参数，如表 7-5 所示。

表 7-5 部分系统动力学仿真参数确定

变量	赋值	变量	赋值
实际票价（元/人次）	1.83	建设投资（亿元）	153
补贴票价（元/人次）	计算票价-实际票价	政府投资比例（%）	70
收益分享比例	超过预测客流量10%以上收入的60%	社会资本自有资金比例（%）	30
最小出行意愿	0.9	银行贷款（亿元）	30.8
客流量担保下限（%）	90	资金回收系数	（等额还本付息，5.76%，25）
车辆初始质量性能	1	固定成本（亿元）	0.9
对车辆质量性能最低要求	0.75	票价清分率	0.52
预测初始客流量（亿人次）	2.05	计算票价（元/人次）	3.91
实际初始客流量（亿人次）	2.51	最小票价（元/人次）	2
折现率（%）	10	最高票价（元/人次）	5.34
所得税率（%）	15	最大补贴（亿元）	15.82
单位可变成本（元/车公里）	U（12，14）	合理报酬率下限（%）	6
最高满载率（%）	120	合理报酬率上限（%）	10

资料来源：笔者整理。

（2）需通过数学建模的参数确定。城市轨道交通服务水平（满载率）的确定需要经过数学建模来进行求解，基于城市轨道交通服务水平的发车间隔计算模型见第四章相关内容。城市轨道交通服务水平（满载率）的确定需要通过粒子群算法来实现。

如前文所述，发车间隔是非常重要的一个运营参数。对乘客来说，发车间隔不仅影响乘客的候车时间，还影响着列车的满载率继而影响乘客满意度；对社会资本方来说，发车间隔直接关系到企业的运营成本，决定着项目的净收益，故而影响社会资本满意度。在第四章"基于发车间隔的轨道交通服务水平研究"中，构造了乘客广义出行成本最小和社会资本特许期内总成本最小的多目标决策模型，并且提出了粒子群求解算法。在该模型中，同一个年度的年均发车间隔是相同的，不同年度的发车间隔不尽相同，并且随着运营年度的增加呈逐渐变短的趋势。现结合北京地铁 4 号线 PPP 项目案例实际运营数据，确定特许期内年均最优发车间隔，并且以此为基础确定轨道交通满载率及社会资本方运营成本。发车间隔多目标优化模型中参数取值如表 7-6 所示。

表 7-6　发车间隔多目标优化模型中参数取值

序号	变量符号	含义	取值
1	I	总投资额（亿元）	153
2	λ	社会资本投资比例（%）	30
3	T	特许经营期（年）	30
4	T_c	建设期（年）	此处假设在第一年初全部投入
5	L	线路长度（千米）	50
6	l	平均运距（千米）	9.1
7	h	发车时间间隔（分）	待求变量
8	C_F	固定成本（亿元）	0.9
9	C_V	单位变动成本（元/车公里）	服从均匀分布 U（12，14）
10	Q_t	第 t 年实际客流量（百万人次）	第一年服从均值为 259（百万人次），标准差为 2.5（百万人次）的正态分布；特许期 1~4 年内客流量增长率服从正态分布 N（21%，10%），5~15 年增长率服从正态分布 N（2%，10%），16~30 年客流量基本保持不变
11	q	列车定员（人）	240
12	b	列车编组数（辆）	6
13	μ	时间费用价值系数（元/小时）	28.5
14	δ	满载率惩罚系数（元/人）	$\delta_1 = 3$，$\delta_2 = 4$，$\delta_3 = 6$
15	η	满载率（%）	中间变量
16	ω_1，ω_2	待定系数	$\omega_1 = 0.4$，$\omega_2 = 0.6$
17	h_{min}，h_{max}	最小、最大发车间隔（分钟）	$h_{min} = 2$，$h_{max} = 6$

资料来源：笔者整理。

通过粒子群算法，当模拟到 4000 次左右时，图 7-2 给出了不确定数据输入的优化结果。该模型在不到 1500 次迭代内就达到了最优值，并且保持稳定，反映了该模型具有较高的收敛速度。

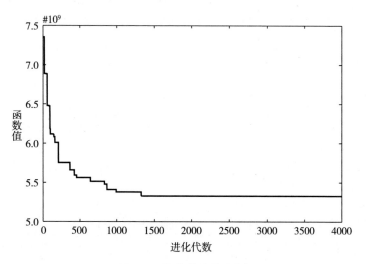

图 7-2　最优值迭代次数

注：终止代数=4000。

这里需要强调的是，在用粒子群算法对发车间隔优化的过程中，模型综合考虑了城市轨道交通运营企业和乘客的矛盾。在模型中引入加权系数 a 和 b。在保证 a+b=1 的前提下，a 值较大时，在调度中侧重考虑城市轨道交通运营企业的经济效益；b 值较大时，则尽可能保障乘客的舒适程度。不妨设 a=0.4，b=0.6，以相邻发车间隔 5 秒为步长进行迭代，年平均发车间隔如表 7-7 所示。

表 7-7　发车间隔优化结果

特许经营期（年）	1	2	3	4	5	6	7	8	9	10
发车间隔（秒）	275	250	225	195	180	180	180	175	170	170
特许经营期（年）	11	12	13	14	15	16	17	18	19	20
发车间隔（秒）	160	160	155	150	150	150	145	145	145	140
特许经营期（年）	21	22	23	24	25	26	27	28	29	30
发车间隔（秒）	140	135	130	130	130	130	125	125	120	120

资料来源：笔者整理。

将表7-7得到的发车间隔代入系统动力学模型,得到城市轨道交通发车间隔如图7-3所示。横轴表示经营年份,纵轴表示轨道交通发车间隔。从图中可以看出,在特许期的前期,由于客流量增长迅速,发车间隔变短,以提高列车的运能;当后期客流量增长缓慢时,发车间隔变短、幅度降低。在特许经营期客流量基本维持不变的阶段,随着发车间隔变短,列车的拥挤程度得到缓解,表现为城市轨道交通服务水平有所提高。图7-4是系统模拟出的乘客对服务水平满意度,横轴表示经营年份,纵轴表示乘客对服务水平满意度。在特许经营的中后期,随着客流量逐渐趋于稳定,发车间隔小幅度缩短,导致服务水平有所提高。

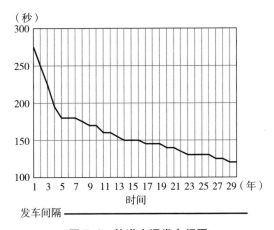

图7-3 轨道交通发车间隔

注:横轴中"1"代表特许经营期第1年,共30年。

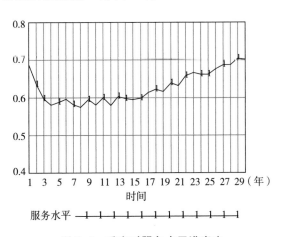

图7-4 乘客对服务水平满意度

注:横轴中"1"代表特许经营期第1年,共30年。

（3）需咨询相关专家或到企业调研的参数确定。系统动力学模型中，车辆维修质量性能提升率、车辆质量性能衰减率、城市轨道交通最小出行意愿等需要咨询有关专家，因这类参数大多与时间有关，故采用表函数变量设置，上文确定的发车间隔也须用表函数来设置，如表7-8所示。

表7-8　表函数变量赋值

变量	表函数
发车间隔	[（0，0），（30，360）]，（0，0），（1，275），（2，250），（3，225），（4，195），（5，180），（6，180），（7，180），（8，175），（9，170），（10，170），（11，160），（12，160），（13，155），（14，150），（15，150），（16，150），（17，145），（18，145），（19，145），（20，140），（21，140），（22，135），（23，130），（24，130），（25，130），（26，130），（27，125），（28，125），（29，120），（30，120）
车辆质量性能衰减率	[（0，0），（30，1）]，（0，0），（1，0.025），（2，0.03），（3，0.035），（4，0.04），（5，0.05），（6，0.06），（7，0.025），（8，0.03），（9，0.035），（10，0.04），（11，0.05），（12，0.06），（13，0.025），（14，0.03），（15，0.035），（16，0.04），（17，0.05），（18，0.06），（19，0.025），（20，0.03），（21，0.035），（22，0.04），（23，0.05），（24，0.06），（25，0.025），（26，0.03），（27，0.035），（28，0.04），（29，0.05），（30，0.06）
车辆维修质量性能提升率	[（0，0），（30，1）]，（0，0），（1，0），（2，0），（3，0），（4，0），（5，0），（6，0.175），（7，0），（8，0），（9，0），（10，0），（11，0），（12，0.28），（13，0），（14，0），（15，0），（16，0），（17，0），（18，0.175），（19，0），（20，0），（21，0），（22，0），（23，0），（24，0.28），（25，0），（26，0），（27，0），（28，0），（29，0.09），（30，0）

资料来源：笔者整理。

二、模型检验

系统动力学模型建完后，为了验证模型的结构和功能是否合理有效，需要进行一系列的检验，如模型结构检验、单位的一致性检验、仿真与实际对比验证及极端性测试等，只有通过上述检验的模型才能作为指导实践和辅助决策的有效工具。本书分别对模型进行了结构检验、单位一致性检验、仿真与实际对比验证和极端性测试。

（1）模型结构检验。通过系统动力学 Vensim 软件中 Check Model 选项，可以对模型进行结构检验。若检验不通过，会提示错误信息，并且无法进行系统仿真。本模型的结构检验显示"Model is Ok"，表明检验通过。

（2）单位一致性检验。通过系统动力学 Vensim 软件中的 Units Check 功能，对模型中的变量单位进行一一检验，系统显示"Units are A. O. K.."，表明模型的变量单位通过了一致性检验。

（3）仿真与实际对比验证。为了验证构建模型仿真的有效性，选取了具有代表性的运营成本和政府补贴与实际情况进行对比，仿真模拟的运营成本和政府补贴如图 7-5 和图 7-6 所示。

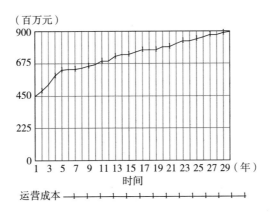

图 7-5　运营成本仿真值

注：横坐标中"1"代表特许经营期第 1 年，即 2010 年，"3"代表特许经营期第 3 年，即 2012 年，以此类推。

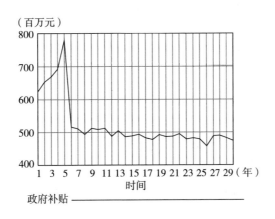

图 7-6　政府补贴仿真值

注：横坐标中"1"代表特许经营期第 1 年，即 2010 年，"3"代表特许经营期第 3 年，即 2012 年，以此类推。

图 7-5 为运营成本模拟值变动情况，项目第一年即 2010 年，运营成本为 4.47 亿元，随着客流量的剧增，车公里数的增加，运营成本也快速攀升至 2015 年的 6.28 亿元。此后客流量进入慢速增长阶段，车公里数缓慢增加，运营成本从 2015 年的 6.28 亿元上升至 2024 年的 7.37 亿元。随后客流量几乎维持不变，随着运营条件的改善，发车间隔进一步缩短，运营成本从 2024 年的 7.37 亿元攀升到运营期末的 8.74 亿元。

图 7-6 为政府补贴模拟值变动情况。2014 年末以前，北京实行 2 元通票制，车票价格较低，政府补贴压力较大。从项目第一年即 2010 年，政府补贴为 6.18 亿元，随着客流量的大幅度增加，政府支付的实际票价与计算票价间的差额也大幅度增加，政府补贴快速增长到 2014 年末的 7.71 亿元，补贴涨幅为 24.76%。随着城市轨道交通票价的改革，实行按里程计费，2015 年政府补贴有了较大幅度的下降，降至该年末的 4.96 亿元，此后政府补贴维持在 4.72 亿元左右。

尽管北京京港地铁有限公司一直没有公布运营成本和政府补贴的数据，但运营成本和政府补贴的模拟值与阚敦慧（2017）和向鹏成等（2019）的研究结果及新闻媒体公开报道数据非常接近，说明了本书所构建的系统动力学模型能较好地模拟案例城市轨道交通 PPP 项目的实际情况。

（4）极端性测试。极端情况测试是假设变量取极端值（0 或无穷大）时，用来测试模型在极端条件下模拟结果能否符合现实中的规律，从而用来验证模型的可靠性。

以车票价格为例进行极端性测试，运行结果如图 7-7、图 7-8、图 7-9 和图 7-10 所示。图 7-7 表明当从项目第 6 年，即 2015 年把车票价格降为 0 元时，政府的补贴从 7.6 亿元猛增至 11.8 亿元，此后一路上升至 12.4 亿元附近，造成这种情况的原因是：车票价格降为 0 元时，为了维持企业的正常运转，政府需要支付本应由乘客支付的票价，故补贴大幅度上升。图 7-8 表明当项目第 6 年把车票价格降为 0 元时，乘客不用支付车票费用，故对免票行为十分满意，满意度为 1。图 7-9 表明当项目第 6 年把车票价格降为 0 元时，企业的车票收入为 0 元，完全靠政府补贴。图 7-10 表明当项目第 6 年把车票价格降为 0 元时，政府的补贴从当年的 7.6 亿元猛增至 11.8 亿元，并一路攀升至 12.4 亿元附近，大大超出了政府补贴能力，此时政府对补贴满意度为 0.12，接近于 0，政府感到十分不满意。以上测试情况都说明了模型在极端条件下也是与现实规律相符的。

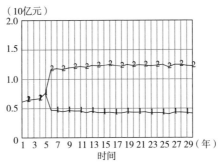

图 7-7 票价极端条件下的政府补贴测试

注：横坐标中"1"代表特许经营期第 1 年，即 2010 年，"3"代表特许经营期第 3 年，即 2012 年，以此类推。

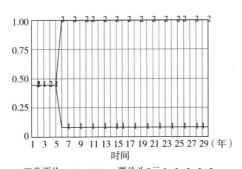

图 7-8 票价极端条件下的乘客对价格满意度测试

注：横坐标中"1"代表特许经营期第 1 年，即 2010 年，"3"代表特许经营期第 3 年，即 2012 年，以此类推。

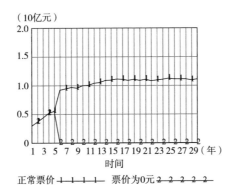

图 7-9 票价极端条件下的运营收入测试

注：横坐标中"1"代表特许经营期第 1 年，即 2010 年，"3"代表特许经营期第 3 年，即 2012 年，以此类推。

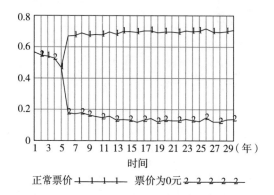

图 7-10　票价极端条件下的政府对补贴满意度测试

注：横坐标中"1"代表特许经营期第 1 年，即 2010 年，"3"代表特许经营期第 3 年，即 2012 年，以此类推。

第三节　城市轨道交通 PPP 项目
利益相关者满意度仿真分析

一、运行现状分析

（一）社会资本满意度基本模拟

北京地铁 4 号线主要通过两个风险分担机制来协调政府和社会资本间的利益。首先是票价分担机制，规定若实际票价小于按社会资本预期回报率测算的计算票价，政府将给予票价差额补贴，若实际票价大于计算票价，政府将分享超过约定部分的 70%票价收益。其次是客流量分担机制，规定若实际客流量连续 3 年低于预测客流量的 80%，社会资本方可申请补偿或放弃项目；当实际客流量超过预测客流量时，政府将分享超出预测客流量 10%以内票款收入的 50%、超出预测客流量 10%以上票款收入的 60%。实际上，北京地铁 4 号线实际客流量远超预测客流量，在运营的第 3 年度，即 2012 年客流量已达到 3.5 亿人次，高出原项目可行性研究报告中 2017 年预测的客流量 0.73 亿人次（2017 年预测客流量为2.77 亿人次）和 2032 年预测的客流量 0.23 亿人次（2032 年预测客流量为 3.27亿人次）并且实际客流量一直呈上升趋势。到 2017 年末，客流量已达到 4.38 亿人次，远远超过预测客流量水平。

净现值能较好地反映社会资本的收益状况。为了分析的方便，不妨以折现率为 10% 对城市轨道交通 PPP 项目收益进行模拟，以辅助政府和社会资本投资者进行决策，净现值模拟结果如表 7-9 所示。其中，表中的内部收益率（IRR）为所对应年份为特许期的计算值，如特许期为第 25 年，此时项目的内部收益率为13.51%。图 7-11 为城市轨道交通 PPP 项目总收入、总成本及净现值模拟图。

表 7-9　城市轨道交通 PPP 净现值（NPV）和内部收益率（IRR）模拟结果

年份	NPV（万元）	IRR（%）	年份	NPV（万元）	IRR（%）	年份	NPV（万元）	IRR（%）
1	−151000	—	11	−31000	6.91	21	42400	12.69
2	−146000	—	12	−20300	8.21	22	46300	12.84
3	−137000	—	13	−10200	9.24	23	49600	13.10
4	−127000	—	14	−1120	9.95	24	55600	13.32
5	−116000	—	15	7190	10.71	25	61300	13.51
6	−102000	—	16	14900	11.25	26	664000	13.65
7	−85500	—	17	22000	11.66	27	70800	13.77
8	−70000	—	18	27900	11.99	28	74900	13.88
9	−55900	—	19	33200	12.28	29	78500	13.96
10	−43200	—	20	38200	12.50	30	81700	14.03

资料来源：笔者整理。

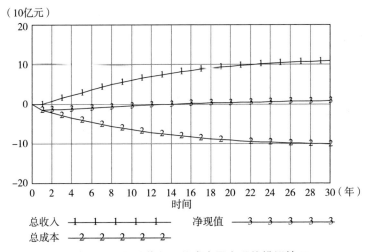

图 7-11　项目总收入、总成本及净现值模拟情况

注：横坐标中"2"代表特许经营期第 2 年，"4"代表特许经营期第 4 年，共 30 年。

从表 7-9 可以看出，项目第 14 年和第 15 年的净现值分别是 -1120 万元和 7190 万元，通过进一步估算，需要 14.04 年就能收回项目动态投资，与原项目可行性研究报告中 15 年回收期较接近。另外，该项目持续到第 30 年结束时，整个项目的净现值为 8.17 亿元，此时所对应的内部收益率为 14.03%，高于内部收益率为 6%~10% 的合理水平，社会资本方对预期收益感到非常满意，满意度为 1，社会资本满意度表示为一条纵坐标值为 1 的水平线，如图 7-12 所示。

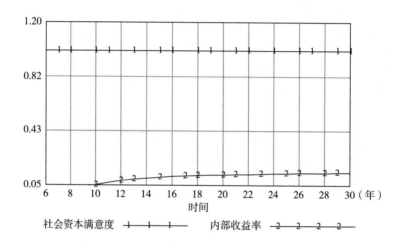

图 7-12 社会资本满意度及不同特许期所对应的内部收益率

注：横坐标中"6"代表特许经营期第 6 年，"8"代表特许经营期第 8 年，共 30 年。

（二）政府满意度基本模拟

图 7-13 是政府满意度、政府对社会效益满意度及政府对补贴满意度的变化趋势。

1. 政府对社会效益满意度模拟情形

政府对社会效益满意度主要来自项目给政府带来的实际社会效益与政府预期社会效益的比较。通过前面的分析，社会效益与城市轨道交通客运周转量密切相关。在城市轨道交通线路平均运距不变的情况下，社会效益与城市轨道交通客流量成正比。北京地铁 4 号线开通的第一年（2010 年）和第二年（2011 年），实际客流量与原可行性研究报告中预测客流量分别为 2.59 亿人次、2.03 亿人次和 3.16 亿人次、2.19 亿人次，客流量的比值分别为 1.28 和 1.44，由社会效益满意隶属度函数可知（见第四章），此时政府对社会效益满意度分别为 0.77 和 0.89，处于满意的层次；从项目第 3 年开始，实际客流量与预测客流量的比值都大于 1.5，此时政府对社会效益满意度为 1，如图 7-13 所示。由此可见，由于北京地铁 4 号线实际客流量远超预期，给政府带来了巨大的社会效益，政府对此感到十分满意。

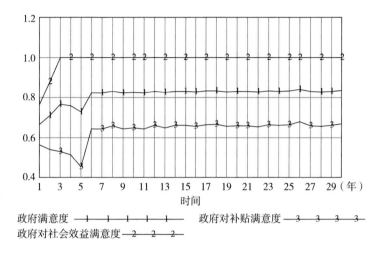

图 7-13　政府满意度变化趋势

注：横坐标中"1"代表特许经营期第 1 年，即 2010 年，"3"代表特许经营期第 3 年，即 2012 年，以此类推。

2. 政府对补贴满意度模型情形

政府对补贴满意度来自政府实际的补贴支出与对同期其他轨道交通线路平均补贴值对比感知。在项目运营的前 5 年（2010～2014 年），北京市实行地铁票价一票制 2 元，随着客流量的激增，政府的补贴也随之提高，从 2010 年的 6.19 亿元增加到 2014 年的 7.71 亿元。由政府补贴的满意隶属度函数计算可知（见第四章），政府对补贴满意度从 2010 年的 0.56 一路下滑到 2014 年的 0.46。整个运营期的前 5 年，政府对补贴满意度都低于 0.60，政府对补贴的效果感到不太满意。这主要是因为全程实行 2 元的通票制，随着客流量的激增，政府的"客流量"补贴也迅速增加，给政府造成了很大的财政负担。正是因为感受到了巨大的财政压力，2014 年末，北京市召开地铁票价调价听证会，于当年的 12 月 28 日起，将票价 2 元制调整为现行的按公里计程票制。从 2015 年开始，尽管实际客流量仍在缓慢增加，但由于客流量风险分担机制的存在，政府分享超出原预测客流量 10%

以上收益部分的 60%，有效应对了客流风险，此时政府的每年补贴维持在 4.72 亿元左右，但波动幅度不大，对应的政府对补贴满意度值为 0.66，表明政府对补贴满意度为一般。

因此，综合政府对社会效益和补贴满意度的变化趋势，政府整体满意度也呈现出在项目的前 5 年中有一个小幅度的下滑，而后维持在一个相对平稳的水平，此时政府满意度为 0.83（项目第 30 年），表明政府总体上对北京地铁 4 号线运营效果感到满意，如图 7-13 所示。

（三）乘客满意度基本模拟

图 7-14 是乘客满意度、乘客对车辆质量性能、服务水平及价格满意度的变化趋势。

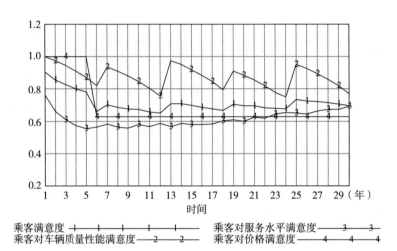

图 7-14 乘客满意度变化趋势

注：横坐标中 "1" 代表特许经营期第 1 年，即 2010 年，"3" 代表特许经营期第 3 年，即 2012 年，以此类推。

1. 乘客对车辆质量性能满意度的模拟情形

乘客对车辆质量性能的满意度，主要取决于日常乘车过程中乘客对车辆的行车平稳、车体震动、车辆加速或制动的顿挫及车厢内温度、湿度、通风和照明等乘车环境的实际感受。由前文分析可知，车辆的质量性能主要由车辆质量性能衰减速率和维修后车辆质量性能提升速率决定。由图 7-14 可知，在运营期的前 6 年内，车辆的质量性能呈现逐年递减的趋势，尽管这段时间对车辆采取了日常维修、列检、半月检和月检等维护措施，但这些措施只会降低车辆质量性能的劣化速率，并不能改善车辆的质量状况，因此前 6 年车辆的质量性能从最开始的 1 下降到第 6 年的 0.82。后经过车辆的架修后，车辆的质量性能得到大幅度改善，上升到第 7 年初的 0.93，再开始新一轮的质量性能衰减，到第 12 年末该值变为 0.76，勉强达到了乘客所要求的最低质量性能 0.75。在第 12 年末经过厂修后，质量性能重新得到大幅度改善，变化为第 13 年初的 0.97，而后开始第三轮质量性能衰减。这样交替循环一直维持到特许期结束时，经过架修后，质量性能恢复到 0.76。图 7-14 中车辆质量性能峰值出现时间与架修和厂修的发生时间有一年的时间间隔，这是因为模型存在一阶延迟现象。

2. 乘客对服务水平满意度的模拟情形

乘客对服务水平满意度主要取决于乘客对拥挤的感知。项目运营前 5 年，由于客流量的激增，虽然发车间隔在不断缩短，但平均满载率还是呈上升趋势，由 2010 年的 0.53 上升到 2014 年的 0.65，对应的乘客对服务水平满意度由 2010 年的 0.76 下降到 2014 年的 0.54（见图 7-14）。此后到项目运营的第 20 年，服务水平满意度基本上维持在 [0.54，0.56] 并呈小幅度波动。此后随着发车间隔小幅度的缩短，乘客对服务水平满意度有所提高，从项目运营第 20 年的 0.56 持续上升到项目特许期末的 0.67。整体上看，乘客对服务水平满意度为一般。

3. 乘客对价格满意度的模拟情形

乘客对价格满意度主要取决于实际票价与预期票价或其他交通方式票价的对比。在项目运营的前 5 年，由于实行 2 元的通票制，乘客对价格满意度非常高，此时乘客对价格满意度为 1（见图 7-14）。2014 年末，车票价格提高到 3.34 元后，乘客对价格满意度急剧下降，由价格满意的隶属度函数可知，2015 年的价格满意度为 0.63，一直持续到特许期末。部分学者也印证了这一结论，对北京市轨道交通票价与乘客满意度情况进行了调查，发现有超过 90% 的受访者认为没有感受到补贴给自己带来的好处或认为补贴的力度还不够大，这也印证了现行的补贴政策主要是涉及政府和社会资本方的利益，对乘客满意度影响很小或没有影响。

因此，综合乘客对车辆质量性能、服务水平和价格满意度情况，乘客满意度也呈现出前 5 年急速下滑的趋势，随着车辆质量性能的变化，也呈现出周期性的起伏过程，只不过起伏的程度相对较小。到特许期末，乘客满意度为 0.72，满意度水平为"一般"。

(四) 三方满意度基本模拟分析

从基本模拟情况来看,社会资本满意度最高,满意度为 1;整个特许期的内部收益率高达 14%,超过了社会资本的预期,也超过了合理报酬率 10% 的上限值。因此,在整个特许期内,社会资本满意度为一条数值为 1 的水平线。乘客在特许期末的满意度为 0.72,是三者中最低的;政府在特许期末的满意度为 0.83,介于社会资本和乘客之间。根据第四章表 4-6 满意度五级度量标准,社会资本满意度水平为"十分满意",政府满意度水平为"满意",而乘客满意度水平为"一般"。从这个角度上说,需要提高乘客满意度,降低社会资本满意度,政府满意度可适当不变,如图 7-15 所示。

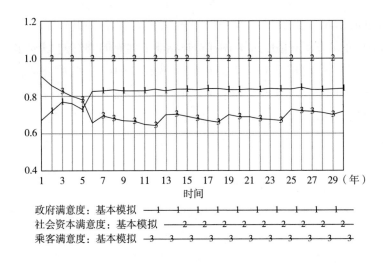

图 7-15 政府、社会资本和乘客三方满意度变化趋势

注:横坐标中"1"代表特许经营期第 1 年,即 2010 年,"3"代表特许经营期第 3 年,即 2012 年,以此类推。

上述情况是对北京地铁 4 号线截至 2018 年底的运行情况进行模拟。模拟结果显示社会资本满意度最高,而乘客满意度最低,政府满意度介于两者之间,并且三方满意度水平不处于同一层次。为了探讨能够提高乘客满意度并降低社会资本满意度的方法,需要寻求影响三方满意度的因素,特别是要考虑风险的发生对三方满意度的影响,下面通过改变部分变量的赋值来观测三方满意度的变化。

二、市场风险对三方满意度的影响

(一) 市场风险对政府满意度的影响

现在假定从运营期第 9 年（2018 年）起到特许期末，由于通货膨胀导致人工成本、动力能源价格或银行利息等较大幅度上涨，使车公里成本上涨 20%，由前文分析可知，对于这类市场风险，政府通常和社会资本约定，在一定范围内，该风险由社会资本方承担；若超过这个幅度，由政府和社会资本方共同分担。参考同类型轨道交通 PPP 合同，假定由政府和社会资本方按照 6∶4 的比例分担市场风险。运用 Vensim 软件对政府满意度和政府对补贴满意度进行模拟，发现从第 9 年开始，政府对补贴满意度开始降低，从 0.66 下降到 0.61（项目第 10 年），下降 7.58%，并且一直持续到特许期结束，其间波动不大。受政府对补贴满意度降低的影响，政府整体满意度也有所降低，从 0.839 降低到 0.805（项目第 10 年），下降 4.05%，下降幅度小于政府对补贴满意度的降低幅度。这是政府对社会效益满意度没有受到影响的缘故。因此，当市场风险在政府和社会资本方共同分担的情况下，会降低政府满意度，如图 7-16 所示。

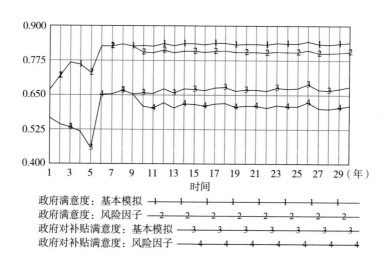

图 7-16 市场风险对政府满意度的影响

注：横坐标中"1"代表特许经营期第 1 年，即 2010 年，"3"代表特许经营期第 3 年，即 2012 年，以此类推。

同样地，观察上述风险发生后对社会资本净现值的影响。以 10%的折现率来

进行模拟,当政府和社会资本方风险分担比例仍为 6∶4 的情况下,社会资本方
净现值从 8.17 亿元下降到 6.73 亿元(项目第 30 年),下降 17.63%。此时社会
资本方的内部收益率为 13.93%,比风险发生前内部收益率 14.03% 同比降低
0.71%。由于风险发生后内部收益率还是远大于合理报酬率上限值 10%,社会资
本满意度仍然维持在非常满意的水平,如图 7-17 所示。

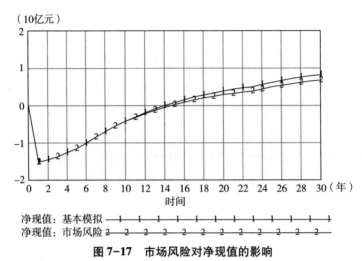

图 7-17 市场风险对净现值的影响

注:①横坐标中"2"代表特许经营期第 2 年,"4"代表特许经营期第 4 年,共计 30 年;②净现值
(基本模拟)曲线数值见表 7-9。

(二)市场风险分担比例对政府满意度的影响

上述市场风险是在政府和社会资本方按 6∶4 比例分担,即政府分担 60% 的
风险。若政府和社会资本方改变风险分担比例,现在分别模拟政府分担风险的
50%、40%、30%、20% 的情况,发现随着政府分担风险比例的降低,政府满意
度逐渐提高,项目第 30 年时的政府满意度分别为 0.810(政府分担比例为
50%)、0.816(政府分担比例为 40%)、0.822(政府分担比例为 30%)和 0.828
(政府分担比例为 20%)。因此,在市场风险发生的情况下,随着政府风险分担
比例的降低,政府满意度是逐渐提高的,如图 7-18 所示。

(三)市场风险分担比例对净现值的影响

下面来分析上述风险发生后,在政府和社会资本方风险分担比例变化的情况
下对项目净现值的影响。

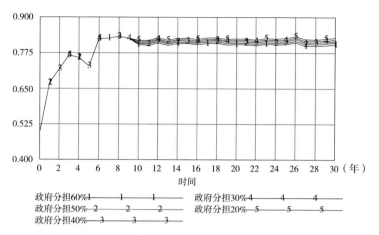

图 7-18　市场风险分担比例对政府满意度的影响

注：横坐标中 "2" 代表特许经营期第 2 年，"4" 代表特许经营期第 4 年，共计 30 年。

当上述市场风险分别由政府分担 50%、40%、30%、20%，在其他条件不变的情况下，项目的净现值依次降低，项目第 30 年时的净现值分别为 6.38 亿元（政府分担比例为 50%）、6.02 亿元（政府分担比例为 40%）、5.66 亿元（政府分担比例为 30%）和 5.30 亿元（政府分担比例为 20%）。因此，在市场风险发生的情况下，随着政府分担比例的降低，项目的净现值是依次减少的，如图 7-19 所示。

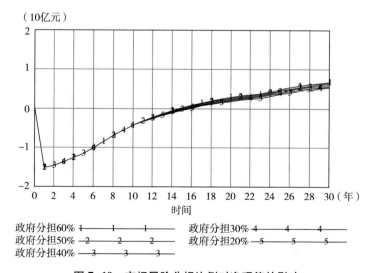

图 7-19　市场风险分担比例对净现值的影响

注：横坐标中 "2" 代表特许经营期第 2 年，"4" 代表特许经营期第 4 年，共计 30 年。

三、收益分享比例对三方满意度的影响

（一）收益分享比例对政府满意度的影响

北京地铁 4 号线自 2009 年开通后，实际客流量远超可行性研究报告中的预测客流量，客流量风险较高。虽然合同中关于客流量风险做出了较合理的分担，即政府分享超出预测客流量10%以上收益的60%，但在对项目社会资本方实际收益的模拟中，发现其内部收益率仍然超过了 PPP 项目合理报酬率10%的上限，社会资本方获得较多的超额收益。为了降低社会资本方的收益，现将政府超额收益的分享比例分别提高到80%和100%两个档次，模拟对三方满意度的影响。

通过模拟，当政府超额收益分享比例提高到80%和100%时，政府满意度分别为0.88和0.91（项目第30年），比分享比例为60%时的满意度0.83要分别高出0.05和0.08。这说明随着政府超额收益分享比例的提高，政府满意度会逐渐上升。政府超额收益比例的提高，会使财政补贴负担减轻，政府对补贴满意度会提高，从而导致政府整体满意度提高，如图7-20所示。

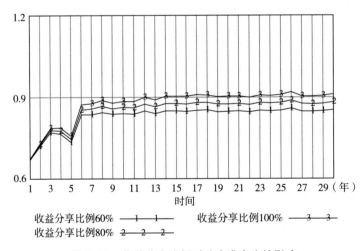

图 7-20　收益分享比例对政府满意度的影响

注：横坐标中"1"代表特许经营期第1年，"3"代表特许经营期第3年，共计30年。

（二）收益分享比例对社会资本满意度的影响

在折现率为10%、其他条件不变的情况下，政府超额收益分享比例分别提高到80%和100%，项目的净现值分别为3.05亿元和-3568万元，比政府超额收益

分享比例为 60% 的净现值 8.17 亿元（项目第 30 年）分别下降了 62.67% 和 104.4%（见图 7-21）。由此可见，超额收益的分享比例对净现值的影响是很显著的。特别是当政府超额收益分享比例提高到 100% 时，社会资本方的净现值出现负值，这表明项目此时的内部收益率要低于 10%，经过测算其内部收益率为 9.67%，此时社会资本方的满意隶属度函数值为 0.967（见图 7-22）。这也说明提高政府收益分享比例是降低社会资本满意度、提高政府满意度的一个重要途径。

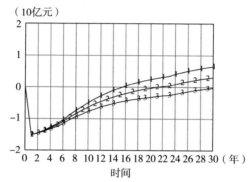

图 7-21　收益分享比例对净现值的影响

注：横坐标中"10"代表特许经营期第 10 年，"20"代表特许经营期第 20 年，共计 30 年。

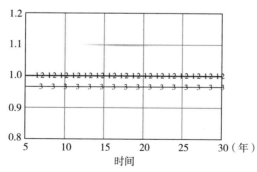

图 7-22　收益分享比例对社会资本满意度的影响

注：横坐标中"10"代表特许经营期第 10 年，"20"代表特许经营期第 20 年，共计 30 年。

（三）收益分享比例对乘客满意度的影响

将政府收益分享比例从 60% 分别提高到 80% 和 100%，通过模拟发现乘客满意度不受上述变化的影响，还是维持在政府收益分享比例为 60% 的水平（见图 7-23）。这说明，政府的补贴和收益分配政策对乘客满意度基本上没有影响。肖翔和肖雪悦（2018）也印证了这一结论，该团队对北京市轨道交通票价与乘客满意度情况进行了调查，这些被调查者日常以轨道交通和公交车出行为主，在对 1517 份有效问卷进行统计分析的基础上，发现有超过 90% 的受访者认为没有感受到补贴给自己带来的好处或认为补贴的力度不够大，这也印证了现行的补贴政策主要涉及政府和社会资本方 0.798 的利益，对乘客满意度的影响很小或没有影响。

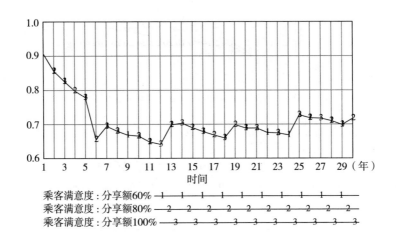

图 7-23 收益分享比例对乘客满意度的影响

注：横坐标中"1"代表特许经营期第 1 年，"3"代表特许经营期第 3 年，共计 30 年。

四、服务水平对三方满意度的影响

（一）服务水平对政府满意度的影响

由前文分析可知，服务水平主要通过满载率来体现，随着发车间隔的缩短，车厢的满载率也随之降低，乘客的舒适度提高，乘客对服务水平满意度也会得到提高。为了观测服务水平对政府满意度的影响，将发车间隔缩小 5%、10%、15% 和 20% 以模拟服务水平提高 5%、10%、15% 和 20% 的情况。经过模拟，发现服务水平的改善对政府满意度的影响很小，上述四种服务水平下的政府满意度曲线基本上重合在一起（见图7-24）。为了进一步观测细微的变化，将政府满意度曲线局部放大（见图7-25），发现随着服务水平的提高，政府满意度也依次随之提高，只不过提高的幅度非常有限。这主要是因为随着服务水平的提高，吸引了更多的乘客乘坐轨道交通，城市轨道交通的社会效益也随之增加。

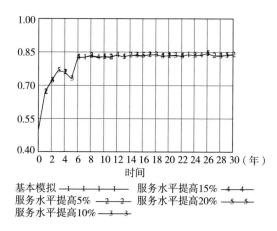

图7-24　服务水平对政府满意度的影响

注：横坐标中"2"代表特许经营期第2年，"4"代表特许经营期第4年，共计30年。

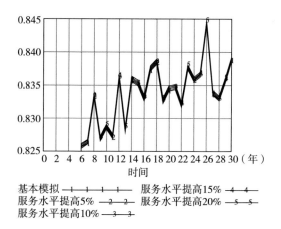

图7-25　服务水平对政府满意度的影响（放大）

注：横坐标中"2"代表特许经营期第2年，"4"代表特许经营期第4年，共计30年。

另外，需要说明的是，政府满意度曲线在项目运营的第 6~30 年中有小幅度波动，这主要是因为客流量的波动造成了政府对补贴和社会效益满意度的波动。

（二）服务水平对社会资本满意度的影响

同样模拟服务水平提高 5%、10%、15% 和 20% 对社会资本净现值和满意度的影响。在折现率为 10%、其他条件不变的情况下，服务水平提高 5%、10%、15% 和 20%，社会资本的净现值在特许期末分别为 6.18 亿元、3.97 亿元、1.49 亿元和 -1.29 亿元，比服务水平维持现状下的净现值 8.17 亿元分别降低 24.36%、51.41%、81.76% 和 115.79%（见图 7-26）。由此可见，随着服务水平的不断提高，社会资本的净现值将会大幅度降低，这说明服务水平对社会资本方的净现值影响效果非常明显，这也是社会资本方因发车间隔与政府和乘客博弈的主要原因。服务水平提高 5%、10%、15% 和 20%，前三种服务水平在折现率为 10% 时，社会资本的净现值都大于 0，这说明内部收益率都大于合理报酬率的上限值 10%，此时社会资本的满意隶属度值都为 1，因此前三种服务水平下的社会资本满意度是纵坐标为 1 的水平线（见图 7-27）。当服务水平提高到 20% 时，社会资本方的净现值为 -1.29 亿元，此时社会资本的内部收益率为 9.28%，对应的社会资本满意度为 0.928。

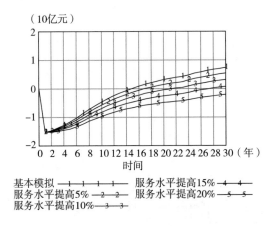

图 7-26　服务水平对净现值的影响

注：横坐标中"2"代表特许经营期第 2 年，"4"代表特许经营期第 4 年，共计 30 年。

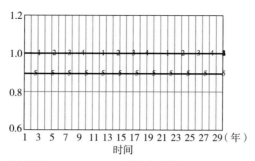

图 7-27　服务水平对社会资本满意度的影响

注：横坐标中"1"代表特许经营期第 1 年，"3"代表特许经营期第 3 年，共计 30 年。

（三）服务水平对乘客满意度的影响

当服务水平依次提高 5%、10%、15% 和 20% 时，乘客满意度从特许经营期第 30 年的 0.71 分别增加到 0.73、0.74、0.75 和 0.76，增加幅度分别为 2.82%、4.23%、5.63% 和 7.04%（见图 7-28）。这说明随着服务水平的提高，乘客满意度会不断提高，但提高的幅度有限。

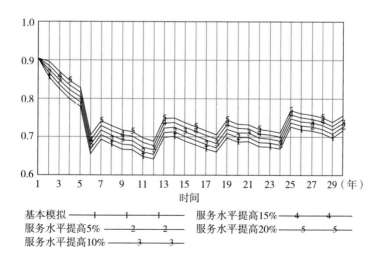

图 7-28　服务水平对乘客满意度的影响

注：横坐标中"1"代表特许经营期第 1 年，"3"代表特许经营期第 3 年，共计 30 年。

五、票价对三方满意度的影响

(一) 票价对政府满意度的影响

假设从项目运营期第 10 年（2019 年）开始，在现有票价基础上依次把票价降低 10%、20%、30% 和 50%，在其他条件不变的情况下，政府满意度从项目第 30 年的 0.83 依次降低到 0.81、0.79、0.75 和 0.70，降低幅度分别为 2.41%、4.82%、9.64% 和 15.66%（见图 7-29）。这说明随着票价的不断降低，政府满意度也会逐渐下降，两者呈同向变化。这是因为随着票价的降低，政府的补贴额会随之增大，财政补贴的压力会持续增加，因而政府对补贴满意度会不断降低。尽管在这个过程中，票价的降低会吸引一部分客流量，政府对社会效益满意度会有所提高，但由于吸引的客流量有限，社会效益给政府带来的满意度提高远不及补贴给政府带来的满意度下降。因此，从整体上看，政府满意度是降低的。

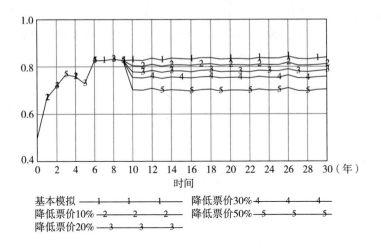

图 7-29　降低票价对政府满意度的影响

注：横坐标中"2"代表特许经营期第 2 年，即 2011 年，"4"代表特许经营期第 4 年，即 2013 年，以此类推。

(二) 票价对社会资本满意度的影响

同样，模拟票价的降低对社会资本方净现值和满意度的影响，当从项目运营期第 10 年（2019 年）开始，在现有票价基础上依次把票价降低 10%、20%、30% 和 50%，在折现率为 10%、其他条件不变的情况下，社会资本方的净现值依次变化到 7.35 亿元、6.52 亿元、5.68 亿元和 3.98 亿元，与票价降价前的净现值 8.17 亿元（项目第 30 年）相比，分别降低了 10.04%、20.20%、30.48%和 51.29%（见图 7-30）。由此可以看出，随着票价的降低，社会资本方的净现值是不断下降的。但由于票价的降低，增加了政府对社会资本的补贴，因此社会资本方的收益下降得不是太明显。另外，在折现率为 10%时，上述四种情况下的社会资本方的净现值都大于 0，这说明它们的内部收益率都大于合理报酬率的上限值 10%，满意度隶属函数的值都为 1，因此社会资本满意度为一条纵坐标为 1 的水平线，如图 7-31 所示。

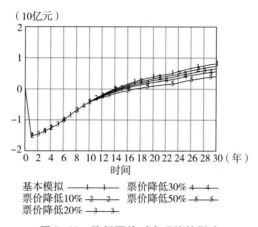

图 7-30　降低票价对净现值的影响

注：横坐标中"2"代表特许经营期第 2 年，即 2011 年，"4"代表特许经营期第 4 年，即 2013 年，以此类推。

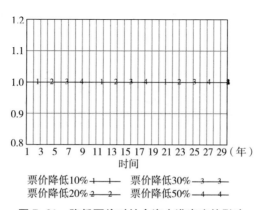

图 7-31　降低票价对社会资本满意度的影响

注：横坐标中"1"代表特许经营期第 1 年，"3"代表特许经营期第 3 年，共计 30 年。

（三）票价对乘客满意度的影响

从项目运营期第 10 年（2019 年）开始，在现有票价基础上依次把票价降低 10%、20%、30% 和 50%，发现在特许期末，乘客的满意度分别增加到 0.74、0.77、0.80 和 0.85，与现行票价下的乘客满意度 0.72 相比，分别提高了 2.78%、6.94%、11.11% 和 18.06%（见图 7-32）。显然随着票价的降低，乘客满意度是逐渐提高的。

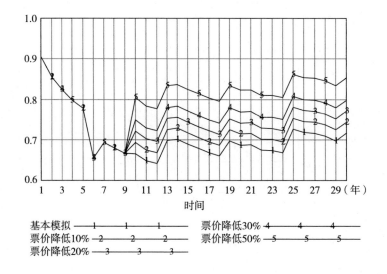

基本模拟 ———1——— 1 ——— 1 ———　票价降低30% -4——— 4 ——— 4
票价降低10% -2——— 2 ——— 2 ———　票价降低50% -5——— 5 ——— 5
票价降低20% -3——— 3 ——— 3 ———

图 7-32　降低票价对乘客满意度的影响

注：横坐标中"1"代表特许经营期第 1 年，即 2010 年，"3"代表特许经营期第 3 年，即 2012 年，以此类推。

第四节　城市轨道交通 PPP 项目利益调整
方案的多目标决策

对北京地铁 4 号线 PPP 项目运营状况进行模拟，发现特许期末项目的实际内部收益率为 14.1%，超过了合理报酬率的上限值，社会资本满意度为 1，对项目的收益感到十分满意；政府满意度为 0.83，对地铁运行现状感到满意；乘客满意度为 0.72，在三者中是最低的，对整个城市轨道交通票价、车辆质量性能和服务水平的整体满意度为"一般"。

由此可知，北京地铁 4 号线 PPP 项目特许期末，社会资本满意度最高，政府满意度次之，而乘客满意度最低，三者的满意度分别为 1、0.83 和 0.72。社会资本、政府和乘客的满意度不在同一个满意度层次且相差较大，属于满意度不均衡需要调整的范畴，需要提高乘客满意度并降低社会资本满意度。参考第六章城市轨道交通 PPP 项目利益调整策略可知，需要降低票价，并且适度降低政府补贴或缩短特许期。

在系统动力学模拟中，将特许期和政府补贴分别按不同比例程度进行下调，发现在一定程度上会降低社会资本满意度，但对乘客满意度的提高效果并不明显，这是因为仅缩短特许期或减少政府补贴并不能影响票价或提高服务水平以提高乘客满意度。但若只调低票价，不调整特许期和政府补贴，通过模拟发现当票价降低到 30% 时，社会资本的内部收益率还是维持在 11.2% 的水平，高于 10% 的收益率上限。这是因为随着票价的调低，政府补贴增加，致使社会资本的收益下降幅度并不大。因此，需要联合采用特许价格、特许期和补贴调整措施，在保持核心利益相关者利益均衡的前提下，使社会资本的投资回报回归到合理范围内。

该项目实际收益高于预期收益，在此构建利益调整的离散型决策方案。其中，特许定价以现行人均票价 3.34 元为基准分别按照向下浮动 10%、15%、20%、25%、30% 五个档次进行调整；由于该项目实际客流量远大于预期客流量，政府需从超出预测客流量 10% 以上的收益中分享一定比例的收益，将收益分享比例以目前 60% 的基准分别按照向上浮动到 70%、80%、90%、100% 四个档次进行调整；特许期方面，以社会资本合理报酬率为基准，以合理报酬率上下限所对应的特许期的最大值和最小值为控制区间，构造特许期的合理变动区间①。在系统动力学模拟中，输入不同的票价和收益分享比例的参数组合，得到的社会资本合理报酬率上下限所对应的特许期的结果如表 7-10 所示。在表 7-10 中，第 4 列为合理报酬率上限对应的特许期最大值，第 5 列为合理报酬率下限对应的特许期最小值，因此合理的特许期就在第 4 列和第 5 列所确定的特许期上下限之间。

① 胡云鹏，王建平．基于多方满意的城市轨道交通 PPP 项目收益调节模型研究［J］．湘潭大学自然科学学报，2018（5）：95-100.

表 7-10　价格、收益分享比例所对应的特许期

序号	价格（元）/浮动比例（%）	收益分享比例（%）	内部收益率（%）/特许期（年）	内部收益率（%）/特许期（年）
1	3.00（-10）	70	9.82（17）	6.36（12）
2	2.84（-15）	70	9.97（18）	6.24（12）
3	2.67（-20）	70	9.79（18）	6.11（12）
4	2.51（-25）	70	9.99（19）	6.95（13）
5	2.34（-30）	70	9.92（20）	6.79（13）
6	3.00（-10）	80	9.95（22）	6.16（13）
7	2.84（-15）	80	9.77（22）	6.03（13）
8	2.67（-20）	80	9.97（23）	6.68（14）
9	2.51（-25）	80	9.79（23）	6.53（14）
10	2.34（-30）	80	9.94（24）	6.37（14）
11	3.00（-10）	90	9.84（25）	6.39（15）
12	2.84（-15）	90	9.92（26）	6.25（15）
13	2.67（-20）	90	9.98（27）	6.10（15）
14	2.51（-25）	90	9.83（27）	6.53（16）
15	2.34（-30）	90	9.87（28）	6.36（16）
16	3.00（-10）	100	9.68（30）	6.07（17）
17	2.84（-15）	100	9.57（30）	6.27（18）
18	2.67（-20）	100	9.45（30）	6.12（18）
19	2.51（-25）	100	9.34（30）	6.33（19）
20	2.34（-30）	100	9.22（30）	6.17（19）

资料来源：笔者整理。

根据目前我国的相关文件规定，PPP 项目的特许经营期为 10～30 年，并且 Brickley（2006）通过对大量以往项目的统计研究发现，PPP/BOT 项目的特许经营期通常为 5 的整数倍。因此，结合表 7-10，选择特许期上下限之间年限为 5 的倍数的特许期，这样就可以得到特许期—特许价格—补贴（收益分享比例）不同组合的利益调整方案集。比如，在表 7-10 中，序号为 6 的组合方案中，当票价降低 10%、收益分享比例提高到 80% 时，社会资本合理报酬率上下限所对应的特许期区间为 [13，22]。在这个区间中，特许期年限为 5 的倍数的特许期只有 15 年和 20 年。因此，此时的利益调整方案组合就有票价降低 10%、收益分享

比例提高到80%，特许期为15年的 A 方案和票价降低10%、收益分享比例提高到80%，特许期为20年的 B 方案。其他方案组合情况依次类推，最终构建的特许期—特许价格—补贴（收益分享比例）的联合调整方案集如表7-11所示，总共有44个联合调整方案。

表 7-11　城市轨道交通 PPP 项目特许期—特许价格—补贴
（收益分享比例）综合调整方案集

方案集	价格（元）/浮动比例（%）	收益分享比例（%）	特许期（年）
F1	3.00（-10）	70	15
F2	2.84（-15）	70	15
F3	2.67（-20）	70	15
F4	2.51（-25）	70	15
F5	2.34（-30）	70	15
F6	2.34（-30）	70	20
F7	3.00（-10）	80	15
F8	3.00（-10）	80	20
F9	2.84（-15）	80	15
F10	2.84（-15）	80	20
F11	2.67（-20）	80	15
F12	2.67（-20）	80	20
F13	2.51（-25）	80	15
F14	2.51（-25）	80	20
F15	2.34（-30）	80	15
F16	2.34（-30）	80	20
F17	3.00（-10）	90	15
F18	3.00（-10）	90	20
F19	3.00（-10）	90	25
F20	2.84（-15）	90	15
F21	2.84（-15）	90	20
F22	2.84（-15）	90	25
F23	2.67（-20）	90	15
F24	2.67（-20）	90	20
F25	2.67（-20）	90	25

续表

方案集	价格（元）/浮动比例（%）	收益分享比例（%）	特许期（年）
F26	2.51（−25）	90	20
F27	2.51（−25）	90	25
F28	2.34（−30）	90	20
F29	2.34（−30）	90	25
F30	3.00（−10）	100	20
F31	3.00（−10）	100	25
F32	3.00（−10）	100	30
F33	2.84（−15）	100	20
F34	2.84（−15）	100	25
F35	2.84（−15）	100	30
F36	2.67（−20）	100	20
F37	2.67（−20）	100	25
F38	2.67（−20）	100	30
F39	2.51（−25）	100	20
F40	2.51（−25）	100	25
F41	2.51（−25）	100	30
F42	2.34（−30）	100	20
F43	2.34（−30）	100	25
F44	2.34（−30）	100	30

资料来源：笔者整理。

观察表 7-11 中 44 个 PPP 项目利益调整方案，特许价格在 2.34~3.0 元的范围内变动，政府补贴（收益分享比例）在 70%~100% 间变动，特许期在 15~30 年间按 5 的倍数变动。将这 44 个利益调整方案所对应的特许期、特许价格和收益分享比例逐一代入系统动力学模型中，通过仿真模拟，得到每个方案所对应的城市轨道交通 PPP 项目利益相关者政府（补贴、社会效益和乘客满意）、社会资本（内部收益率）及乘客（价格、车辆质量性能和服务水平）的满意度数值，如表 7-12 所示。例如，表 7-12 中方案 F1 所对应的各利益主体满意度值，是将表 7-11 中方案 F1 所对应的票价降低 10%、收益分享比例提高到 70% 及特许期年限为 15 年代入系统动力学模型中模拟得到的。其他方案模拟得到的各利益主体满意度值依次类推。

表 7-12　城市轨道交通 PPP 项目利益综合调整方案的决策目标值

方案集	政府			社会资本	乘客		
	补贴满意度	社会效益满意度	乘客满意度	内部收益率满意度	价格满意度	车辆质量性能满意度	服务水平满意度
F1	0.667	1.000	0.716	0.850	0.720	0.920	0.601
F2	0.638	1.000	0.731	0.834	0.770	0.920	0.601
F3	0.608	1.000	0.743	0.818	0.810	0.920	0.599
F4	0.579	1.000	0.757	0.801	0.860	0.920	0.597
F5	0.550	1.000	0.772	0.784	0.910	0.920	0.596
F6	0.548	1.000	0.769	0.950	0.910	0.880	0.621
F7	0.691	1.000	0.716	0.736	0.720	0.920	0.601
F8	0.689	1.000	0.712	0.919	0.720	0.880	0.622
F9	0.661	1.000	0.728	0.657	0.760	0.920	0.601
F10	0.659	1.000	0.724	0.902	0.760	0.880	0.621
F11	0.631	1.000	0.743	0.706	0.810	0.920	0.599
F12	0.628	1.000	0.739	0.885	0.810	0.880	0.621
F13	0.600	1.000	0.757	0.690	0.860	0.920	0.597
F14	0.598	1.000	0.754	0.867	0.860	0.880	0.620
F15	0.569	1.000	0.772	0.674	0.910	0.920	0.596
F16	0.568	1.000	0.768	0.849	0.910	0.880	0.619
F17	0.716	1.000	0.717	0.613	0.721	0.920	0.601
F18	0.714	1.000	0.713	0.803	0.721	0.880	0.622
F19	0.723	1.000	0.753	0.945	0.721	0.950	0.675
F20	0.685	1.000	0.730	0.600	0.768	0.920	0.601
F21	0.682	1.000	0.726	0.787	0.768	0.880	0.621
F22	0.691	1.000	0.767	0.930	0.768	0.950	0.673
F23	0.653	1.000	0.744	0.586	0.814	0.920	0.599
F24	0.651	1.000	0.743	0.748	0.814	0.880	0.628
F25	0.658	1.000	0.780	0.916	0.814	0.950	0.672
F26	0.619	1.000	0.754	0.755	0.860	0.880	0.620
F27	0.625	1.000	0.794	0.872	0.860	0.950	0.672
F28	0.587	1.000	0.767	0.714	0.906	0.880	0.619
F29	0.592	1.000	0.808	0.886	0.906	0.950	0.671
F30	0.739	1.000	0.713	0.675	0.721	0.880	0.622

续表

方案集	政府			社会资本	乘客		
	补贴 满意度	社会效益 满意度	乘客 满意度	内部收益率 满意度	价格 满意度	车辆质量 性能满意度	服务水平 满意度
F31	0.750	1.000	0.753	0.836	0.721	0.950	0.675
F32	0.755	1.000	0.744	0.929	0.721	0.860	0.722
F33	0.706	1.000	0.727	0.660	0.768	0.880	0.622
F34	0.716	1.000	0.767	0.825	0.768	0.950	0.673
F35	0.721	1.000	0.758	0.919	0.768	0.860	0.722
F36	0.673	1.000	0.740	0.646	0.814	0.880	0.621
F37	0.682	1.000	0.780	0.811	0.814	0.950	0.672
F38	0.688	1.000	0.771	0.907	0.814	0.860	0.721
F39	0.640	1.000	0.754	0.631	0.860	0.880	0.620
F40	0.647	1.000	0.794	0.799	0.860	0.950	0.672
F41	0.654	1.000	0.785	0.897	0.860	0.860	0.719
F42	0.606	1.000	0.767	0.615	0.906	0.880	0.619
F43	0.613	1.000	0.808	0.785	0.906	0.950	0.671
F44	0.620	1.000	0.799	0.885	0.906	0.860	0.719

资料来源：笔者整理。

从表7-12中可以看出，政府对社会效益满意度指标在所有的方案中均没有发生变化，因此将不受影响或受影响变化不大的政府对社会效益满意度指标从决策目标集中删除，这样7个评价指标就变成6个评价指标。另外，由第六章利益调整的原则可知，应兼顾其他利益相关者的诉求，并且突出服务水平，特别是对三方的满意度调整后，应都处于"一般"以上的水平。除此之外，三方的满意度应处在同一层次，并且乘客对服务水平满意度应不低于"一般"水平，即不低于0.6。将表7-12中的44个方案按照第四章政府、社会资本和乘客满意度指标权重及满意度公式计算后得到的三方满意度值如表7-13所示。

表7-13 城市轨道交通PPP项目利益综合调整方案的三方满意度值

方案集	政府满意度	社会资本满意度	乘客满意度	乘客对服务水平满意度
F1	0.816	0.850	0.752	0.601
F2	0.811	0.834	0.762	0.601

续表

方案集	政府满意度	社会资本满意度	乘客满意度	乘客对服务水平满意度
F3	0.804	0.818	0.770	0.599
F4	0.798	0.801	0.779	0.597
F5	0.792	0.784	0.788	0.596
F6	0.791	0.950	0.782	0.621
F7	0.824	0.736	0.752	0.601
F8	0.823	0.919	0.745	0.622
F9	0.817	0.657	0.760	0.601
F10	0.816	0.902	0.752	0.621
F11	0.811	0.706	0.770	0.599
F12	0.809	0.885	0.762	0.621
F13	0.805	0.702	0.779	0.597
F14	0.803	0.867	0.772	0.620
F15	0.799	0.674	0.788	0.596
F16	0.797	0.849	0.782	0.619
F17	0.833	0.613	0.753	0.601
F18	0.831	0.803	0.745	0.622
F19	0.844	0.945	0.794	0.675
F20	0.826	0.600	0.762	0.601
F21	0.824	0.787	0.754	0.621
F22	0.837	0.930	0.803	0.673
F23	0.819	0.586	0.770	0.599
F24	0.818	0.748	0.766	0.628
F25	0.830	0.916	0.812	0.672
F26	0.810	0.755	0.772	0.620
F27	0.823	0.872	0.821	0.672
F28	0.803	0.714	0.781	0.619
F29	0.815	0.886	0.830	0.671
F30	0.839	0.675	0.745	0.622
F31	0.853	0.836	0.794	0.675
F32	0.853	0.929	0.777	0.722
F33	0.832	0.660	0.754	0.622
F34	0.846	0.825	0.803	0.673

续表

方案集	政府满意度	社会资本满意度	乘客满意度	乘客对服务水平满意度
F35	0.845	0.919	0.786	0.722
F36	0.825	0.646	0.763	0.621
F37	0.838	0.811	0.812	0.672
F38	0.838	0.907	0.795	0.721
F39	0.817	0.631	0.772	0.620
F40	0.830	0.799	0.821	0.672
F41	0.830	0.897	0.804	0.719
F42	0.809	0.615	0.781	0.619
F43	0.822	0.785	0.830	0.671
F44	0.822	0.885	0.813	0.719

资料来源：笔者整理。

　　按照上述利益调整原则，将利益调整后三方满意度不处在同一满意度层次的方案剔除掉。方案 F6、F8、F10、F19、F22、F25、F32、F35、F38 的社会资本满意度高于 0.9，而方案 F7、F9、F11、F13、F15、F17、F20、F23、F24、F28、F30、F33、F36、F39、F42 的社会资本满意度低于 0.75，这 24 个方案的社会资本满意度与同一调整方案中的政府和乘客满意度不处于满意度五级度量表中同一水平层次，不符合利益调整的要求应予以剔除。另外，方案 F3、F4、F5、F11、F13、F15、F23 这 7 个方案的乘客对服务水平满意度均低于 0.6，也不符合利益调整的要求，应予以剔除。这样将不符合利益调整原则的调整方案剔除后，原44 个利益调整方案变为 16 个利益调整方案。将不符合要求的调整方案剔除后，原初始决策方案集就变为 16 个方案和 6 个指标的矩阵。剔除不符合要求的指标和方案后的城市轨道交通 PPP 项目最终利益调整方案决策目标值如表 7-14所示。

表 7-14　最终方案利益综合调整决策目标值

方案集	政府		社会资本		乘客	
	补贴满意度	乘客满意度	内部收益率满意度	价格满意度	车辆质量性能满意度	服务水平满意度
F1	0.667	0.716	0.850	0.720	0.920	0.601

续表

方案集	政府		社会资本	乘客		
	补贴满意度	乘客满意度	内部收益率 满意度	价格满意度	车辆质量 性能满意度	服务水平 满意度
F2	0.638	0.731	0.834	0.770	0.920	0.601
F12	0.628	0.739	0.885	0.810	0.880	0.621
F14	0.598	0.754	0.867	0.860	0.880	0.620
F16	0.568	0.768	0.849	0.910	0.880	0.619
F21	0.682	0.726	0.787	0.768	0.880	0.621
F26	0.619	0.754	0.755	0.860	0.880	0.620
F27	0.625	0.794	0.872	0.860	0.950	0.672
F29	0.592	0.808	0.886	0.906	0.950	0.671
F31	0.750	0.753	0.836	0.721	0.950	0.675
F34	0.716	0.767	0.825	0.768	0.950	0.673
F37	0.682	0.780	0.811	0.814	0.950	0.672
F40	0.647	0.794	0.799	0.860	0.950	0.672
F41	0.654	0.785	0.897	0.860	0.860	0.719
F43	0.613	0.808	0.785	0.906	0.950	0.671
F44	0.620	0.799	0.885	0.906	0.860	0.719

资料来源：笔者整理。

表 7-14 中 16 个方案和 6 个决策指标形成了 16×6 的初始决策矩阵，根据第六章所建立的基于 AHP-熵权 TOPSIS 决策模型，依次对这 16 个方案进行多目标优化比选。

（1）利益调整方案的原始决策矩阵。最终形成的 16 个方案和 6 个指标构成的原始决策矩阵方案 A ＝（a_{ij}）$_{m×n}$，a_{ij} 表示第 i 个调整方案的第 j 个指标，将表 7-14 中的数据整理成 16×6 的初始决策矩阵 A。由于受本书篇幅的限制，在初始决策矩阵 A 中只输入了 6 个方案中前 4 个方案和后 4 个方案的原始数据，如式（7-1）所示。

（2）原始决策矩阵标准化。对上述初始矩阵进行标准化，标准化之后的决策矩阵 H 如式（7-2）所示。

同理，在标准化后的矩阵 H 中只输入了 16 个方案中前 4 个方案和后 4 个方案的原始数据。

$$A = \begin{bmatrix} 0.667 & 0.716 & 0.850 & 0.720 & 0.920 & 0.601 \\ 0.638 & 0.731 & 0.834 & 0.770 & 0.920 & 0.601 \\ 0.628 & 0.739 & 0.885 & 0.810 & 0.880 & 0.621 \\ 0.598 & 0.754 & 0.867 & 0.860 & 0.880 & 0.620 \\ \cdots & \cdots & \cdots & \cdots & \cdots & \cdots \\ 0.647 & 0.794 & 0.799 & 0.860 & 0.950 & 0.672 \\ 0.654 & 0.785 & 0.897 & 0.860 & 0.860 & 0.719 \\ 0.613 & 0.808 & 0.785 & 0.906 & 0.950 & 0.671 \\ 0.620 & 0.799 & 0.885 & 0.906 & 0.860 & 0.719 \end{bmatrix} \tag{7-1}$$

$$H = \begin{bmatrix} 0.544 & 0.032 & 0.704 & 0 & 0.667 & 0 \\ 0.385 & 0.189 & 0.644 & 0.263 & 0.667 & 0 \\ 0.330 & 0.274 & 0.833 & 0.474 & 0.222 & 0.169 \\ 0.167 & 0.413 & 0.789 & 0.737 & 0.222 & 0.161 \\ \cdots & \cdots & \cdots & \cdots & \cdots & \cdots \\ 0.434 & 0.853 & 0.515 & 0.737 & 1 & 0.602 \\ 0.473 & 0.758 & 0.878 & 0.737 & 0 & 1 \\ 0.247 & 1 & 0.463 & 0.979 & 1 & 0.593 \\ 0.286 & 0.905 & 0.833 & 0.979 & 0 & 1 \end{bmatrix} \tag{7-2}$$

（3）根据上述 AHP-熵权 TOPSIS 决策模型的计算步骤，计算出 6 个指标的熵权依次是（0.121，0.169，0.074，0.205，0.194，0.236）。由第四章可知上述 6 个指标 AHP 法的主观权重依次为（0.145，0.115，0.410，0.066，0.132，0.132），依据最小鉴别信息原理的综合权重为（0.147，0.155，0.194，0.130，0.178，0.196）。

（4）确定理想点和距离。根据矩阵 H，正理想点 H^+ 和负理想点 H^- 分别如下：

$$H^+ = (1, 1, 1, 1, 1, 1) \tag{7-3}$$

$$H^- = (0, 0, 0, 0, 0, 0) \tag{7-4}$$

各方案到正理想点的距离 d^+，到负理想点的距离 d^- 的计算结果如下：

$$d^+ = (0.734, 0.684, 0.779, 0.657, \cdots, 0.369, 0.490, 0.414, 0.510) \tag{7-5}$$

$$d^- = (0.468, 0.443, 0.402, 0.454, \cdots, 0.715, 0.733, 0.760, 0.771)$$

$$(7-6)$$

同理，16 个方案中只列出前 4 个方案和后 4 个方案到正理想点的距离 d^+ 和负理想点的距离 d^-。

根据理想点求得各方案与理想点的贴近度 u 如下：

$$u = (0.289, 0.295, 0.210, 0.323, \cdots, 0.790, 0.692, 0.771, 0.696)$$

$$(7-7)$$

将上述 16 个方案的贴近度从大到小进行排序，如表 7-15 所示。

表 7-15　城市轨道交通 **PPP** 项目利益调整方案的贴近度排序

排序	方案号	贴近度	排序	方案号	贴近度	排序	方案号	贴近度
1	27	0.829	7	34	0.706	13	1	0.275
2	29	0.828	8	43	0.697	14	2	0.263
3	40	0.723	9	31	0.665	15	26	0.175
4	37	0.723	10	16	0.383	16	21	0.138
5	41	0.710	11	14	0.360			
6	44	0.708	12	12	0.348			

资料来源：笔者整理。

（5）确定最终方案。根据上述运算结果 u 值的大小对方案进行排序：

F27>F29>F40>F37>F41>F44>F34>F43>F31>F16>F14>F12>F1>F2>F26>F21

因此，在对特许期—价格—补贴（收益分享比例）联合措施调整方案的决策中，方案 F27 的贴近度最大，为最优方案，即将当前 PPP 项目的特许期从 30 年调减为 25 年，车票价格降低 25%，政府收益分享比例从 60% 提高到 90% 的方案是使政府、社会资本和乘客三方满意度最高的方案。

经过利益调整后，三方的满意度趋于均衡。调整前，政府、社会资本和乘客的满意度分别为 0.83、1 和 0.72，比照表 4-2 满意度五级度量表，发现三方满意度不在同一层次，并且三方满意度间差距较大，应该采取措施调整满意度偏差，使三方利益趋于均衡。经过 F27 方案调整后，政府、社会资本和乘客的满意度变为 0.823、0.872 和 0.821，三方满意度均处于"满意"的层次，都对各自利益诉求的实现程度感到满意，较调整前的不平衡状态有了较大的改善。这也说明特许期—特许价格—补贴（收益分享比例）的 PPP 项目利益调整措施能较好地实现利益相关者满意度偏差的修正，并且基于最小鉴别信息原理的 AHP-熵权 TOPSIS 方法能实现多方案的优选。

依据鉴别信息理论的综合权重的评价方法更加具有合理性。从指标权重上看，在 AHP 评价方法下，对利益调整方案排序影响较大的前三项因素依次是内部收益率、服务水平和车辆质量性能；而在基于最小鉴别信息原理的 AHP-熵权的综合权重评价方法下，对利益调整方案排序影响较大的前三项因素依次是服务水平、内部收益率及车辆质量性能。因此，基于鉴别信息理论的综合权重评价方法避免了过于注重社会资本方的利益，同时又较好地兼顾了乘客利益，从维持三方利益均衡的角度来看，更加具有合理性。

第五节　本章小结

本章以北京地铁 4 号线为例，对项目的运营现状及各方满意度进行了仿真模拟，仿真发现政府、社会资本和乘客的满意度分别是 0.83、1 和 0.72。针对这一满意度失衡状况，提出了调低票价、适度降低政府补贴或缩短特许期的利益调整策略，初步构建了 44 个特许期—特许价格—补贴（收益分享比例）联合调整方案，并且利用系统动力学仿真模型，分别对各方案下三方的决策目标进行了模拟。根据第六章中构建的基于满意度均衡的 PPP 项目利益调整原则及边界，将调整后各方满意度仍不处于同一水平层次且乘客对服务水平满意度低于"一般"水平的方案剔除，然后对方案影响不敏感的决策目标进行调整，最终确定了 6 个决策目标、16 个调整方案。应用基于最小鉴别信息原理的 AHP-熵权 TOPSIS 模型，对上述调整方案进行了优选。研究表明基于系统动力学的满意度仿真模型能较好地实现城市轨道交通 PPP 项目各方满意度的动态评价，而基于多目标的特许期—价格—补贴（收益分享比例）联合调整方法能够有效调整满意度偏差，使利益相关者满意度趋于均衡，从而实现 PPP 项目合作关系的改进。

第八章 结论与展望

第一节 研究结论

PPP 项目运营周期长、风险因素多及利益相关者关系复杂往往导致各方利益分配不均或利益难以实现，引发 PPP 项目利益相关方的不满甚至是反对，所以要合理界定利益相关者的利益满足程度，并且对失衡的利益关系进行调整，使 PPP 项目可持续。本书以城市轨道交通 PPP 项目为研究背景，借鉴多维细分法和米切尔评分法界定了城市轨道交通 PPP 项目核心利益相关者，并且以其基本利益诉求为基础构建了利益相关者满意度评价指标体系，在探寻各利益相关者满意度之间因果关系的基础上，通过确立各变量间数学函数关系，构建基于系统动力学的利益相关者满意度仿真模型，实现对满意度的动态模拟与评价。针对城市轨道交通 PPP 项目中可能存在的三方满意度失衡问题，提出了基于满意度均衡的特许期—价格—补贴（收益分享比例）联合调整方案的多目标决策模型。该模型能有效地调整满意度偏差，使利益相关者满意度趋于均衡，实现 PPP 项目合作关系的改进。

一、界定了城市轨道交通 PPP 项目核心利益相关者

在 PPP 项目全生命周期内，各利益相关者的重要性会随着时间的推移和环境的变化而变化。将项目的全生命周期划分为项目决策、项目实施和项目运营三个主要阶段，在识别上述各个阶段利益相关者的基础上，借鉴多维细分法和米切

尔评分法，提出从主动性、影响力和利益性三个维度对城市轨道交通 PPP 项目核心利益相关者进行界定，研究表明城市轨道交通 PPP 项目的核心利益相关者为政府、社会资本和乘客。

二、得出了城市轨道交通 PPP 项目核心利益相关者基本利益诉求

通过文献识别和专家访谈相结合的方法，建立了城市轨道交通 PPP 项目核心利益相关者利益清单，其中包括政府 14 项利益诉求、社会资本方 10 项利益诉求、乘客 8 项利益诉求。为了明确各项利益诉求间的内在联系，采用问卷调查并运用因子分析方法得出了核心利益相关者的基本利益诉求，即政府关注财政补贴、PPP 项目的社会效益、PPP 项目是否使乘客满意，社会资本关注预期项目收益的实现，乘客关注较低的车票价格、良好的车辆质量性能和较高的轨道交通服务水平。

三、建立了利益相关者满意度评价指标体系

以核心利益相关者基本利益诉求为基础，建立了利益相关者满意度评价指标体系，用专家打分法得出相应指标权重。在评价指标量化方面，用补贴、实际客流量与预期客流量的比值分别表示政府对补贴及对社会效益满意度；用内部收益率表示社会资本对项目预期收益满意度；用票价、车辆质量性能和满载率分别表示乘客对价格、车辆质量性能及服务水平满意度，并且以各测度的最大值和最小值为基准，构建梯形隶属度函数对各评价指标进行量化。利益相关者满意度评价指标体系的建立为满意度的定量评价提供了方法指导，也为构建基于系统动力学的利益相关者满意度动态仿真与调整模型奠定了基础。

四、构建了利益相关者满意度动态仿真的系统动力学模型

为了建立各利益相关者满意度间的动态联系，分析了利益相关者满意度与利益诉求之间及不同利益相关者满意度之间的因果关系，探寻其之间的有机联系，研究表明各利益主体满意度之间既相互联系又相互冲突，存在着紧密的关联。在建立各利益相关者满意度因果关系图和流图的基础上，通过确定各变量间的数学函数关系，构建了基于系统动力学的利益相关者满意度动态仿真模型，揭示了利益相关者、满意度、风险及利益调整机制之间的有机联系，实现了利益相关者满意度的动态模拟与评价，丰富了满意度动态均衡理论。另外，通过调整关键变量的参数设

置，可以模拟这些关键变量对三方满意度的影响，揭示它们之间的有机联系。

五、模拟了风险、服务水平、票价和收益分享比例对三方满意度的影响

为了探寻风险对利益相关者满意度的影响，运用构建的系统动力学仿真模型，模拟了市场风险发生对三方满意度的影响，结果显示当市场风险发生时，不同程度降低了政府和社会资本满意度，而对乘客满意度几乎没有影响。为了探寻风险分担比例对三方满意度的影响，模拟了政府和社会资本风险分担的方式及比例对三方满意度的影响，结果显示随着政府分担风险的比例逐渐增加，政府满意度逐渐降低，社会资本满意度逐步提高，而乘客满意度几乎不受影响。为了探寻关键变量对三方满意度的影响，模拟了服务水平、票价和收益分享比例的变动对三方满意度的影响，结果显示服务水平的提高与政府满意度和乘客满意度呈正相关关系，与社会资本满意度呈负相关关系；车票价格与社会资本满意度呈正相关关系，与政府满意度和乘客满意度呈负相关关系；收益分享比例与政府满意度呈正相关关系，与社会资本满意度呈负相关关系，对乘客满意度几乎无影响。

六、提出了基于多目标的特许期—价格—补贴（收益分享比例）组合调整方法

针对 PPP 项目中可能存在的利益失衡问题，建立了基于满意度均衡的城市轨道交通 PPP 项目利益调整框架，该框架包括利益调整的原则、策略、边界及检验变量。针对价格、补贴（收益分享比例）和特许期单一调整措施的弊端，提出了特许期—价格—补贴（收益分享比例）联合调整的多方案集，利用系统动力学模型对各方案的利益相关者决策目标值进行了模拟，构建了基于最小鉴别信息原理的 AHP-熵权 TOPSIS 模型，实现了多方案的优选，为 PPP 项目利益调整提供了新的思路和方法，拓展了 PPP 项目决策理论。

另外，基于最小鉴别信息原理的 AHP 主观权重和熵权客观权重相结合的综合权重评价方法更加具有合理性。结果显示在 AHP 主观赋权法下，对利益调整方案排序影响较大的前三项因素依次是内部收益率、服务水平和车辆质量性能；而在综合赋权法下，对利益调整方案排序影响较大的前三项因素依次是服务水平、内部收益率及车辆质量性能。因此，综合权重评价方法避免了过于注重社会资本方的利益，同时又能较好地兼顾乘客的利益，从均衡三方的利益关系来看，更加具有合理性。

七、验证了基于满意度的利益调整方法的合理性和有效性

本书基于北京地铁 4 号线 PPP 项目进行了实证分析和应用。研究表明基于系统动力学的满意度动态仿真模型能较好地对城市轨道交通 PPP 项目各方满意度进行动态模拟与评价，基于 AHP-熵权 TOPSIS 模型的 PPP 项目利益特许期—价格—补贴（收益分享比例）联合调整方法能够有效调整满意度偏差，使利益相关者满意度趋于均衡，从而实现 PPP 项目合作关系的改进。

第二节　研究创新点

（1）在识别城市轨道交通 PPP 项目核心利益相关者基本利益诉求的基础上，提出了利益相关者满意度评价指标体系。对各项评价指标分别以完全可度量的参量进行测度，并且以各指标的最小值和最大值为基准，构建梯形隶属度函数，实现了满意度评价指标的量化，为利益相关者满意度的评价提供了理论依据。

（2）构建了基于系统动力学的城市轨道交通 PPP 项目利益相关者满意度动态仿真模型，揭示了利益相关者、满意度、风险及利益调整机制之间的有机联系，对 PPP 项目利益相关者满意度进行了动态仿真与评价，丰富了 PPP 项目满意度动态均衡理论。

（3）建立了基于满意度均衡的城市轨道交通 PPP 项目利益调整原则、策略、边界和检验变量，提出了特许期—价格—补贴（收益分享比例）联合调整的利益调整方案集，构建基于最小鉴别信息原理的 AHP-熵权 TOPSIS 模型实现上述方案的优选，为 PPP 项目利益调整提供了新的思路和方法，拓展了 PPP 项目决策理论。

第三节　研究局限性与展望

本书的局限性主要体现在以下三个方面：

第一，研究的边界还不够宽，主要考虑了城市轨道交通 PPP 项目核心利益相关者，即政府、社会资本和乘客；对其他利益相关者，如对金融机构、咨询机构的考虑还不够。在今后的研究中，可进一步扩大利益相关者的研究范围。

第二，系统动力学变量之间的函数关系有待进一步研究。为了研究方便，本书对某些复杂难以量化的变量进行了简单化处理，这虽然并不影响仿真结果的整体趋势，但在一定程度上会影响仿真结果的精确性。在未来的研究中，可进一步采用 D-S 证据推理和模糊推理理论对难以量化的关系定量化。

第三，本书采用了梯形模糊数对利益相关者满意度评价指标进行了量化和计算，而模糊数学理论中还可以采用三角模糊数等其他形式对指标进行量化。针对这些模糊数量化方法与满意度评价的最佳拟合，可以继续开展研究。

参考文献

［1］Abdul-Aziz A R, Kassim P S J. Objectives, Success and Failure Factors of Housing Public Private Partnerships in Malaysia ［J］. Habitat International, 2011, 35 （1）: 150-157.

［2］Andersen R. Results From an International Stakeholder Survey on Farmers' Rights ［R］. 2005.

［3］Ashuri B, Kashani H, Molenaar K, et al. A Valuation Model for Choosing the Optimal Minimum Revenue Guarantee (MRG) in a Highway Project: A Real Option Approach ［R］. 2010.

［4］Bennett A. Sustainable Public Private Partnerships for Public Service Delivery ［J］. Natural Resources Forum, 1998, 22 （3）: 193-199.

［5］Blank F, Baidya T, Dias M. Real Options in Public Private Partnership-case of a Toll Road Concession ［R］. 2009.

［6］Brandao L E, Bastian-Pinto C, Gomes L L, et al. Government Supports in Public-Private Partnership Contracts: Metro Line 4 of the Paulo Subway System ［J］. Infrastructure Systems, 2012, 18 （3）: 218-225.

［7］Brickley J A, Misra S, Van Horn L L R. Contract Duration: Evidence from Franchise Contracts ［J］. Journal of Law and Economics, 2006, 49 （1）: 173-196.

［8］Brown C. Financing Transport Infrastructure: For Whom the Road Tolls ［J］. Australian Economic Review, 2005, 38 （4）: 431-438.

［9］Carbonara N, Costantino N, Pellegrino R. Revenue Guarantee in Public Private Partnerships: A Fair Risk Allocation Model ［J］. Construction Management and

Economics, 2014, 32 (4): 403-415.

[10] Carmines E G, Zeller R A. Reliability and Validity Assessment [J] . Beverly Hills Calif, 1979, 33 (1): 775-780.

[11] Carruthers R, Dicks M, Saurkar A. Affordability of Public Transport in Developing Countries [R] . The World Bank, 2014.

[12] Chan Albert P C, Chan Daniel W M, Chiang Y H. Exploring Critical Success Factors for Partnering in Construction Projects [J] . Journal of Construction Engineering and Management, 2004, 130 (2): 188-198.

[13] Chan Albert P C, Chan Daniel W M, Ho Kathy S K. An Empirical Study of the Benefits of Construction Partnering in Hong Kong [J] . Construction Management and Economics, 2003, 21 (5): 523-533.

[14] Cheah C Y J, Liu J. Valuing Governmental Support in Infrastructure Projects as Real Options Using Monte Carlo Simulation [J] . Construction Management & Economics, 2006, 24 (5): 545-554.

[15] Cheng K. Information Era and Lifelong Learning: Public-private Partnership in East Asian Culture [R] . 2000.

[16] Derek H T. Walker, Lynda Margaret Bourne, Arthur Shelley. Influence, Stakeholder Mapping and Visualization [J] . Construction Management & Economics, 2008, 26 (6): 645-658.

[17] Engel E, Fisher R, Galetovic A. Highway Franchising: Pitfalls and Opportunities [J] . American Economic Review, 1997, 87 (2): 68-72.

[18] Hawas F, Cifuentes A. Valuation of Projects with Minimum Revenue Guarantees: A Gaussian Copulaa Based Simulation Approach [J] . Engineering Economist, 2017, 62 (1): 90-102.

[19] Henjewele C, Fewings P, Rwelamila P D. De-marginalising the Public in PPP Projects through Multi-stakeholders Management [J] . Journal of Financial Management of Property & Construction, 2013, 18 (3): 210-231.

[20] Huang C L, Tzeng G H. Multiple Attribute Decision Making [M] . Berlin: Springer Berlin Heidelberg, 1981.

[21] Ika L A, Diallo A, Thuillier D. Critical Success Factors for World Bank Projects: An Empirical Investigation [J] . International Journal of Project Manage-

ment, 2012, 30 (1): 105-116.

[22] Jaebum J. Appraisal of Combined Agreements in BOT Project Finance: Focused on Minimum Revenue Guarantee and Revenue Cap Agreements [J]. International Journal of Strategic Property Management, 2010, 14 (2): 139-155.

[23] Ke Y, Wang S Q, Chan A P C, et al. Preferred Risk Allocation in China's Public-private Partnership (PPP) Projects [J]. International Journal of Project Management, 2010, 28 (5): 482-492.

[24] Kokkaew N, Chiara N. A Modeling Government Revenue Guarantees in Private Built Transportation Projects: A Risk-adjusted Approach [J]. Transport, 2013, 28 (2): 186-192.

[25] Konstantelos I, Pudjianto D, Strbac G. Integrated North Sea Grids: The Costs, the Benefits and Their Distribution between Countries [J]. Energy Policy, 2017, 101 (7): 28-41.

[26] Kumaraswamy M M, Zhang X. Risk Assessment and Management in BOT-type Public-private Partnership Projects in China with Special Reference to Hong Kong [M]. Oxford: Blackwell Science Ltd, 2003.

[27] Liu Yi, Wang Bende. Variable Fuzzy Model Based on Combined Weights and Its Application to Risk Assessment for Flood Control Engineering [J]. Journal of Dalian University of Technology, 2009, 49 (2): 272-275.

[28] Martinis M D, Moyan L. The East West Link PPP Project's Failure to Launch: When One Crash-Through Approach is Not Enough [J]. Australian Journal of Public Administration, 2017, 76 (3): 352-377.

[29] Newcombe R. From Client to Project Stakeholders: A Stakeholder Mapping Approach [J]. Construction Management & Economics, 2003, 21 (8): 841-848.

[30] Ng S T, Xie J, Cheung Y K, et al. A Simulation Model for Optimizing the Concession Period of Public-private Partnerships Schemes [J]. International Journal of Project Management, 2007, 25 (8): 791-798.

[31] Olander S. Stakeholder Impact Analysis in Construction Project Management [J]. Construction Management & Economics, 2007, 25 (3): 277-287.

[32] Osei-Kyei R, Chan A P C. Developing a Project Success Index for Public

Private Partnership Projects in Developing Countries [J]. Journal of Infrastructure Systems, 2017, 12 (23): 112-125.

[33] Osei-Kyei R, Chan A P C. Review of Studies on the Critical Success Factors for Public-private-partnership (PPP) Projects from 1990 to 2013 [J]. International Journal of Project Management, 2015, 33 (6): 1335-1346.

[34] Qiao L, Wang S Q, Tiong R L K, et al. Framework for Critical Success Factors of BOT Projects in China [J]. Journal of Structured Finance, 2001, 7 (1): 53-61.

[35] Rahman M M, Kumaraswamy M M. Relational Contracting and Team Building: Assessing Potential Contractual and Noncontractual Incentives [J]. Journal of Management in Engineering, 2008, 24 (1): 48-63.

[36] Roumboutsos A, Mladenovic G, Vajdic N, et al. Use of Key Performance Indicators for PPP Transport Projects to Meet Stakeholders' Performance Objectives [J]. Built Environment Project and Asset Management, 2013, 3 (2): 228-249.

[37] Scharle P. Public-private Partnership (PPP) as a Social Game [J]. Innovation: The European Journal of Social Science Research, 2002, 15 (3): 227-252.

[38] Shen L Y, Bao H J, Wu Y Z, et al. Using Bargaining-game Theory for Negotiating Concession Period for BOT-type Contract [J]. Journal of Construction Engineering and Management, 2007, 133 (5): 385-392.

[39] Singh L B, Kalidindi S N. Traffic Revenue Risk Management through Annuity Model of PPP Road Projects in India [J]. International Journal of Project Management, 2006, 24 (7): 605-613.

[40] Subprasom K, Chen A. Effects of Regulation on Highway Pricing and Capacity Choice of a Build-operate-transfer Scheme [J]. Journal of Construction Engineering and Management, 2007, 133 (1): 64-71.

[41] Tan Z J, Yang H. Flexible Build-operate-transfer Contracts for Road franchising Under Demand Uncertainty [J]. Transportation Research Part B, 2012, 46 (10): 1419-1439.

[42] Vassallo J. Traffic Risk Mitigation in Highway Concession Projects: The Experience of Chile [J]. Journal of Transport Economics & Policy, 2006, 40 (3): 259-381.

城市轨道交通 **PPP** 项目利益动态仿真及调整方法研究

[43] Verweij S. Achieving Satisfaction When Implementing PPP Transportation Infrastructure Projects: A Qualitative Comparative Analysis of the A15 Highway DBFM Project [J] . International Journal of Project Management, 2015, 33 (1): 189-200.

[44] Viegas J M. Questioning the Need for Full Amortization in PPP Contracts for Transport Infrastructure [J] . Research in Transportation Economics, 2010, 30 (1): 139-144.

[45] Wang Y, Liu J. Evaluation of the Excess Revenue Sharing Ratio in PPP Projects Using Principal Agent Models [J] . Journal of Elsevier, 2015, 33 (6): 1317-1324.

[46] Wibowo A. Valuing Guarantees in a BOT Infrastructure Project [J] . Engineering, Construction and Architectural Management, 2004, 11 (6): 395-403.

[47] Xiong W, Yuan J F, Li Q, et al. Performance Objective-based Dynamic Adjustment Model to Balance the Stakeholders' Satisfaction in PPP Projects [J] . Journal of Civil Engineering & Management, 2015, 21 (5): 539-547.

[48] Xu Y L, Sun C S, Skibniewski M J, et al. System Dynamics (SD) Based Concession Pricing Model for PPP Highway Projects [J] . International Journal of Project Management, 2012, 30 (2): 240-251.

[49] Xu Y, Yeung J F Y, Jiang S. Determining Appropriate Government Guarantees for Concession Contract: Lessons Learned from 10 PPP Projects in China [J] . International Journal of Strategic Property Management, 2014, 18 (4): 356-367.

[50] Yang H, Meng Q. Highway Pricing and Capacity Choice in a Road Network Under a Build-operate-transfer Scheme [J] . Transportation Research Part A, 2000, 34 (3): 207-222.

[51] Yang R J, Zou P X W. Stakeholder-Associated Risks and Their Interactions in Complex Green Building Projects: A Social Network Model [J] . Building and Environment, 2014, 73 (1): 208-222.

[52] Ye S D, Tiong R L K. The Effect of Concession Period Design on Completion Risk Management of BOT Projects [J] . Construction Management and Economics, 2003, 21 (5): 471-482.

[53] Yuan J, Skibniewski M J, Li Q, et al. Performance Objectives Selection Model in Public-Private Partnership Projects Based on the Perspective of Stakeholders

［J］. Journal of Management in Engineering, 2009, 26（2）: 89-104.

［54］Yuan J, Wang C, Skibniewski M J, et al. Developing Key Performance Indicators for Public-private-partnership Projects: Questionnaire Survey and Analysis ［J］. Journal of Management in Engineering, 2012, 28（3）: 252-264.

［55］Yuan J, Zeng A Y, Skibniewski M J, et al. Selection of Performance Objectives and Key Performance Indicators in Public-private Partnership Projects to Achieve Value for Money ［J］. Construction Management and Economics, 2009, 27（3）: 253-270.

［56］Zhang X Q, Kumaraswamy M M. Procurement Protocols for Public-Private Partnered Projects ［J］. Journal of Construction Engineering & Management, 2001, 127（5）: 351-358.

［57］Zhang X Q, Simaan M A. Determining a Reasonable Concession Period for Private Sector Provision of Public Works and Services ［J］. Canadian Journal of Civil Engineering, 2006, 33（5）: 622-631.

［58］Zhang X. Criteria for Selecting the Private-sector Partner in Public-private Partnerships ［J］. Journal of Construction Engineering & Management, 2005, 131（6）: 631-644.

［59］Zlatkovic D, Vajdic N, Tica S, et al. Remuneration Models and Revenue Risk Mitigation in Road Public-private Partnership Projects-a Case Study from Serbia ［J］. Transportation Planning and Technology, 2017, 40（2）: 228-241.

［60］Zou W, Kumaraswamy M, Chung J, et al. Identifying the Critical Success Factors for Relationship Management in PPP Projects ［J］. International Journal of Project Management, 2014, 32（2）: 265-274.

［61］Schepper S D, Dooms M, Haezendonck E. Stakeholder Dynamics and Responsibilities in Public Private Partnerships: A Mixed Experience ［J］. International Journal of Project Management, 2014, 32（7）: 1210-1222.

［62］北京市发展和改革委员会成本调查队. 北京市公共交通价格成本监审报告 ［R］. 2014.

［63］曹宇薇. 我国 PPP 项目财务风险传导机理研究 ［D］. 重庆: 重庆大学硕士学位论文, 2017.

［64］陈爱国, 卢有杰. 基础设施 PPP 的价格调整及风险分析 ［J］. 建筑

经济，2006（3）：51-54.

[65] 陈菲. PPP 项目利益相关者的利益协调与分配研究［D］. 重庆：重庆大学硕士学位论文，2008.

[66] 陈海艺. 政府担保下基础设施 PPP 项目价值的研究［D］. 上海：同济大学硕士学位论文，2009.

[67] 陈恺文，徐鑫，袁竞峰. PPP 项目残值风险本体知识库的构建与应用［J］. 科技管理研究，2017（2）：201-206.

[68] 陈孟慧. 交通建设 BOT 计划特许年期与特许年期调整机制构建［D］. 新竹：台湾交通大学硕士学位论文，2005.

[69] 陈世勋，陶小马. 上海城市轨道交通体系社会经济效益估算分析［J］. 城市轨道交通研究，2004（1）：1-5.

[70] 陈圆，何为. 城市基础设施运营绩效评价指标与方法［J］. 重庆大学学报（社会科学版），2014（2）：8-14.

[71] 程曦. 基于利益相关者满意的 PPP 项目目标体系研究［J］. 项目管理技术，2014（11）：72-76.

[72] 邓小鹏，熊伟，袁竞峰. 基于各方满意的 PPP 项目动态调价与补贴模型及实证研究［J］. 东南大学学报（自然科学版），2009（6）：1252-1257.

[73] 邓小鹏，袁竞峰，李启明. 保障性住房 PPP 项目的价值流分析［J］. 建筑经济，2012（12）：35-39.

[74] 董婉黎. 城市轨道交通 PPP 项目政府补贴机制研究［D］. 大连：大连理工大学硕士学位论文，2017.

[75] 杜静，衣艾菊. 弹性特许期在我国高速公路项目中的适用性分析［J］. 工程管理学报，2013（4）：46-50.

[76] 杜亚灵，尹贻林. 基于典型案例归类的 PPP 项目盈利模式创新与发展研究［J］. 工程管理学报，2015（5）：50-55.

[77] 冯珂，王守清，张子龙，等. 城市轨道交通 PPP 项目政府票价补贴问题研究［J］. 价格理论与实践，2015（3）：51-53.

[78] 甘晓龙. 基于利益相关者理论的基础设施项目可持续建设方案决策模型研究［D］. 重庆：重庆大学博士学位论文，2014.

[79] 皋琴，李卫军，饶培伦，等. 北京地铁服务质量评价［J］. 城市轨道交通研究，2011（2）：42-48.

［80］高咏玲．城市轨道交通建设时机理论与方法研究［D］．北京：北京交通大学博士学位论文，2008.

［81］郭健，尹洁林，林则夫．期权视角下高速公路 BOT 项目风险分担策略研究［J］．科技管理研究，2013（13）：223-228.

［82］郭延永，刘攀，吴瑶，等．城市轨道交通单线服务水平评价方法与应用［J］．合肥工业大学学报（自然科学版），2017（3）：384-389.

［83］郝伟亚，王盈盈，丁慧平．城市轨道交通 PPP 模式核心要点研究——北京地铁 M 号线案例分析［J］．土木工程学报，2012（10）：175-180.

［84］何寿奎，孙立东．公共项目定价机制研究——基于 PPP 模式的分析［J］．价格理论与实践，2010（2）：71-72.

［85］何天翔，张云宁，施陆燕．基于利益相关者满意的 PPP 项目利益相关者分配研究［J］．土木工程与管理学报，2015（3）：66-71.

［86］何晓晴，郑毅．工程项目成功合作的影响因素探析［J］．社会科学家，2007（4）：51-53.

［87］胡芳，李树丞，李林．低碳经济模式下公共工程投资项目的绩效评估模型研究［J］．财经理论与实践，2012（2）：108-112.

［88］胡丽，张卫国，叶晓甦．基于 SHAPELY 修正的 PPP 项目利益分配模型研究［J］．管理工程学报，2011，25（2）：149-154.

［89］胡振，张亚蕾，倪恒意．公共项目公私合作（PPP）有效性评价体系研究［J］．建筑经济，2015（5）：34-36.

［90］矫丽丽，徐永能，于世军．城市轨道交通乘客满意度测评模型［J］．重庆交通大学学报（自然科学版），2012（S1）：638-640.

［91］阚敦慧．PPP 模式下城市轨道交通的补贴决策模型研究［D］．北京：北京交通大学硕士学位论文，2017.

［92］柯永建，王守清．特许经营项目融资（PPP）：风险分担管理［M］．北京：清华大学出版社，2011.

［93］李皓，王洪强，马亮．我国城市轨道交通 PPP 项目补贴机制研究［J］．价格理论与实践，2016（7）：82-84.

［94］李启明，熊伟，袁竞峰．基于多方满意的 PPP 项目调价机制的设计［J］．东南大学学报（哲学社会科学版），2010（1）：16-20.

［95］李文兴，尹帅．城市轨道交通成本构成分析［J］．交通运输系统工程

与信息，2012（2）：9-14.

　　［96］林广利，尹贻林．天津站综合交通枢纽功能需求研究［J］．城市轨道交通研究，2011（6）：1-4.

　　［97］刘继才，罗剑，宋金龙．政府担保条件下的 PPP 项目特许期研究［J］．科技管理研究，2015（3）：159-162.

　　［98］刘秦南，王艳伟，姚明来，等．基于系统动力学的 PPP 项目运营风险演化与仿真研究［J］．工程管理学报，2017（5）：57-61.

　　［99］娄燕妮，孙洁，李秀婷，等．基于 SNA 的交通领域 PPP 项目利益相关者风险传染研究——以刺桐大桥为例［J］．财政研究，2018（2）：52-63.

　　［100］卢毅，陈强，邓小华．交通基础设施 PPP 项目特许期弹性调整机制研究［J］．价格理论与实践，2013（12）：93-94.

　　［101］逯元堂，赵云皓，卢静，等．污水处理 PPP 项目投资回报指标研究——基于财政部 PPP 入库项目［J］．生态经济，2019（3）：170-174.

　　［102］吕俊娜，刘伟，邹庆，等．不确定收益下 SBOT 项目特许期决策模型研究［J］．预测，2015（2）：60-65.

　　［103］吕俊娜，刘伟，邹庆，等．轨道交通 SBOT 项目特许期的合作博弈模型研究［J］．管理工程学报，2016（3）：209-215.

　　［104］吕萍，胡欢欢，郭淑苹．政府投资项目利益相关者分类实证研究［J］．工程管理学报，2013（1）：39-43.

　　［105］罗刚．我国城市水务行业投资收益率研究［D］．成都：西南财经大学硕士学位论文，2007.

　　［106］毛小平，陆惠民，李启明．我国工程项目可持续建设的利益相关者研究［J］．东南大学学报（哲学社会科学版），2012（2）：46-50.

　　［107］亓霞，柯永建，王守清．基于案例的中国 PPP 项目的主要风险因素分析［J］．中国软科学，2009（5）：107-113.

　　［108］钱雅倩．基于乘客满意度的城市轨道交通车站服务质量评价研究［J］．城市轨道交通研究，2017（7）：86-89.

　　［109］任雅茹，尹贻林，尚应应．污水处理 PPP 项目政府最低需求购买量研究［J］．建筑经济，2018（12）：32-37.

　　［110］任志涛，武继科，谷金雨．基于系统动力学的 PPP 项目失败风险因素动态反馈分析［J］．工程管理学报，2016（4）：51-56.

［111］沈玮薇，肖为周．基于 SEM 的轨道交通乘客满意度测评模型［J］．武汉理工大学学报，2015（5）：48-56.

［112］侍玉成，万法菊．城市供水 BOT 项目特许权期决策的博弈分析［J］．南京工程学院学报（自然科学版），2006（2）：28-33.

［113］宋丹荣．BOT 项目特许期与特许价格的调整模型研究［D］．大连：大连理工大学博士学位论文，2014.

［114］宋金波，靳璐璐，付亚楠．公路 BOT 项目收费价格和特许期的联动调整决策［J］．系统工程理论与实践，2014（8）：2045-2053.

［115］宋金波，宋丹荣，富怡雯，等．基于风险分担的基础设施 BOT 项目特许期调整模型［J］．系统工程理论与实践，2012（6）：1270-1277.

［116］宋金波，王东波，宋丹荣．基于蒙特卡罗模拟的污水处理 BOT 项目特许期决策模型［J］．管理工程学报，2010（4）：93-99.

［117］孙国强，邱玉霞．网络组织风险传导的动态演化路径研究［J］．中国管理科学，2015（2）：170-176.

［118］谭志加，杨海，陈琼．收费公路项目 Pareto 有效 BOT 合同与政府补贴［J］．管理科学学报，2013（3）：10-20.

［119］田振清，任宇航．北京地铁 4 号线公私合作项目融资模式后评价研究［J］．城市轨道交通研究，2011（12）：5-9.

［120］佟琼，张晶．基于外部效应的北京城市轨道交通补贴额度研究［J］．北京交通大学学报（社会科学版），2011（2）：40-46.

［121］汪文雄，李启明，李静华，等．大型建设工程项目满意度评价模型研究［J］．土木建筑与环境工程，2007（4）：125-128.

［122］汪翔，孟卫东，吴国东．基于第三方监督的研发联盟收益分配机制研究［J］．软科学，2012（6）：21-23.

［123］王超，赵新博，王守清．基于 CSF 和 KPI 的 PPP 项目绩效评价指标研究［J］．项目管理技术，2014（8）：18-24.

［124］王东波，宋金波，戴大双，等．弹性需求下交通 BOT 项目特许期决策［J］．管理工程学报，2011（3）：116-122.

［125］王灏．城市轨道交通票价管制政策研究——地铁 PPP 运作中的票价方案分析［J］．宏观经济研究，2004（5）：37-39.

［126］王建斌，郭若丹．城市轨道交通 PPP 项目收益补贴机制研究［J］．

价格理论与实践，2017（10）：142-145.

[127] 王进，许玉洁．大型工程项目利益相关者分类［J］．铁道科学与工程学报，2009（5）：77-83.

[128] 王凯妮，邓小鹏．城市轨道交通 PPP 项目运营阶段风险识别［J］．建筑经济，2019（2）：36-39.

[129] 王欣，左忠义．基于系统动力学的高铁安全管理研究［J］．中国安全科学学报，2013（10）：158-163.

[130] 吴迪．基于风险合理分担的轨道交通 PPP 项目合同设计研究［D］．南京：东南大学硕士学位论文，2017.

[131] 吴守荣，王程程，阎祥东．城市轨道交通 PPP 项目运营期风险评估研究［J］．都市快轨交通，2016（5）：36-40.

[132] 吴仲兵，姚兵，刘伊生．论政府投资代建制项目监管利益相关者的界定与分类［J］．建筑经济，2011（1）：48-51.

[133] 向鹏成，蒋飞．基于风险分担的城市轨道 PPP 项目收益补贴调整模型［J］．建筑经济，2016（2）：45-50.

[134] 向鹏成，严雅馨，罗文竹．城市轨道交通 PPP 项目社会资本方收益风险反馈路径研究［J］．建筑经济，2017（9）：75-79.

[135] 向鹏成．城市轨道交通 PPP 项目激励性财政补贴研究［J］．华东经济管理，2019（2）：102-107.

[136] 项目管理协会．项目管理知识体系指南（PMBOK 指南）（第六版）［M］．北京：电子工业出版社，2018.

[137] 谢婷，刘景矿，庞永师．基于系统动力学的城市轨道交通 PPP 项目风险影响因素研究［J］．现代城市轨道交通，2018（8）：82-87.

[138] 徐顺青，宋玲玲，刘双柳．基于资本资产定价模型的 PPP 项目合理回报率研究［J］．工业技术经济，2019（3）：46-51.

[139] 许聪，丁小明．基于 SNA 的 PPP 项目利益相关者网络角色动态性分析［J］．项目管理技术，2014（9）：24-29.

[140] 许娜．准经营性城市基础设施 PPP 模式的关键成功因素研究［D］．重庆：重庆大学硕士学位论文，2014.

[141] 晏姿，岳静宜，郝生跃．保障性住房综合评价体系构建研究——基于核心利益相关者视角［J］．工程管理学报，2014（6）：129-133.

［142］杨超．公私合营项目投资决策的优化研究［D］．长沙：中南大学硕士学位论文，2011.

［143］杨珺，许宏华．高速公路投资行业折现率研究［J］．中山大学学报论丛，2004（5）：208-211.

［144］杨卫华，戴大双，韩明杰．基于风险分担的污水处理 BOT 项目特许价格调整研究［J］．管理学报，2008（3）：366-370.

［145］杨扬．公私合作制（PPP）项目的动态利益分配研究［D］．大连：大连理工大学硕士学位论文，2013.

［146］姚鹏程，王松江．关于政府和私人合作高速公路项目定价理论的研究综述［J］．科技管理研究，2011，31（9）：180-184.

［147］叶苏东．BOT 模式开发城市轨道交通项目的补偿机制研究［J］．北京交通大学学报（社会科学版），2012（4）：22-29.

［148］叶晓甦，吴书霞，单雪芹．我国 PPP 项目合作中的利益关系及分配方式研究［J］．科技进步与对策，2010（19）：36-39.

［149］叶晓甦，徐春梅．我国公共项目公私合作（PPP）模式研究述评［J］．软科学，2013（6）：6-9.

［150］叶晓甦，杨俊萍．基于多目标规划模型的 PPP 项目定价方式研究［J］．统计与决策，2012（6）：74-77.

［151］尹聪聪，蒲琪，吴妍燕，等．城市轨道交通客运服务质量评价［J］．城市轨道交通研究，2015（6）：16-20.

［152］袁竞峰，季闯，李启明．国际基础设施建设 PPP 项目关键绩效指标研究［J］．工业技术经济，2012（6）：109-120.

［153］张丹青．PPP 项目价格调整机制研究［D］．南京：南京林业大学硕士学位论文，2015.

［154］张剑寒．治理发展模式与城市轨道交通项目运营效率的关系研究［J］．交通运输系统工程与信息，2017（5）：16-21.

［155］张璐．大型工程项目财务风险传导机理研究［D］．长沙：长沙理工大学硕士学位论文，2013.

［156］张万宽，杨永恒，王有强．公私伙伴关系绩效的关键影响因素——基于若干转型国家的经验研究［J］．公共管理学报，2010（3）：103-112.

［157］张文婷．收费公路通行费率调整模型的研究［D］．南京：南京林业

大学硕士学位论文，2011.

[158] 张晓丽，尹贻林. 基于利益相关者理论的城市综合交通枢纽项目需求分析 [J]. 城市轨道交通研究，2013（5）：27-32.

[159] 张雅璇，王竹泉. 从合伙契约到产权重建：走出 PPP 项目落地难的困境 [J]. 财经问题研究，2019（2）：35-42.

[160] 张喆，贾明. PPPs 合作中控制权配置实验 [J]. 系统管理学报，2012（2）：166-179.

[161] 赵国富. 我国 PPP 高速公路项目社会影响分析 [D]. 北京：清华大学硕士学位论文，2008.

[162] 赵京，王建伟，甘家华. 经营性高速公路合理收益率的界定及计算方法 [J]. 交通运输系统工程与信息，2014（6）：141-146.

[163] 赵立力，黄庆，潭德庆. 基础设施 BOT 项目的产品价格调整机制研究 [J]. 预测，2006（2）：74-77.

[164] 赵立力，游琦. 高速公路 BOT 项目调节基金决策机制研究 [J]. 管理工程学报，2013（3）：81-86.

[165] 赵新博. PPP 项目绩效评价研究 [D]. 北京：清华大学硕士学位论文，2009.

[166] 赵晔. 我国 PPP 项目失败案例的风险因素及防范对策 [J]. 经济研究参考，2015（42）：14-16.

[167] 周海宝. 不完全契约视角下 PPP 合同最优设计研究 [J]. 法制与经济，2017（7）：58-59.

[168] 周晓航，褚春超，周健. 经营性公路合理回报测算方法研究 [J]. 公路交通科技，2009（2）：145-149.

[169] 周艳芳，周磊山. 城市轨道交通乘客满意度评价体系的构建 [J]. 都市快轨交通，2007（5）：25-28.

[170] 周翊民. 城市轨道交通的发展趋势及其动因分析 [J]. 城市轨道交通研究，2001（2）：1-4.

[171] 朱晶晶. 城市轨道交通经济效益估算与评价 [D]. 兰州：兰州交通大学硕士学位论文，2015.